극한을 극복한 글로벌 고전 기행

사이언스 책세상 013

극한을 극복한 글로벌 고전 기행

초판 1쇄 인쇄 2020년 11월 13일
초판 1쇄 발행 2020년 11월 20일

–

엮은이 박의서
펴낸이 이방원
편 집 정조연 · 김명희 · 안효희 · 정우경 · 송원빈 · 최선희 · 조상희
디자인 박혜옥 · 손경화 · 양혜진 **영 업** 최성수 **마케팅** 이예희

–

펴낸곳 세창미디어
신고번호 제312-2013-000002호 **주소** 03735 서울시 서대문구 경기대로 88 냉천빌딩 4층
전화 723-8660 **팩스** 720-4579 **이메일** edit@sechangpub.co.kr **홈페이지** http://www.sechangpub.co.kr
블로그 blog.naver.com/scpc1992 **페이스북** fb.me/Sechangofficial **인스타그램** @sechang_official

–

ISBN 978-89-5586-636-0 04910
978-89-5586-492-2 (세트)

이 도서의 국립중앙도서관 출판예정도서목록(CIP)은 서지정보유통지원시스템 홈페이지(http://seoji.nl.go.kr)와 국가자료종합목록 구축시스템(http://kolis-net.nl.go.kr)에서 이용하실 수 있습니다.(CIP제어번호: CIP2020047069)

사@여 책사

013

극한을 극복한

글로벌 고전 기행

박의서 엮음

세창미디어 MEDIA

〈일러두기〉

1. 외국어 표기는 라틴어나 아랍어 등의 외래어로 이미 범용되는 경우를 제외하고는 영어 표기를 원칙으로 했으며 일부는 영어와 원어를 병기하였다.
2. 중국 지명과 인명은 일부 범용되고 있는 경우를 제외하고 원칙적으로 우리말 발음으로 그 표기를 통일하였으며 필요한 경우 한자를 함께 적었다.
3. 이 책에서의 인용은 국내에 번역 출간된 저서로만 국한하였으며 그 내용이 모호해 확인이 필요한 경우에만 영어 원본을 참고하였다. 영어 이외의 외국어로 쓰인 경우에도 영어 번역만을 참고하였다.
4. 원칙적으로 여행 기록이나 고전 기행문 등을 사실(史實) 위주로 수록하였으나 여행사적(旅行史的)으로 중요한 의미를 가지고 있다고 판단되는 여행가와 여행에 관한 전설 또는 픽션도 일부 포함하였다.
5. 유라시아 고전 여행은 한반도와 직접, 간접으로 관련 있는 여행기와 기록 위주로 수록하였다.
6. 여행 기록과 여행기 수록은 이 책의 흐름을 해치지 않는 한 원칙적으로 시대순으로 엮었다.
7. 이 책의 일부 글들은 저자가 이미 발표했던 기고문이나 저서의 일부를 그대로 전재하고 있다.

들어가며

우리가 흔히 혼용하고 있는 여행(travel)과 관광(tour)에 관한 관광학적 정의는 공간과 시간을 한정하는 개념이다. 그리고 여행과 관광을 굳이 구분한다면, 관광은 돈벌이 대상으로서의 경영적 개념을 포함하는 것으로 여행보다는 하위 개념으로 볼 수 있다.

영어 어원으로 살펴보면, 투어(tour)는 원을 그리는 도구를 의미하는 라틴어 토르누스(tornus)에서 비롯된 것으로 집을 떠난 후 원점으로 다시 돌아온다는 공간적 의미를 담고 있다. 그래서 관광은 이민이나 이주와 달리 집을 떠나 일정 기간 떠돌다가 다시 집으로 돌아오는 이동을 전제로 한다. 한편 여행을 가리키는 영어 트래블(travel)의 어원은 트라베일(travail)로 '고통'을 의미하고 있어, 우리말의 '집 떠나면 개고생'이라는 의미와 딱 맞아떨어지는 개념이다.

한편, 국제연합(United Nations) 산하 세계관광기구(UNWTO, United Nations World Tourism Organization)는 여행(travel)의 시간적 범위를 '집을 떠나 주유(周遊)하는 기간을 1년으로 한정'하고 있고 대부분의 국내외 관광학자들도 이 견해에 동조하고 있다.[1] 그러나 이건 어디까지나 관광산업 규모를 정해야 하는 통계 목적에 불과할 뿐이다. 그래서 현실에서는 이런 제약이 적용되지 않고 있다. 이를테면 14세기 모로코 출신 여행가인 이븐 바투타(Ibn Battuta)는 인도, 중국과 아프리카 북단을 거쳐 유럽 남단까지 여행했는데, 일부 체류 기간까지 합쳐, 무려 25년이라는 긴 세월을 보내기도 했다.

미국의 유전학자 웰스(Spencer Wells, 1969~)는 2005년부터 2015년까지 지구촌 구석구석 원주민 7만 명의 유전자(DNA)를 검사하고 분석하여 인류의 이주 과정을 밝혀내는 데 성공했다.[2] 이는 전미지리협회(National Geographic Society)와 IBM의 과감한 지원이 있었기에 가능한 프로젝트였다. 웰스의 이 연구 결과에 따르면 현생 인류인 호모 사피엔스(Homo sapiens)는 6만 년 전에서 9만 년 전 사이에 아프리카에서 살았던 인류의 후손이다. 그리고 현생 인류가 아프리카를 떠나 중앙아시아로 진출한 것은 약 6만 5천 년 전의 일이다. 이후 5만 년 전쯤 이들은 중국 남부와 대양주에까지 이르렀으며 4만 년 전에는 유럽 전체로 퍼져 나갔다. 그리고 약 1만 6천 년 전에는 마지막 빙하기로 인해 해수면 위로 드러난 베링해협을 건너 이들의 일부는 북아메리카까지 진출하는 데 성공했다. 이로부터 약 3천 년 후 인류는 미국 캘리포니아 남부를 거쳐 다시 수천 년 후 마침내 남아메리카 남쪽 끝 파타고니아에까지 닿을 수 있었다.

인류가 처음 태어난 아프리카에 머물지 않고 지구촌 구석구석으로 이주하게 된 이유는 '호기심'과 이에 따른 '탐험' 욕구 그리고 '생존'을 위한 선택이었을 것으로 추정된다. 특히 인류가 새로운 것을 찾아 나서는(호기심) 것은 물론, 이에 따른 위험 감수를 좋아하는(탐험) 성향을 가지고 있다는 것이 과학자들의 유전자 검사를 통해 밝혀지기도 했다.[3] 놀라운 것은 약 1만 6천 년 전에 아시아에서 시작하여 엄청난 거리의 남아메리카까지 이동한 인류의 60%가 이 유전자를 가지고 있었다는 것이다.

알려지지 않은 세상에 대한 '호기심'과, 이를 직접 확인해 보고자 하는 인간의 '탐험 욕구'가 인류가 그 태생지인 아프리카를 벗어나 유라시아 대륙 등으로 이동하는 원동력이었다면, 정복 전쟁인 트로이 전쟁, 페르시아 전쟁, 알렉산더대왕의 동방 원정, 몽골제국의 서방 원정은 '생존 경쟁' 차원의 이동이었다. 그리고 불교, 이슬람, 가톨릭의 성지 순례는 인류의 문명 발전에 커다란 영향을 끼친 위대한 여정이기도 하다.[4]

오늘날에도 크게 달라진 게 없긴 하지만 옛날의 여행은 배, 말과 마차, 역참(驛站) 등의 교통과 숙식 그리고 길로 대표되는 사회간접자본을 빼놓고는 얘기할 수가 없다. 이 중에서 여행자를 위한 길로는 아마도 로마제국이 건설한 '아피아가도(Via Appia)'[i]가 가장 유명할 것이다. 모든 길은 로마로 통한다는 말이 있듯이 돌로 포장되거나 자갈이 깔린 도로, 알프스 고갯길과 계곡의 다리, 터널 그리고 이면 도로까지 합치면 로마제국 당시 도로 길이는 20만 ㎞에 달한다고 알려져 있다. 로마제국의 도로 체계는 북해에서 사하라, 대서양 해안에서 도나우 지역과 메소포타미아까지 이어져 있었다.[5]

그런가 하면 잉카 사람들은 에콰도르 수도인 키토에서부터 칠레 수도 산티아고까지 남미 대륙을 종주하는 2만 2530㎞의 장대한 길을 만들어 도보로만 이 먼 길을 다녔었다. 이른바 '잉카 트레일'은 해발 5000m에 이르는 안데스산맥 고원을 연결하는 샛길과 소로길로만 이루어져 있었기 때문이다. 잉카 사람

i 서기 312년 클라우디우스 카이쿠스 감찰관이 조성한 로마의 군사 도로.

들은 에스파냐 군대가 남미 대륙을 점령하기 이전까지는 이 길을 이용하여 물자 운송은 물론 군사 기밀 등의 우편물을 전달했었다.[6]

이 '잉카 트레일'에는 역참과 같은 개념인 2000여 개의 숙소가 운영되고 있었고 수십만 명의 잉카 여행자들과 군인들은 이들 숙소에서 음식과 군수품을 조달할 수 있었다. 그리고 이들 숙소가 잉카 여행자들에게 제공한 음식은 주로 옥수수, 콩, 말린 감자와 라마 저키(lama jerky) 등이었으며 여행자들은 '잉카 트레일' 주변의 주민들이 재배하는 과일로 음료를 대신했다.

동서고금을 막론하고 여행은 젊은이들의 인격을 수양하고 인생의 깊이를 더하는 덕목으로 권장되어 왔다. 신라의 화랑도 양성과 18세기 영국 명문가 젊은이들을 위한 교양 형성 과정의 필수였던 그랜드 투어(Grand Tour)가 바로 그 대표적인 경우다. 그래서 여행은 교양의 일부라고 정의되기도 한다.[7]

여행이 권장되어 온 것만큼이나 여행기도 문학의 한 장르로 발전해 와 많은 기행 문학 작품들이 전해져 오고 있다. 이 중 서양 기행 문학은 역사가 길 뿐만 아니라 그 종류도 매우 다양하다. 예를 들면 호메로스의 『오디세이아』는 그 내용 대부분이 기행 문학 요소로 구성되어 있어 기행문의 효시로 평가받고 있다. 전쟁 기록이긴 하지만 카이사르의 『갈리아 원정기』와 타키투스의 『게르마니아』도 넓은 의미의 기행 문학으로 볼 수 있다. 40년부터 70년까지 홍해에서 이집트와 인도 서해안을 탐험한 기록인 『해항행기(海航行记, The Periplus of the Erythraen: Red Sea)』는 중동 최초의 여행기로 알려져 있기도 하다.[8]

십자군 전쟁과 몽골군의 서방 원정에 따라 기행문도 많이 출현했다. 이를테면 카르피니나 루브룩과 같은 가톨릭 수도사들의 몽골 여행기가 그것들이다. 중세 말경에는 마르코 폴로의 『동방견문록』과 이븐 바투타의 삼 대륙 주유기가 당시로서는 미지의 세계였던 동방의 실상을 자세히 전하면서 폭발적인 인기를 끌었던 기행문이다.

16세기 이후 3세기 동안 서구 열강들의 끊임없는 지구촌 탐험 결과, 거의 모든 대양과 대륙의 윤곽이 드러나게 되었지만, 이들을 상세하게 묘사한 작품은 그리 많지 않았다. 독자들의 이런 갈증을 충족시킨 작품이 바로 난파선 내용을 자세하게 이야기한 대니얼 디포의 소설 『로빈슨 크루소』와 동토(凍土), 즉 시베리아를 탐험한 기록인 조지 케넌의 『시베리아 탐험기』였다.[9]

괴테의 『이탈리아 기행』은 라틴 유럽에 대한 동경으로 가득 차 있는 기행 문학으로 소위 '그랜드 투어'의 전성기를 그려 낸 작품이다. 프랑스 식민지배에 대한 비판으로 유명한 앙드레 지드의 『콩고 기행』에서 보듯이 식민지 관찰에 관한 보고가 기행문으로 등장하기도 했다. 그런가 하면 토머스 모어의 『유토피아』를 비롯한 유토피아 문학이 지리적으로 먼 이상향을 설정하고 있는 것도 기행 문학과 무관치 않을 것이다.

중국을 중심으로 한 동양 고전 기행 문학은 불교 성지 순례를 중심으로 태동했다. 당나라 승려 현장의 『대당서역기』는 기록 중심 인도 여행기의 대표작으로 후일 소설 『서유기』의 모티프가 된 기행문이다. 현장보다 1세기 이전에 인도 왕복 여행을 기술한 동진(東晉) 승려 법현의 『불국기(佛國記)』 역시 문학적으로 높이 평가받고 있는 작품이다. 당나라 시인 두보와 이백은 중국의 아름다운 풍광에 대한 여정(旅情)을 시에 담아 남긴 것으로도 유명하다.

인류 선조들이 기행문을 아름다운 모습으로 남긴 것과는 달리 이들의 실제 여행은 실로 엄청나게 열악한 환경에서 이루어졌다. 여행의 필수 수단인 도로, 숙박, 식사, 항해와 교통 등 그 어느 것 하나 제대로 갖추어진 것이 없는 환경에서 그야말로 '극한을 극복해 가는 여정'이었기 때문이다. 그럼에도 불구하고 이들은 미지를 탐험하고, 공부하고, 성지를 순례하고, 일확천금의 기회를 잡기 위해 불굴의 의지로 여행에 도전해 왔다.

5세기 승려 법현은 구법(求法)과 취경(取經)을 위해 생명줄과 거의 이어져 있지 않은 고비사막을 가로지른 후 히말라야 산맥을 넘어야 했다. 이런 환경에서 당시 순례 승려들이 믿을 것이라고는 오로지 부처의 가피뿐이었다. 목숨을 건 이런 여정을 법현의 나이 64세, 즉 지금으로 치면 칠십 대 중반에 도전한 것은 물론 그의 나이 79세에 돌아와 『불국기』를 저술하였으니 그저 놀라울 따름이다.

13세기 중반, 칭기즈칸의 몽골군이 서진해 옴에 따라 유럽 가톨릭 국가들의 안위가 풍전등화에 놓이게 되자, 이탈리아 수도사 카르피니는 외교로 이를 저지하기 위해 67세의 노구를 이끌고 사막과 고원을 건너 몽골까지 여행해야만 했다. 그런가 하면 콜럼버스는 일확천금의 꿈을 안고 국왕을 삼세번이나 설득한 끝에 거친 풍파에 목숨을 맡긴 채 미지의 항해길에 올랐었다. 세계 일주 항로 개척을 위해 기약 없는 여정에 나섰던 마젤란은 결국 태평양 한가운데에 본인의 목숨까지 바쳐야만 했던 비운의 주인공이 되었다. 사생아이자 까막눈으로서 콜럼버스의 신대륙 발견에 고무된 피사로는 신분 상승의 야심을 불태우며 어린 나이에 신세계 원정대에 합류했었다. 결국, 그는 구대륙과 신세계를 통틀어 가장 큰 제국을 손에 넣으며 부와 영예까지 거머쥘 수 있었다.

『기록 따라 떠나는 한국고전기행』에서 한반도 여행사(旅行史)를 정리하다 보니 우리와 인적, 문화적으로 교류해 온 나라들에 관한 접근도 자연스럽게 이루어지게 되었다. 우리와 국경을 마주한 중화 세계는 물론 실크로드를 통해 중화 세계와 연결된 서역과 중동 그리고 유럽 고전 기행이 그것들이다. 그래서 이번에 세상에 내놓는 『극한을 극복한 글로벌 고전 기행』은 인류의 고난 극복 현장과 그 흔적을 추적하면서 이를 통해 지구촌 여행사도 함께 정리한 것이다.

그동안 동서양을 막론하고 '글로벌 고전 기행'에 관한 작품들을 모아 문학의 한 장르로 연구하려는 사람들은 없었다. 1980년에 와서야 『외국(Abroad)』을 쓴 펜실베이니아 대학의 퍼셀(Paul Fussel) 교수가 장르로서의 기행 문학을 최초로 연구하였지만, 그 대상은 1, 2차 세계대전 사이의 영어 기행 문학으로 국한되어 있었다.[10]

따라서 이 저술은 이미 출간된 『기록 따라 떠나는 한국고전기행』과 함께 지구촌 대표 기행문들을 정리하여, 기행 문학을 문학의 한 장르로 정리한 데에도 그 의미를 부여할 수 있을 것이다.

차례

I

1장 시대별 이슈로 본 유럽 고전 기행

『오디세이아』를 유럽 최초 여행 기록으로 보는 이유는 이 작품이 이동을 전제하고 있는 여행의 기본 개념과 잘 맞아떨어지기 때문이다. 작품은 주인공 오디세우스(Odysseus)가 모험에 나선 후 많은 난관과 위험을 극복하면서 마침내 다시 귀환하는 극적인 여정을 담고 있다. 더욱이 오디세이는 오늘날 여행을 의미하는 보통명사로도 쓰이고 있는 데다가 유라시아에 걸쳐 신드바드의 모험을 비롯해 수많은 여행 스토리의 모티프가 되어 왔기 때문이다.

『오디세이아』가 문을 연 유럽 고전 기행

『기록 따라 떠나는 한국고전기행』에서 이미 살펴본 대로 한반도 선조들의 여행 기록은 6~7세기까지 거슬러 올라간다. 이에 반해 서양 여행 기록은 기원전으로 7~8세기를 더 거슬러 올라가야만 마주할 수 있다. 호메로스(Homeros)의 대서사시이자 희곡인 『오디세이아(Odysseia)』가 바로 그것이다.

『오디세이아』를 유럽 최초 여행 기록으로 보는 이유는 이 작품이 이동을 전제하고 있는 여행의 기본 개념과 잘 맞아떨어지기 때문이다. 작품은 주인공 오디세우스(Odysseus)가 모험에 나선 후 많은 난관과 위험을 극복하면서 마침내 다시 귀환하는 극적인 여정을 담고 있다. 따라서, 현실과 신화를 넘나들고 있긴 하지만, 오디세우스의 여정을 기록한 대서사시를 기행문으로 분류한다 해도 큰 잘못은 아닐 것이다. 더욱이 오디세이는 오늘날 여행을 의미하는 보통명사로도 쓰이고 있는 데다가 유라시아에 걸쳐 신드바드의 모험을 비롯해 수많은 여행스토리의 모티프가 되어 왔기 때문이기도 하다.

기원전 8세기경에 호메로스가 지은 것으로 알려진 『오디세이아』는 기원전 13세기경의 그리스와 그 신화를 배경으로 하고 있다. 그리고 트로이 전쟁을 기록한 『일리아드』의 후속편으로서 전쟁 후의 사건들을 다루고 있다. 애당초 이 작품들은 글로 창작된 것이 아니라 상당 기간 구전되어 오다가 문자로 옮겨졌다는 것이 통설이며 두 작품의 중심 인물은 아킬레우스(Achilleus)와 오디세우스다.[11]

그리스군 용사 아킬레우스는 자신을 무시한 총사령관, 아가멤논에게 화가 나서 전투를 거부하고 여신인 자기 어머니에게 부탁해서 자기편이 지도록 일을 꾸민다. 그리스 군대는 아킬레우스 없이도 한동안 잘 싸웠지만 결국 엄청난 위기에 몰리게 된다. 이를 차마 지켜볼 수 없었던 아킬레우스의 절친 파트로클로스는 마침내 전투 참가를 결심하게 된다. 이후 그는 적을 격퇴하여 큰 공을 세우지만, 헥토르에게 죽고 만다. 아킬레우스는 친구를 죽인 헥토르에게 크게 분노하여 친구의 원수인 헥토르를 죽인다. 아킬레우스는 친구 장례를 치르고도 화가 풀리지 않아 날마다 헥토르의 시신을 학대하지만, 신들의 중재로 결국 그 시신을 돌려보낸다는 것이 『일리아드』의 대략적인 줄거리다.[12]

반면 『오디세이아』는 '젊은이의 성장 과정', '뱃사람의 모험', '실종자의 귀환' 등 일련의 여정으로 구성되어 있다.

이제 막 어른의 길로 들어선 오디세우스의 아들 텔레마코스가 아버지의 행방을 찾아 나서 아버지의 옛 동료들과 만나는 것으로부터 『오디세이아』는 시작된다. 텔레마코스는 트로이 전쟁에 참전했던 늙은 왕 네스토르의 필로스 집에서 종교의례를 배우고, 스파르타의 메넬라오스 궁정에서는 호화롭고 세련된 생활 방식을 익힌다. 이 과정에서 네스토르로부터는 실종자 귀환과 아가멤논 집안 사건들에 관한 얘기들을 전해 듣고 메넬라오스에게서는 바다에서의 모험담을 전해 듣게 된다. 텔레마코스는 이러한 일련의 여행 과정을 통해 어른으로 성장해 간다.

모험은 『오디세이아』의 시작과 끝을 관통하는 일관된 주제다. 텔레마코스 아버지인 오디세우스 일행이 트로이를 떠나 제일 먼저 한 일은 해적 활동이었다. 오늘날 개념으로 보면 해적 활동은 부도덕한 행위로 간주되지만, 당시로서는 정상적인 경제 활동일 뿐이었다. 해적 활동 중 오디세우스는 이스마로스 제사장 집안을 잘 보호해 준다. 이를 고맙게 여긴 제사장은 오디세우스에게 포도주를 내주었는데 이 포도주는 나중에 외눈박이 거인 폴리페모스를 취하게 하여 오디세우스 일행을 위험에서 구해 준다.[13]

해적 활동 이후에 오디세우스 일행은 바다에서 심한 폭풍을 만나 아흐레나 떠밀려 간다. 그렇게 해서 표착한 곳은 현실이 아닌 환상의 세계였다. 거기서 오디세우스 일행은 로터스 열매를 먹는 사람들을 만난다. 로터스 열매를 먹으면 고향도, 동료도 다 잊어버리고 환상의 세계에서 계속 머물고 싶어진다. 일행 중에 두 사람이 로터스 열매를 먹고 취했는데 오디세우스는 그들을 간신히 끌고 나온다.[i]

그다음 모험은 외눈박이 괴물 폴리페모스를 만나는 것이다. 오디세우스 일행 중 여섯 명이 폴리페모스에 의해 동굴에 갇힌 후 이 괴물에게 잡아먹힌다. 그러나 다행히 나머지 일행은 이 괴물에게 이스마로스 제사장이 준 포도주를 먹여 정신

i 이 모티프는 이후 중동의 다른 여행기에도 자주 등장한다.

을 잃게 한 다음 동굴을 무사히 탈출한다. 그다음에는 바람들의 왕 아이올로스, 사람을 잡아먹는 라이스트리고네스의 거인들, 사람을 돼지로 만드는 마녀, 키르케와의 만남이 이어진다.

키르케는 오디세우스를 저승에 다녀오게 하면서 저승길에 놓인 위험들도 미리 알려 준다. 노래로 사람들을 홀리는 세이렌들, 바닷가 절벽 동굴에 잠복해 있다가 튀어나와 여섯 개의 입으로 여섯 명을 동시에 물어 가는 스킬라, 하루에 세 번씩 물을 빨아들이고 내뱉는 무서운 소용돌이 카리브디스, 태양신의 섬 트리나키아 등이 그 위험들이다. 오디세우스 일행은 이런 위험들을 잘 헤쳐 나온다. 하지만 마지막 섬인 트리나키아에서 태양신의 바람에 의해 배가 파선되면서 오디세우스만 살아남는다. 홀로 남은 오디세우스는 부서진 배의 용골과 돛대를 묶어 타고 표류하다가 외딴섬 오기기아에서 홀로 사는 바다의 요정 칼립소에게 잡혀 7년을 보낸다.

이후 신들의 섭리로 칼립소에게서 겨우 벗어난 오디세우스는 항해를 계속하면서 여러 가지 새로운 모험을 하게 된다. 스케리아섬에 당도하여 나뭇잎 속에 묻혀 잠들기도 하고 바닷가로 빨래 나온 나우시카와 만나 그녀 집에서 접대받기도 한다. 여기서 언급되고 있는 섬들은 환상과 현실을 이어 주는 일종의 중간 지대로서 평화롭고 행복한 삶을 영위하는 곳으로

묘사되고 있다.[14]

나우시카와 결혼하여 이 낙원 같은 섬에 정착하라는 유혹을 뿌리친 오디세우스는 귀환길에 올라 고향 이타케섬에 도착한다. 아테네 여신의 도움으로 늙은 대머리 거지로 완벽하게 변신한 오디세우스는 충직한 돼지치기 에우마이오스를 찾아간다. 에우마이오스의 오두막에서 오디세우스는 아버지를 찾기 위해 여행을 떠났다가 돌아온 아들 텔레마코스를 만나 서로 알아보게 된다.

그다음은 오디세우스가 활쏘기 시합에서 108명이나 되는 구혼자들을 모두 처치하는 장면이 이어진다. 구혼자들을 모두 처치한 오디세우스는 마침내 아내와 상봉하게 된다. 그러나 늙은 거지꼴이어서 남편인지 몰랐던 첫날밤에는 오히려 따뜻한 분위기에서 이야기를 나누었건만, 이튿날 목욕을 마친 후 말끔하게 멋진 모습으로 돌아온 영웅에게는 오히려 분위기가 냉랭해진다. 하지만 이것 역시 하나의 시험으로, 오디세우스가 통과해야만 하는 마지막 관문이었다.[15]

이 작품은 오디세우스가 모험에 나선 후 많은 난관과 위험을 극복하면서 다시 집으로 귀환하는 여정을 담고 있다. 그 과정에서 오디세우스가 크게 달라졌음에도 불구하고 아들 텔레마코스, 충직한 돼지치기 에우마이오스와 아내 페넬로페가 그를 차례로 알아보면서 『오디세이아』의 길고 험난한 여정은 마침내 그 막을 내린다.

대서사시 『오디세이아』는 삶의 여정을 극적으로 보여 주고 있는 한 편의 드라마이자 모험으로 점철된, 여행의 진수를 보여 주는 걸작 기행문이 아닐 수 없다.

탁월한 여행기로 평가되는 헤로도토스의 『역사』

이야기꾼 헤로도토스는 여행가이자 역사학자였다. 그리스에서 태어난 헤로도토스는 여행을 좋아해서 직접 발품을 팔아 탐험한 것들을 기록으로 남겼다. 지적 탐구심이 매우 높았던 헤로도토스는 자신이 태어나기 전부터 시작된 그리스와 페르시아 간의 전쟁에 관해 몹시 궁금해했다. 그래서 기원전 454년, 그리스와 페르시아 간의 전쟁에 관해 알아보기 위해서 집을 나선다.[16]

페르시아제국 구석구석을 여행한 헤로도토스에게 가장 인상 깊은 곳은 아프리카 북부의 이집트였다. 헤로도토스가 이집트에 머무르는 동안 큰 홍수가 일어났는데 홍수가 끝나자마자 이집트인들은 나일강이 범람한 곳을 측량한 후 농지를 만들어 농사를 짓고 있었다. 상류에서 쓸려 내려온 흙은 매우 기름졌기 때문에 이집트 사람들은 비료도 쓰지 않고 씨를 뿌렸다. 이집트가 수준 높은 문명을 이루며 살 수 있었던 건 바로 홍수 뒤 비옥한 땅을 만들어 주는 이 나일강 덕분이었다.

나일강 하구의 흙과 모래가 삼각형 모양으로 쌓인 모습은 마치 그리스 문자 델타(delta, Δ)와 비슷해 보였기 때문에 헤로도토스는 나일강 하구에 '델타'라는 이름을 붙여 주었다. 그 뒤로 강 하구에 흙모래가 쌓여 이루어진 평지를 델타, 즉 삼각주라고 부르게 된다.

헤로도토스는 이집트를 탐험하며 보고 들은 것들을 모두 글로 옮겼다. "이집트는 나일강의 선물이다"라는 바로 그 기록이다.[17] 이후 리디아와 페니키아는 물론 흑해 연안 스키타이까지 여행한 헤로도토스는 20여 개국이 넘는 나라들을 더 돌아본 후 아테네로 귀환한다. 고향을 떠난 지 10년 가까이 지난 기원전 445년 무렵이다.

여행 중에 보고 들은 이야기를 흥미롭게 풀어낸 헤로도토스는 아테네의 이야기꾼으로 일약 유명해진다. 하지만 그리스와 페르시아 간의 전쟁에 관해 조사하고, 연구한 내용을 기록으로 남기는 것이 그의 궁극적인 목표였다. 이야기만으로 그가 경험한 일들을 사람들에게 모두 기억하게 할 수는 없다는 판단 때문이었다. 그래서 그는 자신의 생생한 탐험 경험을 흥미진진한 이야기와 함께 기록했다. 이렇게 해서 탄생한 책이 바로 아홉 권에 달하는 『역사(History)』다.[18]

발길 닿는 대로 이곳저곳 돌아다니며 본 것은 물론 들은 것까지 꼼꼼하게 기록한 헤로도토스의 『역사』는 서양 최초의 여행기로도 평가받고 있다.[19] 자고로 여행기는 보고 체험한 것만을 기록하는 게 아니라 이처럼 들은 것까지도 기록하는 것이다. 헤로도토스의 전무후무한 학문적 업적은 이렇다 할 문헌도 없던 당시 상황에서, 여러 도시와 수많은 사람들에게서 끌어모은 다양하고 때로는 상반된 구전의 잡동사니 중에서 페르시아 전쟁사를 하나의 통일체로 빚어냈다는 데 있다.[20]

헤로도토스는 페르시아와 싸운 그리스 전쟁에 관한 기록인 『역사』를 썼기 때문에, 그가 역사의 아버지로 더 잘 알려진 인물이라는 데에는 이론의 여지가 없다.[21] 그러나 『역사』에는 그리스와 페르시아 간의 전쟁 기록뿐만 아니라 역대 페르시아 왕들의 원정지인 바빌론, 이집트, 스키타이, 리비아에 관한 박물지적 기술도 포함되어 있다. 이 밖에 지브롤터해협을 넘어 인더스강에 이르는 지리적 기술도 함께 기록하고 있어 여행기로도 평가받고 있는 것이다.[22] 또한 헤로도토스 스스로도 『역사』를 탐사 보고서라고 했는데 『역사』에는 그가 탐험한 지역의

지리, 풍속, 역사, 전해지는 이야기 등이 모두 실려 있기 때문이다.[23]

헤로도토스 이전까지의 『역사』는 과거 일을 시간순으로 적은 것을 의미했었다. 하지만 헤로도토스가 『역사』를 쓴 이후부터의 역사는 역사가가 과거 일에 대해 깊이 성찰하고 연구한 내용이라는 의미가 되었다. 그래서 후세 사람들이 헤로도토스를 '역사학의 아버지'라고 칭송하고 있는 것이다.[24]

유럽 역사의 양대 기원인 그리스와 로마는 유럽 고전 기행의 시작이기도 하다. 그리고 그리스인 판사니아스가 소아시아, 리비아, 이집트, 이탈리아를 여행한 후 남긴 여행 기록은 2세기 문화사와 지형 측량에서 매우 중요한 원전에 속하는 사례로 평가받고 있기도 하다.[25]

전쟁 영웅 카이사르의 원정 기록

기원전 58년부터 기원전 51년에 걸쳐, 카이사르는 현재 프랑스 지역인 갈리아(Gallia)를 정벌하면서 자신이 이룬 업적을 서술한 『갈리아 원정기』를 남겼다. 모두 여덟 권의 기록 중 7권까지는 카이사르가 직접 집필한 것이고 8권은 그가 죽은 뒤 그

의 부하 히르티우스가 쓴 것이다.[26]

정치적 야심이 컸던 카이사르는 로마 귀환 후의 정계 진출에 대비하여, 자신에 대한 비난의 변명용으로 이 책을 저술한 것으로 알려져 있다. 사정이 이러함에도 불구하고 그의 저술은 간결·명료하고 객관적이며, 역사적 진실성도 매우 높은 것으로 평가되고 있다. 카이사르 이후 대부분 학자들이 카이사르의 문장에 대하여 칭찬을 아끼지 않고 있는 것이 그 증거다. 카이사르는 이 책을 저술하면서 간결하고 객관적이며 세련된 라틴어를 구사했다. 이를테면 '나'라는 일인칭 대신에 '카이사르'라는 삼인칭을 써서 기술을 객관화했으며 일체의 미사여구와 감정을 배제하고 오직 사실을 바탕으로 충실하게 기록했다. 그래서 『갈리아 원정기』의 문장은 라틴어 문장의 모범으로서 라틴어 사전의 예문으로 인용되고 있을 뿐만 아니라 라틴어 초보 교과서로서도 널리 애용되어 왔다.

『갈리아 원정기』의 내용은 헬베티아인(Helvetia: 스위스인)의 갈리아 이동을 저지한 것을 비롯하여 게르마니아인 침입 격퇴, 갈리아 반란 제압 그리고 두 번에 걸친 브리타니아 원정에 관한 것 등이다. 이로 인해 『갈리아 원정기』는 당시 갈리아 지방 형편을 알아보는 데 불가결한 사료일 뿐만 아니라, 프랑스는 물론 독일과 영국에 관해서도 최고(最古) 문헌으로 평가

받고 있다.[27]

『갈리아 원정기』 1권은 기원전 58년의 헬베티아족과의 전쟁과 게르마니아인과의 전쟁을, 2권은 기원전 57년의 벨가이인과의 전쟁을, 3권은 기원전 57~기원전 56년의 알프스와 해안의 여러 부족과의 전쟁을, 4권은 기원전 55년의 게르마니아 여러 부족과의 전쟁을, 5권은 기원전 54년의 브리타니아 원정 그리고 게르마니아 여러 부족과 벨가이인과의 2차 싸움을, 6권은 기원전 53년에 이어진 벨가이인과의 싸움과 갈리아의 당파·계급·습속 그리고 게르마니아의 사회와 습속에 대한 설명을, 7권은 기원전 52년의 갈리아인과의 전면적인 싸움을 그리고 있다.

기원전 100년경, 유서 깊은 로마 귀족 집안에서 태어난 카이사르는 기원전 85년 아버지의 죽음으로 열여섯이라는 어린 나이로 갑자기 가장이 되고 만다. 이후 집안을 꾸려 가고, 결혼하고, 정적들의 표적이 되기도 하다가 결국은 조국인 로마를 떠나야만 했다.

도망치듯 로마를 떠나고 다시 돌아오기를 몇 번이나 반복한 끝에 그는 유럽 전역을 조국 로마의 역사 속으로 끌어들이는 최고 군인이자 정치가가 된다. 카이사르는 로마 영토를 확장한 것은 물론 건실한 내치를 통해 로마제국의 발판을 다지면서 로마제국의 사실상 창업주로 불리게 된다.

『갈리아 원정기』는 41세 카이사르가 집정관으로 선출된 후 6개 군단을 이끌고 갈리아 원정을 시작한 때부터 기원전 52년 알레시아 공방전까지의 기록이다. 이 기간을 통해 갈리아는 거의 완벽하게 켈트족 전통과 단절하고 로마화되었으며 이후 500년 동안 로마에 반기를 들지 않았다.

카이사르는 7년이라는 짧은 기간 동안 갈리아 전역을 장악하고 로마 속주로 만든 과정을 『갈리아 원정기』에 담아 이를 세상에 남긴 것이다.[28]

『아라비안나이트』 '1001 스토리텔링'에 등장하는 여행가 신드바드

신드바드는 『아라비안나이트』 즉 『1001 야화』에 등장하는 인물로 여행가이자 모험가다. 「신드바드의 일곱 항해(The Seventh Voyage of Sindbad)」라고도 알려진 여행의 주인공으로 「알라딘과 요술램프」의 알라딘, 「알리바바와 40인의 도적」의 알리바바와 함께 『1001 야화』 속의 인물 중 가장 사랑받는 캐릭터의 하나다. 신드바드는 이야기 속에 등장하는 뱃사람이기도 하지만 페르시아 아바스 왕조(Abbasid Caliphate, 750~1258) 시절 이

라크 바그다드에서 살았을 것으로 추정되는 실존 인물이기도 하다.[29]

인도와 중국 일부까지 지배했다는 페르시아 사산 왕조(Sasanian)의 샤흐리야르(Shahryār)왕은 형수의 부정 행각과 부인의 간통으로 말미암아 여자들에 대해 뼈저린 배신감을 느낀 후 극악무도해진다. 모든 여성이 다 거기서 거기라고 단정 지은 샤흐리야르왕은 세상의 모든 여자들을 증오하게 되고 이후 신부를 새로 맞이하는 족족 아침이 밝자마자 죽여 버린다. 더 이상 여자들에게 배신당하지 않겠다는 피해망상과 여성혐오의 발로였다.

채홍사 역할을 하던 한 대신은 마침내 나라 안에서 처녀를 더 이상 구할 수 없게 된다. 이런 아버지의 처지를 딱하게 여긴 대신의 딸 셰에라자드(Scheherazade)는 왕과의 결혼을 자청한다. 왕과 결혼한 그녀는 죽지 않기 위해서 왕에게 매일 밤 재미있는 이야기를 들려주면서 끝을 맺지 않는다. 이야기를 계속 듣고 싶었던 왕은 그녀를 죽이지 않는데, 그녀의 이야기는 이렇게 1001 밤이나 계속 이어진다. 셰에라자드의 끈질긴 노력으로 드디어 여자들에 관한 편견을 깬 왕은 그녀를 용서하고 이후 행복한 여생을 보내게 된다는 게 『아라비안나이트』의 줄거리다.

'1001 밤'의 수많은 스토리 중에는 뱃사람 신드바드(Sindbad the Sailor)가 일곱 번씩이나 바다로 나아가 온갖 난관을 극복한 끝에 부자가 되는 이야기도 포함되어 있다. 이 이야기는 바그다드 시장(市場)의 가난한 짐꾼 신드바드(Sindbad the Porter)가 부유한 상인 신드바드 집 앞 벤치에 앉아 쉬면서 알라에게 불평하는 것으로부터 시작된다. 편안하게 살아가는 부자와 죽도록 일해도 가난에서 헤어날 수 없는 자신의 처지가 불공평하기 짝이 없다는 푸념이었다. 운명의 장난이었던지 공교롭게도 그 부유한 상인과 찢어지게 가난한 짐꾼은 같은 이름의 소유자였다. 부유한 상인 신드바드는 가난한 짐꾼 신드바드에게 자신이 경험한 일곱 번의 놀라운 항해 중 행운(Fortune)과 숙명(Fate)을 통해 부자가 된 얘기를 들려주면서 행운과 숙명은 결코 다른 것이 아니라며 짐꾼을 격려해 주었다. 뱃사람 신드바드의 이야기에 감동받은 짐꾼 신드바드는 이후 자신의 삶을 소중하게 여기며 행복하게 살게 되었다고 한다.

신드바드 여행기에는 인도양과 동아프리카 연안 항해 중의 전설, 설화, 러브스토리, 비극, 코미디, 시, 다양한 모습의 에로와 풍자, 정령과 신령, 엽기적 귀신과 유인원, 마법사와 마술사, 전설상의 장소들이 실존 인물이나 장소들과 뒤섞여서 등장한다. 이를테면 다이아몬드계곡의 뱀, 거대한 새 로크, 바다

괴물, 털북숭이 노인과 식인종 등이 그것들이다. 당연히 비현실적이거나 비합리적인 내용들이 그득하다. 서양 학자들은 신드바드 여행기가 이토록 비현실적인 이유로 오디세우스 스토리가 페르시아로 전해진 후 이슬람 문화권의 얘기로 재포장되었기 때문이라는 주장을 펴고 있다. 신드바드 모험 중 바다에서 온갖 괴물과 환상을 목격하며 목숨을 다해 귀환하는 과정은 오디세우스의 그것과 닮은 점이 많기 때문이다.

한편 오만은 신드바드를, 일찍이 해상(海商)으로서 동아프리카를 주름잡았던 자기 나라 조상이라고 주장하고 있다. 일부 중국학자들은 신드바드가 명나라의 색목인(色目人) 환관 정화에게서 모티프를 가져왔을 것이라는 주장을 펴고 있기도 하다. 하지만 신드바드 설화는 8세기 이전부터 시작된 것으로 추정되고 있어 중국 측의 주장은 견강부회의 억지로 보인다.[30]

오랜 세월 동안 아랍 세계의 하층 문학으로 폄훼되어 왔던 『1001 야화』가 일약 세계적인 문학 작품 반열에 올라서게 된 것은 프랑스 사람, 앙투안 갈랑 덕분이다. 1670년부터 약 5년 동안 갈랑은 프랑스 사절단 통역사로 오스만제국에 머물며 터키어, 아랍어, 페르시아어 등을 공부할 수 있었다. 문학 번역에 관심이 많았던 갈랑은 우연히 『뱃사람 신드바드의 7가지 여행』과 『알프 라일라 와 라일라』라는 두 개의 아랍어 이야기 필사본을 구입하게 된다.

갈랑은 『알프 라일라 와 라일라』를 번역한 후 『1001 야화(Les Mille et une nuits)』란 제목을 붙였다. 원래 이 작품은 1001 밤 동안 지속되는 이야기가 계속 진행되도록 구성되어 있었다. 그러나 그가 구입한 『1001 야화』 아랍어판에는 281일 밤에 걸쳐 진행되는 40개의 이야기만 들어 있었다. 『1001 야화』의 분량이 부족하다고 여겼던 갈랑은 『뱃사람 신드바드의 7가지 여행』 이야기를 『1001 야화』의 시리즈에 슬쩍 끼워 넣었다. 그런 뒤 1704년부터 약 2년에 걸쳐 『1001 야화』 프랑스어 번역 시리즈 일곱 권을 차례로 출판했다.

바로 그 무렵인 1709년 갈랑은 친구를 통해 한나 디압이라는 정체불명의 사람을 소개받은 후 그가 떠든 이야기를 기록하기 시작했다. 한나 디압이 갈랑에게 전해 준 이야기 가운데에는 「알리바바와 40인의 도적」과 「알라딘과 마술램프」에 관한 이야기도 포함되어 있었다. 이 두 이야기 역시 1001 야화와는 전혀 무관했지만, 갈랑은 후속 시리즈에 넣기로 결심했다. 갈랑은 이렇게 수집한 자료들을 마음대로 개작하고 프랑스인들의 입맛에 맞게 다듬고 고쳐서 『1001 야화』 시리즈의 마지막 네 권을 더 출간했다. 그 결과 갈랑의 프랑스어판 『1001 야화』 시리즈는 1704년부터 1717년까지 모두 열두 권이 간행되기에 이르렀다.

갈랑의 번역 시리즈 가운데 그나마 아랍어 원본에 근거를 둔 것은 7권까지였고, 나머지 8권부터 12권까지는 '1001 야화'와 전혀 무관한 이야기로 채워졌다. 더욱 황당한 것은 「신드바드의 모험」, 「알리바바와 40인의 도적」, 「알라딘과 마술램프」가 상업적 흥행을 위해 전혀 엉뚱한 곳에서 가져와 삽입한 것임에도 불구하고 이들은 오늘날 '1001 야화'를 대표하는 가장 유명한 이야기가 되었다는 사실이다.

프랑스에서 시작한 '1001 야화'의 열풍은 삽시간에 유럽 전역을 휩쓸었는데 영국도 예외가 아니었다. 영국의 탐험가 리처드 버턴은 갈랑의 것을 뛰어넘는 새로운 영어판 『1001 야화』 번역에 도전했고, 그 결과 1885년부터 1888년까지 열여섯 권의 『1001 야화』 시리즈가 완성되었다.[31]

중세 그리스도교와 성지 순례

종교 성지(Holy Land)를 순례하는 여행은 전쟁 수행을 위한 이동과 함께 여행에 크게 이바지해 왔다. 성지 순례(Pilgrimage)의 대명사로 사우디아라비아 메카를 꼽는 데에 주저할 사람은 없을 것이다. 이 밖에 이스라엘 수도 예루살렘, 이탈리아 로마, 스페인 북부 도시 산티아고 데 콤포스텔라(Santiago de Compostela)는 세계 3대 기독교 성지 순례지로 알려져 있다. 이 중 프랑스 생장 피 드 포르(St. Jean Pied de Port)를 출발하여 피레네산맥을 넘어 예수 열두 제자의 하나인 야고보가 묻혀 있는 산티아고 데 콤포스텔라 성당으로 가는 길은 아직까지도 '산티아고 순례길'이라는 이름으로 전 세계 기독교 순례자들의 사랑받고 있는 명소이자 국제연합교육과학문화기구(UNESCO)가 지정한 세계문화유산이기도 하다.[32]

중세 서유럽 봉건제도의 완성과 교황권 확립에 따른 사회 안정은 일반 민중의 생활 안정을 가져왔고, 이로 인해 경제적으로도 여유 있는 계층이 출현하게 되었다. 이러한 경제적 여유와 기독교 신앙의 안정은 성지 순례 붐을 조성하게 되었다. 성지 순례의 명분은 기독교 신자로서, 예수가 출생하고 고난당한 성지를 순례함으로써 신앙심을 더욱 돈독히 하겠다는 것이다. 처음에는 여유 있는 사람들의 레저 여행으로 시작되었으나 이것이 유행하게 되면서 기독교인은 마땅히 행하지 않으면 안 되는 의무로 인식되게 되었다.

그리스도교의 순례는 교회와 관련되어 교회 허가로 수행되는 여행을 의미하던 것으로 로마제국 말부터 시작되면서 많은 성소들이 명성을 얻게 되었다. 순례는 속죄의 수단으로 여겨졌으며 어디를 다녀왔느냐에 따라 속죄의 등급이 달라지기도 하였다.[33] 예수 탄생지인 예루살렘, 베드로 성인의 무덤이 있는 로마의 바티칸 성당, 야고보 성인의 무덤이 있는 이베리아 반도 북부의 산티아고 데 콤포스텔라는 그리스도교 3대 성지였다. 그리스도인들은 성지 예루살렘을 탈환하거나 지키기 위해 일곱 차례에 걸친 십자군 원정을 벌였었다. 그러나 예루살렘이 무슬림에게 넘어가자 교황은 로마 바티칸과 에스파냐의 콤포스텔라 성당을 그 대안으로 제시했다. 지금도 그렇지만 당시 유럽 사람들에게 가장 인기 있는 순례지는 '산티아고 순례길'로 더 유명한 산티아고 데 콤포스텔라였다.[34]

순례가 활발해지면서 오늘날의 패키지 여행과 비슷한 개념의 여행 상품이 나타나기도 했다. 15세기에 베네치아를 출발하여 성지로 떠나는 순례단의 요금에는 뱃삯, 식대, 숙박비, 당나귀 이용료 등이 포함되어 있었기 때문에 이는 오늘날의 패키지 여행과 매우 흡사한 유형이었다.[35]

골프 선수 아놀드 파머와 그의 골프웨어 브랜드로 유명한 파머는 전문 순례꾼을 의미하는 것으로 예루살렘에서 돌아오는 순례자들이 예리코의 종려나무(palmer)를 가져오던 관행에서 비롯된 이름이다. 이 파머(Palmer)들은 온몸에 자기가 다녀

온 여러 순례지의 상징물을 덕지덕지 붙이고 다니는 것을 자랑으로 여겼다.[36]

심각한 질병 등으로 순례를 떠나지 못하는 사람들은 이파머라는 전문 순례꾼을 고용해 대리 순례를 시키기도 하였다. 그래서 지금도 가톨릭을 사람이 만든 규율(man-made-rule)이 지배하는 교회라고 얘기하는 사람들이 많이 있고 급기야는 루터에 의해 종교 개혁이 단행되는 단초의 하나가 되었다고 볼 수도 있다.[37]

순례 여행은 경건해야만 했지만, 대다수 중세 사람들에게 이는 일상에서 벗어날 수 있는 거의 유일하고도 합법적인 통로였다. 동서고금을 막론하고 여행은 태생적으로 여흥과 일탈의 요소를 품고 있기 때문이다. 그래서 순례 여행 역시 기분 전환이나 휴가의 본질을 벗어날 수가 없었던 것이다. 이는 우리 조상들이 석가 탄신일인 4월 초파일이나 단옷날 등에 농사일을 쉬고 나들이와 여가를 즐겼던 것과 같은 맥락으로 볼 수 있다.

십자군 동방 원정과 수도사들의 몽골제국 기행

우리가 십자군 원정을 여행사(旅行史)에서 다루는 것은

이 대규모 원정이 유럽과 중동의 여행과 환대 문화를 통째로 바꿔 놓았기 때문이다. 십자군 원정 이전만 해도 가톨릭과 이슬람은 서로 관대해서 양방 간의 이동이 자유로웠던 것은 물론 서로 환대하는 문화가 있었다. 그러나 이 원정을 계기로 유라시아의 양대 신앙은 적대적 관계로 돌아서며 오늘날까지도 변함없이 그대로 이어져 오고 있다.[38]

십자군 원정은 1096년부터 1270년까지 무려 두 세기 동안 일곱 차례에 걸쳐 진행되었다. 십자군은 로마 가톨릭 국가들이 가톨릭 성지 예루살렘을 무슬림으로부터 탈환하겠다는 명분으로 수행한 대규모 군사 원정으로 '십자군'이란, 동원된 군인들이 가슴과 어깨에 십자가를 표시하고 원정에 참여하였기 때문에 붙여진 이름이다.[39]

중동의 바그다드와 이베리아반도의 코르도바를 중심으로 번창하던 이슬람 세계는 십자군 원정이 시작될 무렵 방종과 향락에 빠져 정치적, 종교적으로 큰 변화를 겪게 된다. 이들이 정치적으로 해이해져 있던 틈을 타 셀주크튀르크가 이슬람의 새로운 지배자로 등장하기 때문이다. 셀주크튀르크는 이전의 아바스 왕조와 달리 기독교에 대해 적대 정책을 펼치게 된다. 이에 따라 예루살렘을 순례하는 기독교인들에 대하여 박해를 가하는 한편 동로마제국의 콘스탄티노플을 공격하게 되었다.

셀주크튀르크의 콘스탄티노플 공격은 서유럽 기독교 세계에 커다란 충격을 안겨 주었다. 예루살렘 성지 순례로 들떠 있던 서유럽 가톨릭교도들에게 셀주크튀르크는 천국으로 가는 길을 막아선 악마의 표상으로 등장하게 된 것이다. '카노사의 굴욕'[ii] 이후 기세가 등등해진 교황 우르바누스 2세는 이것을 로마 가톨릭과 그리스 정교회를 통합함으로써 비잔틴제국의 황제까지 겸할 수 있는 절호의 기회라고 판단했다. 때마침 동로마제국 황제인 알렉시우스 콤네누스(Alexius Comnenus)가 구원을 요청해 오자, 우르바누스 2세는 기회를 놓치지 않고 튀르크인들의 잔인한 박해를 강조함으로써 십자군 원정의 불을 당

ii 1077년 신성로마제국의 하인리히 4세가 자신을 파문한 교황 그레고리우스 7세를 만나기 위해 이탈리아 북부의 카노사성으로 가서 관용을 구한 사건을 말한다. 교회의 성직자 임명권을 둘러싸고 분쟁하던 신성로마제국 황제와 교황의 대립의 정점에 있었던 사건으로 기독교에 세속 권력이 굴복한 대표적인 사건으로 성(城) 앞에서 사흘 동안 빌어서 파문이 취소되었는데, 이 사건은 가톨릭 교회와 교황의 권력이 절정에 이르는 계기가 되었다. 개혁적인 교황 그레고리우스 7세는 재임 초기부터 강력한 교회 개혁과 쇄신 운동을 펼쳤는데 당시 세속의 군주가 관습적으로 가지고 있던 성직자 서임권을 다시 교회로 가져오려고 시도하였다. 당시 신성로마제국의 황제였던 하인리히 4세는 이에 반발하였고 교황은 그를 파문하고 황제를 도와주는 귀족이나 사제도 파문한다고 으름장을 놓았다. 하인리히는 계속 저항하고자 했으나 이미 몇몇 신성로마제국 귀족들은 그에게서 등을 돌렸고 새로운 황제를 추대할 움직임이 있었다. 이미 반란이 일어나고 있었기 때문에 하인리히는 어쩔 수 없이 교황과 화해할 수밖에 없었다.

졌다. 그는 예루살렘을 장악하여 넓은 영토를 확보하자며 영토 확장 욕심에 사로잡혀 있던 영주들도 함께 부추겼다. 그러면서 그는 이 원정을 신의 뜻에 따른 성전(聖戰)으로 포장하여 이 모든 사람들을 선동했다.

1차 십자군 원정(1096~1099)은 셀주크튀르크의 성지 순례자에 대한 박해와 우르바누스 2세의 선동으로 자극된 농민 등에 의해서 수행된 비교적 순수한 성격을 지니고 출발했으나, 순례 도중 현지 주민들을 학살하고 약탈하는 등 만행을 일삼아 비난의 대상이 되기도 했다. 그러나 이들은 많은 난관을 극복하고 콘스탄티노플을 거쳐 성지 예루살렘을 탈환한 후, 일시적이긴 하지만 예루살렘왕국을 세우기까지 하였다. 하지만 셀주크튀르크의 반격으로 십자군이 세운 예루살렘왕국은 위태로운 지경에 놓이게 된다.

이에 따라 신성로마제국 황제 콘라드 3세와 프랑스 왕 앙리 7세가 연합하여 2차 십자군(1147~1149)을 일으켰다. 그러나 이들은 예루살렘에 도달하지도 못하고 해산되는 비운을 맞이한다. 결국, 예루살렘왕국은 셀주크튀르크에 의해서 멸망되고 만다. 이 소식이 전해지자 영국의 리처드 1세, 프랑스 필리프 2세가 중심이 되어 3차 십자군(1189~1192)을 일으켰으나 자체 내분으로 인하여 실패하였다.

이렇게 100여 년간 지속된 십자군 원정은 3차에 걸친 동원과 실패를 거듭하면서 점차 그 성격이 변질되어 갔다. 신앙심과 이교도에 대한 적개심으로 시작된 원정이 점차 상업적 목적을 띠게 된 것이다. 당시 가톨릭 최고의 전성기를 향유하면서 세속화될 대로 세속화된 교황 인노켄티우스 3세는, 베네치아 상인들이 지중해 상권을 확보하고자 하는 의도를 알고도 이에 적극 호응하여 4차 십자군(1202~1204) 동원령을 내렸다. 베네치아를 출발한 이들 십자군은 베네치아의 상적(商敵)이기도 했던 콘스탄티노플을 공격하여 비잔틴제국을 일시 멸하고 여기에 라틴제국[iii]을 세웠다. 이것은 서유럽 사람들에게 커다란 충격을 주었으며 십자군 원정 자체에 대한 불신을 야기하는 계기가 되었다.

그 뒤 5차 십자군(1219~1221)이 신성로마제국 황제 프리드리히 주도로 조직되었으나 전리품을 둘러싼 참가국 지도자들 간의 분쟁과 갈등으로, 이슬람에게 점령지를 빼앗기면서 결국 실패로 끝나고 말았다. 6차 원정군(1222~1229)을 일으킨 프리드리히 2세는 무력 침략 대신 이슬람들 간의 갈등을 교묘하게

iii 1204년 제4회 십자군이 콘스탄티노플을 점령한 후 세워진 국가로서 1204년부터 1261년까지 존속되었다.

이용하는 외교적 수단으로 10년의 휴전조약을 맺고 예루살렘을 장악하였다. 그러나 15년 만에 이슬람교도의 공격으로 망하고 말았다. 7차 십자군(1248~1254)은 프랑스 왕 루이 9세가 일으켜 이집트를 공격하였으나 유행병이 만연하여 실패하고 왕 자신도 병사하였다.[40]

십자군 원정의 와중에 칭기즈칸의 서정이 이루어지자 유럽은 몽골에 대한 두려움에 휩싸이게 된다. 그래서 이들에 대한 정보를 파악할 목적으로 교황에 의해 파견된 수도사이자 외교관이 바로 카르피니와 루브룩이며 이들의 귀환 보고서가 각각 『몽골제국 역사』와 『몽골제국 여행기』다.[41]

베네치아와 제노바 등 이탈리아반도 도시국가들은 정치적, 경제적 이권에 따라 변질된 십자군 원정에 편승하여 서아시아 국가들과 적극적인 무역을 전개함으로써 막대한 부를 축적하게 된다. 이런 과정에서 서아시아 지역은 물론 당시 몽골제국까지 여행할 수 있었던 상인이 바로 『동방견문록』의 저자 마르코 폴로 가족 일행이다.

그리스도교 동방전파 여정

예루살렘에서 기원한 그리스도교는 1000년이 지난 후 동서 기독교로 나누어진다. 이렇게 분열되기 이전의 기독교를 흔히 고대 동방기독교라고 부른다. 예수가 바로 하느님이며 그의 신격과 인격을 떼어 내 생각할 수 없다는 것이 가톨릭 정통 교리다. 그러나 콘스탄티노플의 네스토리우스(Nestorius, ?~451) 대주교를 시조로 삼고 있는 동방기독교는 예수의 신성과 인성을 구분해야 하며 성모 마리아 역시 인간으로서 예수의 어머니일 뿐이라는 주장을 폈다. 네스토리우스는 결국 431년 에페소 공의회에서 이단으로 규정돼 파문당한 데 이어, 435년 동로마 제국의 황제 테오도시우스 2세에 의해 아랍으로 축출된다.[42]

동방기독교는 5세기 중엽 네스토리우스파의 주도하에 북아프리카, 페르시아, 중앙아시아, 인도, 당나라, 몽골 등으로 전해져 한때 융성했다. 경교(景敎)라고 불린 동방기독교는 7세기 중엽에 외국 문화를 모두 수용하던 시절인 당 태종 때 중국으로 들어와 250년간 수만 명의 신도를 갖는 교세로 성장하기도 했었다. 그러나 일련의 기독교 배타적 사건에 휘말리면서 중국에서는 그 흔적이 사라지게 된다.[43]

1956년 경주 불국사의 유물 출토 작업에서 십자가 형상의 쟁반만 한 돌이 발견된 일이 있었다. 개신교 목사이자 고고학자인 김양선(1908~1970)은 이 돌 십자가가 바로 당나라에 전파된 경교(景敎)가 신라에까지 들어왔었다는 증거라고 주장하기도 했다.[44]

르네상스 시대 여행과 기행 문학

중세 말까지 가톨릭 신자들에게 성지 순례는 일종의 의무였다. 그러나 순례 여행과 달리 기사들에 의해 모험을 추구하는 자발적인 여행이 등장하게 되면서 탐험가들의 등장을 예고하게 된다. 중세 기사들은 스스로 무장할 수 있는 권리와 어디로든지 자유롭게 떠날 수 있는 권리를 가지고 있었기 때문이다. 이런 모험을 앞세운 새로운 여행이 지리상 발견과 맞물리면서 르네상스 시대를 탐험의 시대와 발견의 시대로 이끌어 갔다. 여행을 통해 세상은 그야말로 넓은 배움터가 되어 갔으며 이것은 바로 그랜드 투어가 출현하게 된 배경이 되었다.[45]

르네상스가 최고조에 달했던 엘리자베스 여왕 시대에도 문화적으로 영국은 여전히 후진국이었다. 그러나 탐험과 발견의 결실로 17세기 후반부터 정치적 안정과 경제적 풍요를 누리게 되면서 영국의 젊은이들은 너도나도 도버해협을 건너게 된다. 벼락부자의 문화적 열등감에서 벗어나고자 했던 영국 사람들에게 마침내 그리스 로마 문명의 유산과 화려한 궁정 문화를 꽃피운 프랑스를 향유할 여유가 생긴 것이다. 때마침 인쇄와 출판이 주도한 소비 문화에 발맞추어 엄청나게 많은 여행 관련 서적들이 출간되었고 이에 따라 스파 등의 건강 여행과 함께 대륙으로의 교육 여행이 유행하게 되었다.[46]

르네상스 이후 여행은 15~16세기 지리상의 발견 시대 기행, 18~19세기의 탐험 기행과 선교사들의 기행을 들 수 있다. 이때는 미지의 세계가 무한히 확장되고 있었기 때문에 가끔 원거리 여행에서 돌아온 여행자들의 황당한 기행문들이 사람들을 경악하게 하였다. 그러나, 역으로 이는 여행에 대한 호기심을 더욱 자극시키는 기폭제 역할을 하게 된다.

르네상스 이후에는 여행의 영역과 주제가 유럽을 넘어서기 시작했다. 사할린의 수인 생활(囚人生活)을 조사하러 갔을 때의 견문을 기록한 안톤 체호프의 『시베리아 여행』, 프랑스의 식민지 지배에 대한 항의를 주제로 한 앙드레 지드의 『콩고 기행』과 소비에트 러시아의 획일주의에 대한 비판을 담은 『소련 방문기』[47] 등이 그것들이다. 기행 문학은 시대와 함께 저작 동기에 따라서도 다양하게 변화하기 때문에 18세기와 19세기에는 유럽인의 식민지 관찰과 그에 관한 보고가 줄을 잇게 된다.

픽션이긴 하지만, 토머스 모어의 『유토피아』를 비롯한 유토피아 문학이 지리적으로 먼 곳에 이상향을 설정하고 있는 것과 대니얼 디포의 『로빈슨 크루소』 등의 표류 모험담도 여행과 밀접한 관계가 있다고 볼 수 있다.

그랜드 투어와 그랜드 투어리스트

서양 여행사(旅行史)를 얘기하면서 빼놓을 수 없는 주제가 바로 그랜드 투어다. 그랜드 투어란 신라 시대의 화랑도 교육처럼, 대항해 시대의 탐험과 발견의 결실로 경제적 풍요를 누리던 영국 부유층이 자식들을 프랑스와 이탈리아 등 유럽대륙으로 보내 지식과 교양을 배워 오도록 한 데서 시작되었다. 자식들과 함께 토머스 홉스나 애덤 스미스와 같은 당대 최고 지성들을 가정교사로 딸려 보내면서 엘리트들이 밟아야 할 교양 교육의 최종 단계로 발전한[48] 그랜드 투어는 17세기 말에 시작되어 붐을 이룬 후, 18세기 후반에는 유행병처럼 유럽 전역으로 번져 나갔다.[49]

18세기 이전까지만 해도 유럽 사람들에게 여행은 걷거

나 말 또는 노새를 타고 다녀야만 했기 때문에 일부 특수층들만 향유할 수 있는 특권이었다. 그러나 18세기 이후 여행은 좀 더 대중 속으로 들어오게 되는데 이는 대항해 시대를 거치면서 중계무역으로 부를 축적한 신흥 부유층이 등장했기 때문이다. 특히 스페인과 네덜란드에 이어 대서양 제해권을 차지한 영국 신흥 부자들은 무역으로 축적한 자신들의 부를 자식들에게 승계시키면서 부에 걸맞은 지식과 교양도 갖추길 원했다. 그래서 이들은 중등교육을 마친 10대 자녀들을 대학에 보내는 대신 가정교사를 붙여 지식과 교양의 본고장인 프랑스와 이탈리아로 여행 보내게 된다. 마침 무역이 활성화되면서 마차와 같은 교통수단과 숙박시설도 대중화되고 있어 가능한 일이었다.[50]

그러나 자녀들이 모험심, 용기, 결단력 그리고 예의범절을 익히길 바랐던 신흥 부자들의 기대와는 달리 그랜드 투어는 서양 젊은이들에게 주어진 합법적 일탈의 기회이기도 했다. 이탈리아 여행을 마친 후 집안의 작위를 계승해 정계로 진출하는 코스가 기다리고 있었던 젊은이들은 대부분 몸가짐을 바르게 하려고 애썼다. 그래서, 이국 문화를 체험하며 국제적 감각으로 성숙해진 젊은이들이 대다수였지만, 도박, 술, 여자에 빠져 가진 것은 물론 자신의 일생을 파멸로 이끈 젊은이들도 부지기수였다. 그랜드 투어는 도박과 성적 일탈의 합법적 통로가 되

었던 것이다.[51]

영국 신사 지망생들에게 마지막 교육 단계로 이루어지는 그랜드 투어가 반대로 이들을 타락시키고 말았다는 것은 섹스에 대한 영국 상류 사회의 강박관념이 이탈리아를 빙자하여 투영된 측면도 있었다.[52] 파리와 이탈리아는 이들의 성적 모험 장소로 유명했고 특히 베네치아는 유럽의 매음굴로 악명을 날리고 있었다.

예나 지금이나 여행은 늘 일탈을 수반하는 마법을 지니고 있다. 배우자가 있음에도 불구하고 해외로 도피해 불륜 상대와 부부 행세를 하던 귀족도 있었다. 비단 귀족뿐만 아니라 억압적인 영국 사회에 불만이 많았던 중산층 여성들에게도 유럽대륙행은 숨통을 틔워 주는 최후의 보루가 되어 주기도 했다.[53] 여성들을 대상으로 한 이러한 섹스 투어는 '로맨스 투어'로 불리며 지금까지도 이어져 오고 있다.

그러나 신흥 부자들 자식들이 경험한 여행 결과는 놀라운 것이었다. 이탈리아 고대 건축의 영향을 받은 신고전주의 건축 양식을 영국에 싹트게 했을 뿐만 아니라 프랑스에서 익힌 궁정 예절은 영국 신사도의 토양이 되기도 했다. 또한, 유럽대륙 지식인들과의 교류를 통해 습득한 선진 과학 기술이 대거 영국으로 유입되면서 이후 일어난 산업혁명의 불씨가 되는 등

그 영향은 실로 막대한 것이었다.[54]

그랜드 투어의 시조는 1572년 엘리자베스 여왕이 후원하여 외교에 필요한 훈련과정으로 유럽 여행을 떠난 필립 시드니(Philip Sydney, 1554~1588)로 보고 있다. 필립 시드니는 말 네 마리, 하인 셋, 말동무로 고용한 비서 한 명과 함께 여행을 출발했다. 프랑스, 독일, 이탈리아, 폴란드, 오스트리아를 돌아본 그는 1575년 영국으로 귀환하여 군인과 정치가로 활약했으며 그랜드 투어의 영향으로 영국 신사도의 전형적인 인물로서의 명성을 얻게 된다.[55]

대학교수를 지낸 후 그랜드 투어의 동행교사로 참여했던 애덤 스미스는 그랜드 투어가 성행하게 된 배경을 유럽 대학 교육의 문제점에서 찾았다. 유럽 대학 교육은 본래 성직자 양성을 목적으로 생겨났기 때문에 학생을 세상일에 능숙한 사람으로 교육시키는 데 적합하지 않기 때문이라는 것이다. 그러면서 공교육이 아닌 사교육으로서의 그랜드 투어의 가치를 두둔했다. 로크(John Locke, 1632~1704)와 루소(Jean Jacques Rouseau, 1712~1778)도 공교육보다 사교육 가치를 높이 평가하면서 해외여행을 통한 교육의 중요성을 뒷받침했다. 옥스퍼드나 케임브리지대학에서는 라틴어, 그리스어 그리고 고대 로마의 역사와 도시들에 관해 조금 배우는 것이 고작이었다. 하지만 그랜드 투어를 통해서는 방문하는 나라의 지리, 역사, 정치, 예술, 건축, 사회에 관해 더 많은 것을 배울 수 있었기 때문이었다.[56]

이 당시 애덤 스미스, 존 로크, 토머스 홉스 등의 유명 인사들도 하인 대우 수준의 동행교사로 그랜드 투어에 참여하였는데 동행교사의 급여가 대학교수의 그것보다 훨씬 높았기 때문이다.

이탈리아 반도의 자연, 유적, 예술, 건축에 탐닉한 그랜드 투어는 흔히 영국 귀족 자녀들을 위한 엘리트 교육의 최종 단계로 정의되고 있다. 영국 역사학자 레드포드(Bruce Redford)는 다음과 같은 네 가지 조건을 그랜드 투어의 정의와 그 범위로 제시하고 있다.[57]

> 여행 주체가 젊은 영국 남자로서 귀족 또는 젠트리(gentry)[iv]임.
> 전체 일정을 책임지는 동행교사가 동반함.
> 여행의 최종 목적지가 로마임.
> 전체 여정이 2년에서 3년 정도의 장기임.

iv 젠틀맨 계층이라는 뜻이며 귀족을 포함한 좋은 가문의 사람들을 지칭한다.

영국에서 시작된 그랜드 투어는 범유럽적인 현상으로 발전하게 된다. 영국뿐만 아니라 유럽대륙의 다른 나라 귀족들도 나름의 방식으로 그랜드 투어를 즐기기 시작했다. 러시아의 표트르 1세는 대표적인 유럽대륙 그랜드 투어리스트인데 자신의 신분을 감추고 서구의 공장, 조선소 등을 견학한 후 러시아를 서구화하는 데 큰 공을 세운다. 『이탈리아 기행』을 남겨 유명한 괴테 역시 영국인이 아닌 그랜드 투어리스트의 대표적인 경우며 이 밖에 볼테르, 몽테스키외, 루소 등의 프랑스 계몽주의 사상가들도 앞서거니 뒤서거니 하며 이탈리아 여행에 동참하게 된다.[58]

더욱이, 모차르트 등의 음악가·화가·건축가들 가운데 이탈리아를 여행하지 않은 사람은 거의 없다고 해도 과언이 아니다. 이들에게 이탈리아 여행은 거의 의무사항처럼 느껴지고 있어서 이탈리아 여행을 하지 않은 경우, 열등감이나 강박관념이 되기조차 했을 정도다. 이처럼, 그랜드 투어는 18세기 유럽 문화를 특징짓는 대표 현상의 하나로 자리매김하고 있었다.[59]

그랜드 투어의 궁극적인 목적지는 로마였다. 르네상스의 영향으로 고전에 관심이 많아진 유럽에서 로마는 여행자들이 반드시 보아야 할 장소였다. 그때나 지금이나, 여행자들에게 이탈리아와 로마는 유럽 여행의 화룡정점을 찍는 곳이다.

15세기 베네치아에서 홀리랜드(Holy Land) 즉 성지로 떠나는 순례단의 요금에는 뱃삯, 식대, 숙박비, 당나귀 요금은 물론 이교도인 무슬림들에게 바칠 뇌물까지 포함되어 있었다.[60] 이는 오늘날의 패키지 여행과 매우 흡사한 유형이었지만 대중에게 상품으로 팔리지는 않았다.[61]

산업혁명을 불러온 증기기관의 출현은 철도의 발달로 이어졌다. 철도는 역마차를 이용해야만 했던 귀족들 대상의 그랜드 투어를 일반 시민들도 참가할 수 있게 하며 대중 관광 시대를 이끈 혁명적 매개체였다. 목사이자 금주 운동가였던 토머스 쿡(Thomas Cook)은 노동자들을 대상으로 한 금주 운동의 일환으로 특별한 여행을 기획했다. 1841년 토머스 쿡은 열차를 전세 내 운임과 식사를 포함해 여행자 1인당 1실링을 받고 손님 500여 명을 태워 영국의 레스터(Leicester)에서 11마일 떨어진 러프버러(Loughborough)까지 운행했다. 토머스 쿡이 기획한 이 열차 여행은 운임에 식대는 물론 숙박비와 입장료까지 모두 포함해서 판매하는 이른바 패키지 여행의 효시가 되었다.[62]

이후 토머스 쿡은 1851년 세계 박람회(World Expo)의 효시인 런던 하이드파크에서 개최된 수정궁 박람회에 15만여 명의 관람자들을 패키지 투어로 송객하여 큰 성공을 거둔다. 1855년 토머스 쿡은 파리 세계 박람회 참관과 함께 벨기에, 독일, 프랑스를 주유하는 해외여행 패키지를 시작으로 스위스, 이탈리아 등의 유럽과 이집트를 연계하는 패키지 여행 상품을 개발해 가면서 패키지 여행 전문업자로 성장해 갔다. 토머스 쿡의 패키지 여행업은 날로 성장 발전하여 1865년에는 미국 여행 패키지 상품을, 1872년에는 세계 일주 패키지 상품을 개발 판매함으로써 그 사업 영역을 전 세계로 넓혀 갔다.

이와 같은 패키지 여행 전문업자의 등장은 중산층은 물론 외국어를 모르는 사람들과 정규 교육을 제대로 받지 못한 사람들에게도 저렴한 비용으로 외국 여행을 즐길 수 있는 길을 활짝 열어 주게 되었다.[63]

선택된 소수 귀족과 엘리트들만을 대상으로 한 그랜드 투어에서 소시민들을 위한 대중 관광 시대를 열게 한 토머스 쿡의 증기기관 열차 이용 패키지 여행은 당시로서는 매우 획기적인 일이었다. 열차를 전세 내어 기획한 패키지 여행 판매를 계기로 이후 토머스 쿡은 세계적인 패키지 여행 도매업자로 성장 발전하여 오늘날까지도 그 명성을 이어 가고 있었다. 런던에 소재한 토머스 쿡 본사 건물에서는 패키지 여행업 외에 여행 가방, 여행 가이드북, 여행 장비 등을 함께 판매하고 있어

종합 여행업자로서의 존재감을 과시해 왔다. 그러나 온라인 여행 시장이 확대되면서 여행사를 통하지 않는 개별 여행자가 늘고 있는 새로운 여행 트렌드에 적응하지 못하면서 창립 178년 만인 2019년 결국 파산하고 말았다.[64]

이상향으로의 여정

'유토피아'는 토머스 모어가 그리스 말로 허튼소리를 퍼뜨리는 사람이라는 의미의 히슬로다에우스(Raphael Hythlodaeus)라는 포르투갈 선원을 만나 나눈 이야기를 옮겨 적는 형식으로 전개된다. 가상의 인물인 히슬로다에우스는 대항해 시대의 실존 항해가인 아메리고 베스푸치[v]를 따라 신세계를 여행하는 중 유토피아섬에서 5년간 머문다.

1516년 라틴어로 출판된 '유토피아(Utopia)'는 그리스어로 '없는(u)'과 '장소(toppos)'의 합성어로서 결국 '없는 곳'이라는 의미다. 그러나 이를 같은 발음의 다른 실지인 유투피아'(eutopia)'로 표기하면 '없지만 좋은 나라'라는 의미가 되기도

v 이 책 101쪽 참조.

한다. 그래서 토머스 모어는 불행이 가득한 현실의 디스토피아(distopia)를 책의 1부에서 먼저 얘기하고 지극히 훌륭한 통치가 이루어지는 이상세계인 유토피아를 2부에서 그리고 있다.[65]

토머스 모어는 그의 저서 『유토피아』에서 이상적인 사회가 갖추어야 할 모습을 열정적으로 제시하고 있긴 하지만 그런 이상향은 이 세상 그 어디에도 존재하지 않음을 제목을 통해 강력히 시사하고 있는 것이다. 따라서 '어디에도 없는 곳'이자 세상에서 '가장 좋은 곳'을 뜻하는 유토피아는 현실 세계에 대한 비판임과 동시에 이상 사회를 지향하고자 하는 사람들의 열망을 보여 주고 있을 뿐이라고 볼 수 있다.

소설 『유토피아』는 1부와 2부로 구성되어 있는데, 1부에서 가장 유명한 구절의 하나는 작품 저술 당시 잉글랜드의 비참한 실상을 고발하는 내용인 '양이 사람을 잡아먹는 기괴한 나라'를 고발하는 부분이다.[66]

"양들은 온순하고 적게 먹는 동물이었습니다. 그런데 이제는 양들이 너무나도 욕심 많고 난폭해져 사람들까지 잡아먹고 있습니다. 양들은 밭과 집은 물론 마을까지 황폐화시킵니다. 부드럽고 비싼 양모를 구할 수 있는 곳이라면 지주 계층들인 귀족과 성직자들은 옛날에 조상들이 받던 지대에 더 이상 만족하지 않게 되었기 때문입니다. 그들은 모든 땅을 농민들이 경작하도록 하는 대신에 목축을 위해 울타리를 쳐서 막습니다. 이로 인해 소작농들은 결국 도시로 내몰리게 된 후, 도둑질을 하다가 교수형에 처해지든가 길거리의 걸인 신세로 전락하게 됩니다."

16세기 영국 사회에서는 인클로저(Enclusure)로 대변되는 초기 자본주의 병리 현상들이 나타나고 있었다. 위 에피소드는 당시 인클로저 현상을 대변하는 것으로 시골에서 농사지으며 그럭저럭 살아가던 농민들이 직물업이 성장하고 이에 따라 양모 수요가 늘어나면서 냉혹하게 삶의 터전에서 내쫓긴 상황을 설명하고 있다. 많은 사람들이 평화롭게 살아가던 터전이 울타리 친(Enclusure) 양목장이 되어서 사람은 보이지 않고 양들만 노닐게 된 모순을 그리고 있는 것이다.

이상향(理想鄕)을 의미하는 단어로 사용되고 있는 유토피아는 토머스 모어가 그의 작품에서 그렸던 세상과는 차이가 크다. 토머스 모어는 그의 작품에서 풍자적인 스타일로 모순과 부조리로 가득 찬 인간 세상의 모습을 먼저 그리고 있다. 그리고 이런 현실 세계는 유토피아가 아니라 디스토피아다. 그는 이처럼 현실의 디스토피아를 묘사함으로써 가상의 유토피아에 대한 갈망을 드러내고자 했을 뿐이다.

모직물 공업 발전과 양모 수요 급증으로 지주들이 소작인들을 몰아내고 농토를 양목장으로 전환하는 현상이 벌어지자 토머스 모어는 농민들을 보호하기 위해 치열하게 싸웠다. 그는 죽음 앞에서도 신념을 굽히지 않고 목숨까지 내놓은 올곧은 신앙인이었다. 결혼하기 전, 3년간의 수도원 생활을 통해 이상향의 실체에 가까이 다가갈 수 있었던 토머스 모어는 평소에도 검소하고 절제된 모습으로 학문적 소신과 신앙을 굳건히 지켜 감으로써 그의 작품이 지향한 이상향을 현실에서 구현하고자 노력한 정치가이기도 했다.

토머스 모어는 영국의 정치가로서 대법관을 지낸 법률가이기도 하다. 교황과의 결별을 결심한 헨리 8세 의중에 따라 제정된 왕위계승법 중 교황권을 부정한 부분에 대한 충성 맹세를 거부하자 이로 인해 대역죄를 선고받고 1535년 처형되었다. 참수형 집행 당시 그는 구경 나온 군중들에게 "국왕의 좋은 신하이기 이전에 하느님의 착한 종으로서 죽는다"라고 하며 의연한 죽음을 맞이한 것으로도 유명하다. 범인으로서는 도저히 가늠하기 어려운 죽음을 맞이한 토머스 모어는 1886년 가톨릭 교회 복자로 시복된 데에 이어 1935년에는 성인으로 시성되었다. 2000년, 교황 요한 바오로 2세는 그를 정치인을 수호하는 성인으로 추가 시성하여 그의 업적을 기리고 있다.

형제애, 나눔, 자유로운 영혼, 자연에 대한 관조, 성스러움 등은 모어가 생각한 행복의 덕목들이다. 그러나 수도원에서나 실현 가능할 법한 이런 덕목들은 현실 어디에서도 찾아보기가 쉽지가 않다. 하지만 이런 목표를 가진 사람만이 더 나은 세계를 꿈꾸며 현실 세계를 개선하려는 노력을 끊임없이 추구할 것이라는 게 토머스 모어가 제시한 화두다.[67]

18세기 유럽의 위선과 제도를 통렬히 비판하다

여행을 주제로 다루면서 이 여행기를 뺀다면 용을 그린 후 그 눈동자를 그려 넣지 않는 것과 크게 다를 바 없을 것이다. 영국의 조너선 스위프트가 1726년에 발표한 소설, 『걸리버 여행기(Travels into Several Remote Nations of the World)』가 바로 그 작품이다. 『걸리버 여행기』는 그간 소인국과 거인국의 판타지적인 요소만 발췌되어 마치 동화처럼 읽혀 왔지만, 실은 출간 당시의 종교, 정치, 철학과 제도를 통렬하게 비판한 풍자소설이다.[68] 사정이 이러함에도 불구하고 『걸리버 여행기』는 여전히 동화, 애니메이션 그리고 영화로 각색되어 어린이들의 판타지로만 각인되고 있다. 이런 연유로 대부분의 독자들은 소인국과 거인국 부분만을 발췌한 동화판 『걸리버 여행기』를 소설의 전부로 오해하고 있을 정도다.[69]

그러나 영문 원작 소설은 모두 4부로 구성되어 있다. 그렇지만 동화 등에서는 2부 또는 3부까지의 여행만을 수록하고 4부는 신성 모독 등을 이유로 들어 삭제해 왔다. 우리나라에서도 예외는 아니어서 1890년대 초 『걸리버 여행기』의 동화 각색본만이 윤치호에 의해 번역, 소개된 바 있다. 만시지탄이지만 1990년대부터 원본 그대로의 무삭제판들이 국내에도 출간됨

걸리버 여행기 초판

으로써 원본 출간 당시의 모습들이 비로소 가감 없이 전달되고 있어 그나마 다행이다.[70]

무삭제판 『걸리버 여행기』는 소인들이 사는 나라 릴리퍼트, 거인들이 사는 나라 브롭딩낵, 날아다니는 섬나라 라퓨타, 말(馬)의 나라 휴이넘을 차례로 여행하면서 걸리버가 겪은 에피소드들을 기행문 형식으로 엮은 소설이다.

걸리버는 영국 중산층의 셋째 아들로 태어났다. 의사가 되어 병원도 개업했으나 운영이 여의치 않자 오랫동안 꿈꾸어 왔던 항해를 떠난다. 의사 걸리버는 언젠가 하게 될지도 모를 여행을 위해 항해술, 수학, 물리학을 일찍이 공부해 두었었다.

여행기의 1부는 걸리버가 바다에서 난파당해 소인들의 나라, 릴리퍼트에 표착하면서 시작된다. 선박의 동승 의사로 항해 제안을 받은 걸리버는 배를 타긴 했으나 암초에 부딪혀 정신을 잃고 만다. 정신을 차린 후 눈을 떠 보니 몸은 밧줄로 꽁꽁 묶여 있고 주위에는 12㎝ 정도의 소인들이 모여 있었다. 거인 걸리버로 인해 나라의 기근을 염려한 소인들은 그를 죽이려고 했으나 걸리버의 관대함을 보고 생각을 바꾸게 된다. 걸리버는 블레퍼스크의 침략으로부터 릴리퍼트를 보호해 주기도 하고, 불타고 있는 궁전을 오줌으로 꺼 도움을 주기도 했다. 그러나 이에 혐오감을 느낀 왕비는 오히려 그에게 복수를 하겠다고 나선다. 왕비의 미움을 산 걸리버는 서둘러 블레퍼스크로 도망쳐 도착한 지 3일 만에 보트에 몸을 싣고 영국 배를 만나 고국으로 돌아온다.

릴리퍼트의 소인국에서 걸리버는 한심한 상황들과 마주한다. 이를테면 소인들이 별거 아닌 이유로 서로 싸우는 게 그 예다. 이들은 계란을 뾰족한 쪽부터 깨느냐 아니면 펑퍼짐한 곳부터 깨느냐로 논쟁하다가 마침내 싸움을 벌인다. 릴리퍼트에는 높은 굽 신발을 신는 높은 굽파와 낮은 굽 신발을 신는 낮은 굽파의 파벌도 있다. 계란을 어느 쪽으로 깨느냐에 따라 상대 나라와의 전쟁을 불사하는 것은, 마치 사소한 종교적 이유로 전쟁을 일으킨 영국과 프랑스를 빗대어 풍자하고 있는 것으로 『걸리버 여행기』가 보여 주고 있는 수많은 풍자의 일단에 불과하다.

2부는 거인들의 나라, 브롭딩낵으로 가서 1부와는 전혀 반대의 상황과 마주한다.

걸리버는 릴리퍼트 여행 중에 받은 선물들을 팔아 런던에 좋은 집을 사 둔 후 다시 배를 탄다. 순항하던 배는 폭풍을 만난 후 어마어마한 거인들이 살고 있는 섬에 표착한다. 거대한 모습의 거인들에게 놀란 선원들은 걸리버를 섬에 버려두고 줄행랑을 놓는다.

거인들의 나라에서 걸리버는 마치 이성과 지성을 갖춘 애완동물처럼 취급된다. 이 때문에 걸리버는 그를 발견한 농부에 의해 시장에서 돈벌이 수단이 된다. 그리고 끝내 왕궁에 팔려 가 왕과 귀족들의 놀잇감이 된다. 왕에게 자신의 나라인 영국에 대해 이야기하지만, 왕은 영국의 이상한 규칙들을 이해하지 못한다. 이후 자유를 그리며 바닷가에서 휴식을 취하던 걸리버는 지나가던 영국 배를 만나 귀국한다.

3부는 하늘을 나는 섬나라, 라퓨타에 관한 이야기이다. 걸리버는 배를 다시 타지만 이내 해적에게 약탈당한다. 약간의 식량과 함께 보트를 타고 다니던 중 라퓨타섬을 거쳐 라가도에서 내리게 된다. 이후 무노디 영지와 럭낵을 거친 후 영국으로 돌아가기로 한다. 그러나 배가 없어 잠시 마술사들에 의해 통치되고 있는 글럽덥드립을 여행한다. 여기에서 걸리버는 다양한 명사들을 많이 만나지만 그들의 위선을 목격하고 역겨워한다. 글럽덥드립에서 럭낵으로 다시 돌아온 걸리버는 특유의 친화력으로 이곳에서도 국왕의 환심을 사는 데 성공했으나 고국으로 돌아가고 싶어 한다. 그리고 마침내 일본을 거쳐 네덜란드 배에 올라 고국 영국으로 다시 돌아온다.[71]

3부의 내용은 주로 학식 있는 사람들에 대한 풍자로 구성되어 있다. 특히 아카데미라는 기관은 하릴없는 실험부터 퇴

보적인 연구 같은 것들만 하고 있어서 교육기관인지 아니면 학문을 빙자한 퇴물들의 집단인지 분간하기 어려울 정도다. 이곳에서는 쓸모없는 사색들만이 넘쳐나고 현실에 적응하지 못하는 정신병자들이 오히려 학자로 우대받고 있었다.

이후 몇 개월을 집에서 편안하게 쉰 걸리버는 이번엔 동승 의사가 아닌 선장 자격으로 다시 배를 탄다.

4부에서는 선원으로 들인 해적들에게 납치되어 말(馬)들의 나라 휴이넘에 도착한다. 이곳은 이성적이고 고귀한 말들인 휴이넘과 함께, 인간들처럼 게으르고, 욕심 많고, 타락한 야후들이 더불어 사는 나라였다. 그러나 야후들은 간사하고, 배반도 일삼으면서, 복수심도 강한 악의 집단이었다.

이 때문에 휴이넘을 더 존경하게 된 걸리버는 그들의 관습과 행동을 따르게 된다. 그렇지만 야후라는 이유로 인간의 나라로 돌아가라는 휴이넘의 결정에 따라 걸리버는 배를 만들어 섬을 떠난다. 그러다가 포르투갈어를 쓰는 사람들에게 발견되어 다시 영국으로 돌아온다. 죽은 줄만 알았던 걸리버가 살아 돌아오자 크게 기뻐한 가족들은 포옹으로 그를 환영하지만, 야후 냄새가 느껴진 걸리버는 오히려 역겨워한다.[72]

말의 나라까지로 긴 여정을 마친 걸리버는 인간 혐오증에 걸려 가족을 포함한 모든 사람들을 기피하게 된다. 그리고

오로지 자기 집 마구간에 있는 말들하고만 대화를 나누다가 여생을 마친다.[73]

번아웃 예술가의 감성을 되돌리다

괴테는 영국인이 아니면서 그랜드 투어 개념으로 이탈리아를 여행한 대표적인 사람이다. 특이한 것은 괴테의 아버지 요한(Johann Kaspar Goethe, 1710~1782)과 아들 아우구스트(August von Goethe, 1789~1830) 역시 이탈리아를 여행한 적이 있어 3대에 걸쳐 그랜드 투어에 참가한 진기록을 쌓은 가문이기도 하다. 괴테의 이탈리아 여행은 아버지의 선례를 따른 것으로 알려져 있으며, 아버지 역시 괴테와 같은 제목의 여행기를 펴냈었다고 한다. 괴테 아들 아우구스트는 여행 중 로마에서 당한 사고로 세상을 뜨는 불운을 겪기도 했다.[74]

1786년 9월부터 1788년 4월까지의 여행 기록을 담은 괴테의 이탈리아 여행기는 3부로 나뉘어 있다. 기록, 서신, 보고(報告)의 다양한 형식으로 쓰인 여행기에는 괴테가 품었던 예술에 대한 이상과 열정이 글 곳곳에 넘쳐난다.

이 여행기 1부는 오늘날 체코의 카를스바트(Karlsbad)에서 이탈리아 로마까지의 여정을 담고 있다. 2부는 1787년 2월부터 6월 초까지 여행한 나폴리와 시칠리아에 관한 기록이다. 3부는 1787년 6월부터 1788년 4월까지 두 번째로 로마에 체류하면서 쓴 글들을 모은 것이다.

이 중 3부의 여행 기록은 늘그막의 괴테가 여행할 당시의 기록을 참고해 새로 작성한 글로 1부, 2부와는 전혀 다르다. 3부는 여행 중 그날그날에 일어난 일과 생각을 기록한 서한들과 그 중간중간에 그달 중 특히 기억되는 사건이나 감흥을 삽입하는 형식으로 구성하고 있기 때문이다.

괴테가 이탈리아 여행을 감행한 동기는 대략 다음 세 가지로 요약된다. 첫째, 소년 시절부터 간직했던 남유럽에 대한 동경, 둘째, 작은 도시국가 바이마르[vi] 공국 장기 체류로부터의 도피, 셋째, 오랫동안 슬럼프에 빠져 있던 예술가로서의 감성을 되찾고 싶은 욕구가 그것들이다.[75]

이탈리아 여행이 괴테의 삶과 문학에 끼친 영향은 지대하다. 괴테는 자신의 이탈리아 여행을 익은 사과가 나무에서 떨어지는 것과 같은 필연이라고 했다. 20여 개월의 적지 않은

vi 18세기와 19세기의 독일 정신문화와 예술의 중심 도시다. 작가 괴테, 작곡가 리스트, 철학자 니체 등이 이 도시에서 활약하였다.

기간 동안 이루어진 괴테의 이탈리아 기행은 대문호의 천재성을 다시 일깨우고, 이후의 삶을 변화시킨 일대 전환기적 기록으로 평가받고 있다. 이탈리아 여행에서 돌아온 괴테는 이후 예술가로서의 꽃을 다시 활짝 피워 『파우스트』와 같은 대작들을 남겼기 때문이다.[76]

그러나 괴테의 이탈리아 기행이 마냥 긍정적인 것만은 아니었다. 지금도 마찬가지지만 이탈리아 사람들에 대한 여행자들의 평가는 극명하게 갈리고 있기 때문이다. 괴테는 이탈리아와 이탈리아 문화를 몹시 사랑했지만, 이탈리아 사람들에 관해서는 "이곳에 사는 사람들과 우리 사이에는 매우 큰 간극이 있다. 다른 나라 사람으로서 이들과 사귀는 것은 곤란한 일이자 시간 낭비"라고 평가하고 있다. 그런가 하면 "이탈리아 사람들은 지극히 마음씨가 좋은 사람"이라는 평가도 같이 내리고 있다.[77]

이탈리아와 이탈리아 사람들에 관한 괴테의 이러한 평가는 요즘에도 크게 달라지지 않고 있다. 그 이유는 합리주의로 대변되는 독일 문화와 온정주의 네트워크 사회인 이탈리아의 문화 차이가 여전히 지속되고 있기 때문으로 필자는 분석하고 있다. 그러나 합리주의의 냉정한 문화에 익숙해 있던 독일 사람들이나 미국 사람들도 1년만 이탈리아에서 지내게 되면

이탈리아 문화의 따뜻함에 눈 녹듯이 풀려 이탈리아에 동화되고 만다는 것이 필자가 경험으로 체득한 결론이다.

어쨌거나, 그랜드 투어 당시 이탈리아 숙소는 영국인용, 프랑스인용처럼 여행자의 국적에 따라 나뉘어 있는 경우가 많았다. 요즘도 이탈리아 주요 도시에 이런 문화가 남아 있는데 이들은 대개 그랜드 투어 시대의 흔적이다.[78]

문학인 괴테는 이른 나이에 국가를 경영해 본 정치인이기도 했다. 괴테는 이미 『젊은 베르테르의 슬픔』으로 세계 최고의 베스트셀러 작가가 되어 있었고, 그 유명세 때문에 바이마르 공국에 특채되어 총리 비슷한 일을 하고 있었다. 그러던 어느 날, 그는 일종의 번아웃(burn out) 증후군에 걸려 훌쩍 이탈리아 여행에 나선다.[79 80]

> "1786년 9월 3일. 나는 새벽 3시에 카를스바트를 몰래 빠져나왔다. 그렇게 하지 않으면 사람들이 나를 놓아주지 않을지도 모르기 때문이었다."

괴테의 『이탈리아 기행』은 이렇게 시작된다. 그리고 그의 여행은 카를스바트를 떠난 뒤 1788년 6월 18일까지 약 22개월이 걸렸다. 여행길에 오르면서 "나는 살아가는 법을 다시 배

「파우스트」에 그려진 괴테의 초상(외젠 들라크루아 미술관 소장)

워야 하는 어린아이와 같다"라고 했다.

괴테는 레겐스부르크, 뮌헨, 베로나, 베네치아, 피렌체 등을 거쳐 로마에 도착한 후 나폴리와 시칠리아로 넘어간다. 18세기 그랜드 투어는 일반적으로 나폴리까지가 그 여정이었지만 괴테는 나폴리항에서 5일이나 항해한 끝에 시칠리아에 도착했다. 괴테는 시칠리아에서 오디세우스 모험 여정의 일부였던 팔레르모, 에트나산, 메시나 등을 답사하면서 스스로 제2 오디세우스 코스프레를 자임했다.[81]

당시 그랜드 투어리스트들에게 시칠리아 여행은 단순히 여행지를 남쪽으로 더 연장한 것만을 의미한 것은 아니었다. 대그리스를 뜻하는 마그나 그라에키아(Magna Graecia)의 일부로 불렸던 시칠리아 일대는 고대 그리스 여행을 대신하는 것이기도 했기 때문이다.[82]

그러나 다양한 곳들을 누빈 괴테의 최종 목적지는 결국 로마였다. 괴테는 1786년 12월 3일 로마에 도착한 날이 자신의 제2 탄생일이자 진정한 삶이 시작된 날이라고 적었다. 또한, 일 년 반가량 로마에 머무는 동안 카를 아우구스트 공(君主)에게 편지를 썼다. 그는 이 편지에서 예술가로서 자신을 새롭게 발견했으며 처음으로 자신과의 일체감을 느꼈다고 고백했다.

여행에서 돌아온 후 쓴 연작시 『로마 엘레지』는 로마를 여행한 괴테의 감정을 생생하게 보여 주고 있다.

> "이제 고전의 땅에서 나는 기쁘고 영감에 차 있다. 옛날과 오늘의 세계가 더 큰 소리와 더 큰 매력으로 말을 걸어온다."[83]

괴테의 이탈리아 여행은 괴테에게 예술가로서의 정체성을 회복시켜 주는 한편 내면이 성숙해지는 전환점이었다.[84] 그리고 이런 괴테 여정을 따라 해 보는 것은 요즘 여행자들의 버킷 리스트이기도 하다.

괴테는 정치인, 경영자, 문인, 식물학자, 광물학자, 여행가로서 팔방미인이었다. 그리고 그는 유복했다. 부유한 상인 집안에서 태어났고 아버지가 직접 가르쳤다. 원래 변호사인데 법학박사학위까지 받아서 바이마르 공국 군주가 스카우트해 갔다. 20대 중반에 가서 죽을 때까지 거기 있었다. 그 중간에 감행한 이탈리아 여행은 일종의 일탈이었다. 군주 밑에 10년 동안 있다 보니 번아웃된 탓이다.[85]

이탈리아 여행을 다녀온 후 괴테는 바이마르를 천재들의 도시로 만들었다. 84세에 숨을 거둔 괴테는 인간으로 누릴 수 있는 것은 다 누린 천재이자 축복받은 인물이기도 했다.[86]

심리학자의 천재성을 일깨우다

'이탈리아를 매년 여행하기 위해서라도 부자가 되어야겠다'라고 결심한 심리학자 프로이트(1856~1939)는 빈의 상류층 여성들을 주로 진료했다. 그리고 상담실에서 귀부인들의 성적 욕망과 내밀한 고민을 들어 준 대가는 매우 달콤한 것이었다. 환자 사례를 분석해 연구 성과를 낼 수 있었고 하루 상담료가 이탈리아 2주 여행비를 충당할 수 있을 만큼 넉넉했기 때문이다.[87]

이렇게 해서 여행을 통해 새 삶을 찾은 지크문트 프로이트는 그가 여행한 곳 중 특히 로마를 가장 사랑해서 수시로 로마 지도를 보며 추억을 되새기곤 했다.

지크문트 프로이트는 19세기 유럽 문화와 경제 중심지였던 오스트리아 빈에서 76년을 살았다. 중학교 때부터 수석을 도맡았고 파리 유학도 다녀왔지만, 가난한 유대인이었기에 늘 차별에 시달려야 했다. 교수직도 얻을 수 없어 어쩔 수 없이 의사로 개업한 그는 여섯 자녀를 둔 가장으로서 늘 생계를 걱정해야만 하는 처지였다.

이처럼 어려운 처지의 프로이트였지만 그는 늘 이탈리아 여행을 동경하였다. 그렇지만, 가난 외에 여행 공포증으로 떠날 엄두를 내지 못하던 그는 자기 심리 분석을 통해 두려움의 원인을 찾아내게 된다. 철도 여행 전문가였던 남동생의 도움으로 마흔 무렵 시도한 첫 이탈리아 여행은 그를 구원했다.

이후 세상을 눈으로 확인하는 것만이 자신을 지켜 준다는 신념으로 1895년부터 1923년까지 거의 매년 여름 그리스와 이탈리아를 여행했다. 베네치아, 피렌체, 로마를 자주 찾았고 특히 폼페이 유적지, 그리스 아테네 신전, 미켈란젤로의 모세상에 매혹됐다. 로마에 대한 상사병이 깊어져 늘 로마 지도를 보고 현지 골동품 수집과 감상에 집착하기도 했다.[88]

이탈리아 유적지를 다니며 지적 자극을 받은 그는 『꿈의 해석』, 『일상생활의 정신병리학』, 『성욕에 관한 세 편의 에세이』 등을 써낸다. 꿈과 무의식의 세계에서 건진 퍼즐 조각을 맞춰 정신의 지도를 그리는 그에게 심리학은 유적을 발굴해 과거를 복원하는 고고학과 유사했다. 실제로 그는 신화와 고고학 책을 비롯해 셜록 홈스 시리즈와 애거사 크리스티의 추리 소설에 탐닉하기도 했다.

지크문트 프로이트는 욕망의 세계를 탐험하면서 심리학의 영역을 확장한 심리학자다. 하지만 심리 치료 대상자들을 상담실에만 묶어 두지 않고 그들에게 지도를 건네며 자유로운 여행을 권유했다면 정신과 의사로서도 탁월한 명성을 얻었을지도 모를 일이다.[89]

검은 대륙 분할을 이끈 선교사와 신문기자

인류 요람으로 알려진 아프리카대륙이 세계 역사에서 고립된 적은 없었다. 유인원으로부터 진화한 초기 인류가 아프리카에서 발원해 모든 대륙 곳곳으로 퍼져 나갔다는 것은 인류학의 정설이다. 현생 인류의 조상인 호모 사피엔스는 약 십만 년 전 아프리카를 떠나 시나이반도를 거쳐 동부 지중해 연안에 도착했다. 이후 이들의 후손은 아시아, 오세아니아, 유럽까지 진출했다. 그리고 이들의 일부는 베링해협을 건너 남아메리카 대륙 남쪽 끝까지 도달했다.

서기 1세기경, 아프리카 원주민들은 인도양을 건너 아라비아반도, 인도, 페르시아, 중국 등과 활발히 교역해 왔다. 몸바사나 마사와나와 같은 아프리카 동부 해안 도시들이 이때의 교역 통로이자 대표적 무역항이었다.[90]

그러나, 1870년대에 유럽 국가들이 이 대륙 일부를 지배하기 시작하면서 이곳은 암흑 대륙(The Dark Continent)으로 불리기 시작했다. 하지만, 아프리카 내륙은 이미 고유문화가 발

대짐바브웨왕국 유적(Jan Derk, 1997)

달해 왔었다. 북아프리카의 이집트, 누비아, 에티오피아는 더 말할 나위도 없고, 사하라사막 이남 서아프리카의 가나, 말리, 송가이, 아산테, 이페, 베냉 등에도 왕국이 존재했었다. 돌 문화에 기초한 남아프리카의 대짐바브웨(Great Zimbabwe)왕국 유적은 지금까지도 남아 있다. 100년이나 지속된 대짐바브웨가 멸망한 후 대짐바브웨 서쪽 250㎞의 토르와(Torwa)왕국과 북쪽 400㎞의 무타파왕국이 이어졌으며 이 두 왕국의 주 산업은 금의 생산과 수출이었다. 이 왕국들로 인해 짐바브웨는 이후 금이 풍부한 나라로 알려지게 된다.[91]

아프리카에 맨 먼저 진출한 유럽국가는 포르투갈이다. 1483년의 일이다. 그러나 포르투갈 상인들은 아프리카와의 교역을 통한 부의 축적에만 혈안이 되어 있었지 아프리카대륙의 식민화에는 비교적 소극적이었다. 아프리카에 진출한 포르투갈 사람 대부분이 관리가 아니라 모국으로부터 버림받은 상인 또는 이주민이었기 때문이다.

그러나 19세기 말 에티오피아를 제외한 아프리카대륙 국가들은 유럽의 식민 정책에 따라 철저히 분할되고 만다. 그리고 아프리카대륙의 분할 계기는 바로 영국 선교사이자 탐험가인 리빙스턴(David Livingstone)의 탐험으로부터 비롯되었다고 해도 지나친 말이 아닐 것이다.[vii]

빅토리아 폭포사진(박의서 촬영)

리빙스턴은 큰 수로라는 의미의 잠베지(Zambezi)강 원류(源流) 지역을 탐험하다가 1855년에 낙차가 118m나 되는 거대한 폭포를 발견한다. 바로 남미의 이구아수폭포, 북미의 나이아가라폭포와 함께 세계 3대 폭포의 하나로 꼽히는 빅토리아 폭포다. 현지어(반투어)로 '물안개가 하늘로 솟구쳐 오르다'라는 의미의 '모시오아툰야'라고 불렀던 이 거대한 규모의 폭포를,

vii 1737년 모라비아 형제단(Moravian Brethren)이 남아프리카 코이코이족에게 선교사를 처음 보낸 이후 웨슬리안 감리교 선교회 등이 줄지어 아프리카에 선교사를 파송한다. 유럽 열강들의 아프리카 분할이 시작되면서 몸을 사리지 않는 모험가들도 생겨났다. 영국의 리처드 버턴, 존 스피크, 세실 로즈, 조지 골디, 해리 존스턴과 독일의 카를 패터스 그리고 프랑의 사보르냥 드 브라자, 장 바티스트 마르샹 등이 바로 그들이다(류광철, 2017).

리빙스턴은 당시 영국 여왕 빅토리아의 이름을 따서 빅토리아 폭포로 명명했다.[92]

스코틀랜드에서 태어난 리빙스턴은 독학으로 초등교육을 마친 뒤 글래스고 앤더슨 대학에서 의학과 신학을 공부했다. 원래는 중국으로 건너가 의료 선교사가 되는 것이 꿈이었지만, 아편 전쟁으로 그 꿈이 무산되자 1841년 남부 아프리카 보츠와나에 도착하여 니그로 부락에 머무르면서 선교와 함께 원주민 문화를 연구하기 시작한다.

1849년부터 1차 아프리카 탐험을 시작하여 칼라하리사막 횡단, 1849년 느가미호 발견, 1851년 잠베지강 발견, 1855년 빅토리아폭포 발견과 함께 아프리카 횡단에 성공하였다. 이후 귀국하여 『아프리카 전도 여행기(Mission Tour to Africa)』를 발표했다. 1858년부터 다시 탐험에 나섰으며 이 시기의 탐험기는 뒷날 『잠베지강과 그 지류 탐험기』라는 제목으로 출간되었다.

1866년 나일강 원류 지역을 탐사할 목적으로 오지에 다시 들어간 리빙스턴은 이후 소식이 끊겼다. 그로부터 5년 후인 1871년 3월부터 백방으로 리빙스턴을 찾아다니던 미국 신문기자 스탠리는 그해 11월 탄자니아 탕가니카 호수 근처 우지지에서 몰라보게 수척해진 한 백인 노인을 발견한다. 놀란 스탠리가 감격한 목소리로 "리빙스턴 박사님 아니십니까?(Dr. Livingstone, I

선교사로서 아프리카를 탐험한 리빙스턴(좌)과 실종된 리빙스턴을 구조해 유명해진 스탠리 기자(우)

presume?)"라고 물었다는 이야기는 이후 영국에서 오랜만에 만난 사람에 대한 관용어가 되었을 정도로 유명한 에피소드다.

이렇게 극적으로 리빙스턴을 발견한 스탠리 기자는 이 사실을 보도하여 일약 유명해진 것은 물론 이후 아프리카에 대한 세간의 관심을 폭증시키는 기폭제 역할을 하게 되었다. 이런 영향의 하나로 리빙스턴의 탐험을 돕기 위해 영국이 파견한 캐머런(Verney Cameron)은 1873년 3월 인도양 잔지바르를 출발하여 1875년 11월 대서양 앙골라까지 동서를 관통하는 탐험을 완수하기도 했다.[93]

한편, 리빙스턴을 발견한 후 9개월에 걸쳐 콩고강(자이르강) 유역을 탐험한 스탠리는 이 강 하구 160km 지점에서 급류를 만난다. 폭이 300m나 되고 서른두 개의 폭포로 구성된 이 급류는 나중에 리빙스턴폭포로 명명된다.

원래 이름이 존 롤랜즈였던 헨리 스탠리는 1841년 영국 웨일스에서 출생했다. 어릴 때 고아가 되어 소년 시절을 소년원에서 보냈다. 이후 17세 때 미국으로 건너가 뉴올리언스 상인 스탠리에게 입양되었다. 1865년 신문 통신원이 되어 아프리카 에티오피아 등을 여행하다가 능력을 인정받아 뉴욕 헤럴드 특파원으로 채용되었다.

1869년 스탠리는 뉴욕 헤럴드 사장 베넷으로부터 당시 소식이 끊겨 연락이 두절된 데이비드 리빙스턴의 행방을 찾으라는 특명을 받는다. 당시 가장 유명했던 아프리카 탐험가 리빙스턴의 행방불명은 센세이셔널한 이슈였기 때문이다.

리빙스턴은 1873년 아프리카의 한 마을에서 사망하였으며 그의 유해는 잠비아 북부의 족장 집 나무 아래 묻혔다. 영국 정부는 아프리카 선교와 탐험에 크게 기여한 리빙스턴의 공로를 인정해 웨스트민스터 사원에서 그의 장례를 치러 주었다. 잠비아에는 그의 이름을 딴 도시, 리빙스턴이 있으며 그의 기념비와 자료를 모은 박물관 역시 이 도시에 자리하고 있다.

미국으로 귀임한 스탠리는 1874년 다시 뉴욕 헤럴드와 런던 데일리 텔레그래프의 공동 기획으로 리빙스턴을 구조하기 위해 아프리카 탐험을 시작하였다. 이번엔 리빙스턴을 구조하지 못하고 그의 죽음만을 확인한 스탠리는 나일강 원류인 빅토리아호를 발견하고 콩고강 유역을 답사한 후 아프리카대륙을 횡단하였다. 이 경험을 바탕으로 그는 1878년 『암흑 대륙 횡단기』를 출간하였다.

아프리카 수탈로 악명 높은 벨기에 국왕 레오폴드 2세는 스탠리의 아프리카 탐험에 자극되어 본인의 숙원사업인 아프리카 식민 사업을 스탠리를 이용해 달성하기로 결심한다. 이에 따라 레오폴드와 계약을 체결한 스탠리는 1877년부터 1884년까지 콩고를 탐험했다. 가급적 많은 땅을 확보하라는 레오폴드의 지시에 따라 현지인과 400여 개의 협정을 맺어 관할권을 확보함으로써 스탠리는 콩고 내륙 식민의 전초 기지를 확보했다. 바위를 부수는 사람이라는 의미의 불라 마타리(Bula Matari)라는 별명으로 불린 스탠리는 힘을 바탕으로 한 공포로 원주민들을 밀어붙여 레오폴드와의 계약을 완수하는 수완을 보여 주기도 했다.[94]

1887년부터 1889년에까지 중앙아프리카 루웬조리산맥 탐험을 위해 아프리카를 한 번 더 여행한 스탠리는 말년에 영국 국적을 회복한 후 1895년 하원의원에 당선되어 정치인으로 활동하기도 했다.

1925년 재산을 모두 처분하여 여행비를 마련한 앙드레 지드는 조카와 함께 아프리카 콩고로 떠난다. 콩고 여행 중 하루하루 스케치하듯 쓴 일기가 바로 『콩고 기행(Voyage au Congo)』이다. 그리고 이 여행은 앙드레 지드 문학의 변곡점이 되었다는 평가를 받고 있다. 콩고 여행은 50대가 되도록 미학이나 모럴에만 천착하던 앙드레 지드가, 이타심과 휴머니티, 나아가 사회문제로까지 눈을 돌리는 계기가 되었기 때문이다. 다시 말하면 『콩고 기행』을 통해 자연과 인간을 통찰하면서 아프리카에 대한 프랑스 식민 정책의 부조리를 고발할 수 있는 안목을 갖게 된 것이다.[95]

콩고 여행을 통해 앙드레 지드는 지배자의 피지배자에 대한 비열한 억압과 수탈 구조를 목격하게 된다. 그의 눈에 비친 원주민들은 짐승 같은 취급을 당하고 있었기 때문이다.

"아이들은 목에 줄줄이 끈이 묶인 채 여러 마을에서 끌려왔다. 수비 대원들은 보수도 먹을 것도 주지 않고 엿새 전부터 그들에게 일을 시켰다"라고 지드는 적고 있다. 이런 상황을 변화시키기 위해 작가로서 지드가 할 수 있는 유일한 일은 이러한 실상을 고발하는 것뿐이었다.[96]

신혼여행을 비롯해 10여 차례나 아프리카를 다녀온 걸 보면 앙드레 지드는 아프리카를 무척 좋아했던 것 같다. 프로테스탄트 가정의 엄한 규율 속에서 자란 지드에게 작열하는 태양과 때 묻지 않은 자연, 가없이 펼쳐진 초원과 그곳에서 자유롭게 살아가는 원주민들. 야성과 자유가 살아 숨 쉬는 아프리카야말로 온갖 구속으로부터의 해방을 의미하는 자유로운 공간이었다.[97]

앙드레 지드의 『콩고 기행』에는 자신의 모든 재산을 털어 힘들게 콩고를 찾아간 용기, 약자에 대한 배려와 사랑, 자연에 대한 호기심과 섬세한 관찰 그리고 진정으로 인류애를 깨달아 가는 앙드레 지드의 훈훈한 인간미가 담겨 있다.[98]

한민족 정체성도 밝혀 주는 『시베리아 탐험기』

19세기는 기행 문학이 꽃을 피운 시기다. 이 시기 여행가들은 아프리카, 남극, 아마존 등을 여행하고 관련 여행기를 다수 남겼기 때문이다. 그리고 시베리아를 탐험한 기록 『시베리아 탐험기(Tent Life in Siberia)』를 쓴 조지 케넌은 그중 대표적인 인물로 꼽히고 있다. 여행 작가는 자연과 풍경을 생생하고 재치 있게 그려 내는 솜씨를 가진 사람이다. 케넌은 바로 이런 재능을 가지고 있었을 뿐만 아니라 탐험의 고달픔과 고난 속에서도 열정적으로 글을 쓴 작가로 평가되고 있기 때문이다.

서양 기행 문학의 전성기는 1790년대 제임스 브루스[viii]와 먼고 파크[ix]의 아프리카 여행기로부터, 1923년 로버트 스콧의 마지막 북극 탐험에 관한 여행기 『세상 최악의 여행(The Worst Journey In The World)』[x]이 출간될 때까지 이어졌다. 그러나 안타깝게도 이런 작품들을 모아 기행 문학의 한 장르로 연구하려는 사람들은 없었다. 1980년에 와서야 『외국(Abroad)』을 쓴 펜실베이니아 대학의 퍼셀(Paul Fussel) 교수가 장르로서의 기행 문학을 최초로 연구하지만, 그 대상은 1, 2차 세계대전 사이의 영어 기행 문학으로 국한되어 있었다.[99]

1864년 미국과 러시아는 북미대륙과 러시아 사이의 베링해협을 연결하는 전신선 개설 작업에 착수한다. 이 사업 수

viii James Bruce, 1730~1794: 영국 여행 작가로 나일강의 근원을 찾아 북아프리카와 에티오피아를 탐험한 기록 『나일강의 근원을 찾아서』를 남겼다(정재겸, 2011).

ix Mungo Park, 1771~1806: 니제르강을 처음 발견한 탐험가로 『아프리카 내륙 여행기』를 남겼다(정재겸, 2011).

x Cherry-Garrard, 1886~1959: 영국의 남극 탐험가로 비극으로 끝난 로버트 스콧의 남극원정대에 가장 어린 나이인 24세로 참여하여 살아남아 『세상 최악의 여행』을 남겼다(정재겸, 2011).

행을 위해 설립된 러-미 전신회사는 시베리아 공사 구간을 설정하기 위한 탐험대를 조직하여 파견한다. 『시베리아 탐험기』는 바로 케넌이 2년간 약 3000㎞에 달하는 자신의 탐사 구역을 답사한 기록이다.

이 여행기는 논픽션이지만 긴장과 파국 그리고 재치와 유머가 작품 곳곳에 스며 있는 구성 때문에 19세기 기행 문학의 걸작으로 평가받고 있다. 또한, 이 작품은 여행기가 갖추어야 할 정보들을 풍부하게 담고 있는 것은 물론, 원주민과의 야영 생활도 생생하게 기록하고 있어 인류학적 정보로서의 가치도 인정받고 있다.

블랙 유머[xi]는 기행 문학에서 기원된 것으로 알려져 있는데 『시베리아 탐험기』는 바로 블랙 유머의 전형을 보여 주고 있는 작품이기도 하다. 젊은 나이에 남북 전쟁에 참전했던 경험이 있는 케넌은 일선 전투 요원으로서는 체력적 한계를 지니고 있었다고 한다. 그러나 그런 체력적 한계와 영하 60도를 오르내리는 추위에도 불구하고 케넌의 블랙 유머는 여행기 전편에 끊임없이 등장하고 있다. 그리고 케넌은 시베리아 원주민들로부터 극지에서 살아남는 방법 등을 배워 수행했다. 그 방법

xi Black Humor: 우울하고 불길한 내용을 익살스럽게 묘사하여 웃음을 자아내는 것.

중 대표적인 것 몇 가지는 다음과 같다.

> 기름진 음식을 충분히 먹어 둘 것
> 과도한 체력 소모와 밤 여행을 피할 것
> 심하게 움직여 땀을 많이 내지 말 것

케넌은 또한 시베리아 원주민들 대부분이 매우 선량하지만, 축치족과 코랴크족은 러시아 침입에 맞서 싸운 끝에 스스로의 생존을 쟁취할 만큼 용감하고 독립성이 강한 민족이라고 평가했다. 특히 시베리아 원주민들의 샤머니즘에 관해서는 소수 교활한 샤먼들이 벌이는 사기극이 아니라 혹독한 환경이 만들어 낸 자생적 종교라고 주장하고 있다.

특히 시베리아 현지 주민의 무병(巫病)에 관한 이야기와 코랴크족 유목민들의 데릴사위제도 등은 관련 제도가 한반도까지 흘러들어왔을 것이라는 추측을 가능하게 하고 있다. 이 밖에, 코랴크족 정착민들의 가옥 구조와 캄차달어가 우리 한국어와 같은 교착어라는 점 등은 시베리아 원주민들과 한민족의 유사성을 밝히는 데 매우 소중한 사료가 되고 있는 한편, 시베리아에 관한 역사·문화적 갈증을 풀어 주고 있기도 하다.

그러나 러시아 전문가로 유명해진 조지 케넌은 1904년 더 아웃룩(The Outlook) 특파원으로 한국을 취재하면서 당시 한반도의 부정적인 면을 주로 보도한 악연이 있다. 또한, 1905년 케넌이 루스벨트 대통령 자문위원으로 일할 때 고종은 선교사 헐버트를 특사로 보내 그를 만나게 해 당시 한일 관계에서 우리에게 우호적인 환경을 조성해 보고자 했으나 도와주지 않았다고 한다.[100]

지도와 여행안내서의 출현

여행의 필수 동반인 지도와 여행안내서는 언제부터 활용되기 시작했을까? 지도 없이 장거리 여행을 감행한다는 것은 사실상 상상하기 어려운 일이므로 장거리 여행에는 어떤 방식으로든 지도가 활용되었을 것으로 추측해 볼 수 있다. 반면 여행안내서는 다양한 여행 경험의 축적일 것임으로 지도보다는 다소 늦게 출현하였을 것이다.

낯선 곳에 대한 여행자들의 호기심은 세상의 지평을 넓히는 촉매 역할을 해 왔다. 이 과정에서 지리적 사고와 함께 지도가 크게 기여했다. 지도가 여행의 필수 동반이라는 것은 더

말할 나위가 없지만 때로는 교역과 식민주의의 도구 역할을 하기도 했다.[101]

기원전 700년경에 점토판에 그려진 〈바빌로니아 지도〉는 세상에서 가장 오래된 지도로 평가받고 있다. 두 개의 큰 원으로 구성된 지도의 안쪽은 육지, 바깥쪽은 바다를 표현하고 있다. 지도의 중심에는 바빌로니아 수도인 바빌론이 위치해 있고, 유프라테스강과 티그리스강이 남북으로 평행하게 그려져 있다.[102] 〈바빌로니아 지도〉가 바빌론을 세계 중심으로 표기하고 있는 것은 조선 시대 〈천하도〉[xii]에서 중국을 세계의 중심으로 표현한 우리의 중화 중심 사상과는 큰 차이를 보이고 있는 것이다.

과학이 발전하기 이전에 다른 지역의 지리 정보를 수집하는 것은 쉬운 일이 아니었다. 그래서 대부분의 지리 정보는 외국에 나갔다 돌아온 상인, 여행자 또는 전쟁 후 귀국한 군인

xii 독특한 형태와 내용의 원형인 〈천하도(天下圖)〉는 동아시아 국가들 중에서 유독 조선에서만 볼 수 있어서 조선인 고유의 세계관이 반영된 지도로 여겨진다. 지도는 원 안에 그려져 있는데 제일 안쪽부터 내대륙-내해-외대륙-외해의 구조로 구성되어 있다. 내대륙에는 중국, 조선, 안남(安南), 인도 등의 나라들이 그려져 있다. 내해에는 일본국, 유구국(琉球國) 등의 나라들과 일목국(一目國), 대인국(大人國), 삼수국(三首國), 관흉국(貫胸國) 등 중국의 고전인 '산해경'에 나오는 가상의 나라들이 혼재되어 있다. 외대륙에는 대부분 가상의 나라들로 채워져 있다(한국민족문화대백과, 한국학중앙연구원).

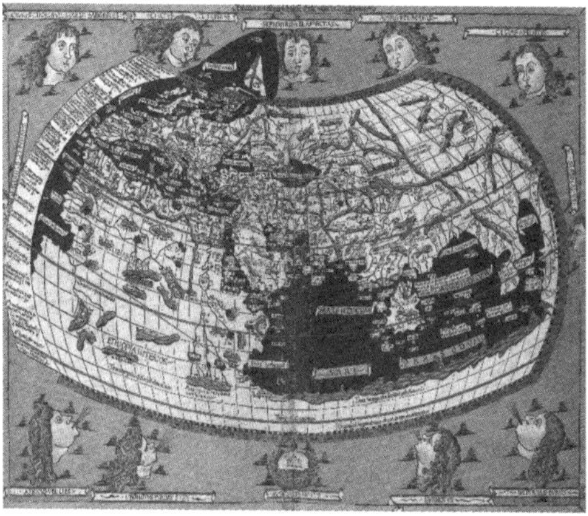

〈프톨레마이오스 지도〉

들에 의존해 단편적으로 수집될 수밖에 없었다. 이런 방법으로 축적된 지리 정보를 최초로 집대성한 사람은 바로 클라우디오스 프톨레마이오스다. 기원후 150년경, 프톨레마이오스는 여덟 권의 『지리학(Geographike Hiphegesis)』을 엮어 냈는데 여기에는 세계지도 한 장이 포함되어 있다. 바로 〈프톨레마이오스 지도〉로서 경선과 위선을 기준으로 세계 8000여 곳의 지명을 표기하고 있다. 그러나 이 지도는 지중해 연안에서 북·서유럽에 이르는 지역은 비교적 정확하고 상세하게 그리고 있으나, 그 밖의 세계는 현재의 지도와 많은 차이를 보이고 있다. 중국은 그려져 있으나 한국이나 일본은 지도에 나타나 있지 않은 것이

그 사례다.[103]

그럼에도 불구하고 이 지도는 여러 면에서 획기적인 것으로 평가받고 있다. 경선과 위선을 과학적으로 체계화하였고 지도 위쪽을 북쪽으로 하여 방위를 정하는 등 현대 지도에서 사용되는 여러 요소가 처음으로 적용되었기 때문이다. 이런 이유로 프톨레마이오스 세계지도는 근대 지도의 효시로까지 평가되고 있지만 프톨레마이오스가 살던 당시에는 그 가치를 제대로 평가받지 못하고 있었다. 오히려 당시 로마에서는 〈포이팅거 지도〉라 불리는, 간략한 약도처럼 그려진 실용적인 지도가 유행하고 있었다. 이동에 필요한 도로 방향과 주요 도시만을 간략히 표현한 〈포이팅거 지도〉가 오히려 여행자들의 사랑을 더 많이 받았기 때문이다. 따라서 〈포이팅거 지도〉야말로 진정한 의미에서 여행지도의 효시로 보아야 할 것이다.

장거리 항해의 필수품인 중국 나침반은 중세 후반에 유럽으로 유입되었다. 이로 인해 항해술이 획기적으로 발전하자 유럽 사람들은 오스만튀르크를 거치지 않는 새로운 항로의 동방무역을 궁리하게 된다. 프톨레마이오스의 세계지도를 유심히 살펴보던 이탈리아 제노바 출신의 콜럼버스 역시 대서양을 가로질러 서쪽으로 곧장 가면 인도에 닿을 수 있는 새로운 동방무역 항로를 개척할 수 있다고 확신했다. 그러나 그의 믿음은 뜻밖의 결과를 가져왔다. 긴 항해 끝에 육지를 발견한 콜럼버스는 마침내 인도에 도달하였다고 환호했다. 그러나 실제로 그곳은 카리브해에 있는 작은 섬에 불과했다. 이후 카리브해의 여러 섬들은 인도와 아무런 상관이 없음에도 불구하고 서인도 제도로 불리게 된다.

콜럼버스의 신항로 개척 이후 아메리카대륙의 존재가 알려지면서 마침내 대항해 시대가 열렸다. 새로운 세상을 향해 목숨을 걸었던 탐험가들은 알려지지 않은 곳에 관한 지리 정보를 수집하기 시작했다. 이제 미지의 세상은 상상 속에서만 존재하는 것이 아니라 실존하는 지도 속에서 정확하고 생생하게 표현될 수 있게 된 것이다.[104]

중세 영국에서는 유럽대륙의 성지로 떠나는 순례 여행 안내서가 존재했었다. 11세기의 『산티아고 순례 안내서(The Guide for Pilgrims to Santiago)』, 15세기의 『윌리엄 웨이의 여정(The Itineraries William Wey)』 등이 그것으로 이 여행안내서들은 순례 여행의 주요 성지, 도로와 숙박시설, 각 지역의 풍습과 음식 등을 소개하고 있다.[105]

16세기에 시작된 그랜드 투어 시대에는 중세의 순례 여행기 대신 교육이 중시된 여행안내서가 등장했다. 1577년 스위스 바젤 출신의 의사인 테오도어 츠빙거는 기존의 여행지침서들을 총망라하여 『여행방법(Methoduds Apodemica)』을 출간했다. 이후 츠빙거 책의 번역본이 영국을 포함한 다른 유럽국가들에서도 출간되면서 여행안내서의 한 장르로 자리잡게 된다. 특히 1749년에 영국의 토머스 뉴전트가 쓴 『그랜드 투어(Grand Tour)』는 유럽 주요국의 필수 여행 코스와 여행경비는 물론 개괄적인 정치와 경제 상황까지 포함하고 있어 당시 여행안내서의 교과서로 평가되고 있다.[106]

들고 다닐 수 있는 포켓 사이즈로 1722년에 영국에서 간행된 『젠틀맨의 해외여행 포켓 안내서(The Gentlelman's pocket Companion for Travelling into Foreign Parts)』에는 대륙 여행에 필수적인 지도와 도로 정보는 물론 간단한 프랑스어, 이탈리아어, 독일어 회화가 포함되어 있었다.

17세기 후반부터는 여행안내서의 실용성에 재미를 더한 여행 에세이가 폭발적인 인기를 끌기 시작했다. 이 분야의 대표적인 인물로는 정치인이자 시인이면서 여행과 문학을 결합시키는 새로운 장르에 도전했던 조지프 애디슨이 있다. 『이탈리아의 여러 곳에 관한 기록(Remarks on Several Parts of Italy)』이 그가 남긴 작품이다.[107]

I

2장

신대륙과 아시아 양쪽으로 진행된 대항해

중세의「대항해시대」를 이른바「지리상의 발견」이나「신항로 개척」으로 정의하고 있는 것은」 분명 서구 문명 중심의 발상이 아닐 수 없다. 이른바「지리상의 발견」이나「신항로 개척」은 다름 아닌 중국에서 발원한 해양 실크로드의 환지구적(環地球的) 확대에 다름 아니기 때문이다.

동서양 대항해 시대의 발원과 발전

비교적 고립되어 발전해 왔던 지구상의 문명권들은 15세기 이후 세계 여러 지역들이 바다를 사이에 두고 접촉하고 교류하면서 전 지구적 해상 네트워크가 구축된다. 이를 통해 사람과 상품은 물론 가축과 농작물이 바다를 넘어 전달되었고 지식, 정보, 사상, 종교가 교환되었다.[108]

유럽의 '대항해 시대' 즉 '지리상의 발견'은 동쪽으로는 인도양을 건너 인도로, 서쪽으로는 대서양을 넘어 '신세계'로 진출한 15~16세기를 일컫는다. 그러나 '발견의 시대'는 유럽보다 유라시아에서 먼저 시작되었다. 마르코 폴로에 앞서 동방을 견문한 이븐 바투타가 그 사례다. 모로코 출신 모험가인 이븐 바투타는 페르시아만에서부터 인도양을 거쳐 남중국해에 이르는 광대한 무슬림 네트워크를 가로지르는 신드바드의 길(Sindbad Way)을 누볐었다.[109]

반대편에서 이 길을 되밟아 온 사람도 있었다. 무슬림 출신으로 명나라 영락제의 환관이자 외교관이었던 정화(鄭和)가 바로 그 인물이다. 1405년부터 1433년까지 7차에 걸친 정화의 '하서양(下西洋)'은 남중국해에서 출발하여 아라비아반도를 지나 동아프리카까지 섭렵한 그야말로 대항해였다. 이 항해는 멀게는 7세기부터 지중해에서 출발해 남태평양까지 이른 무슬림 세계의 산물이었고 가깝게는 산발적으로 형성되어 있던 초원길과 바닷길을 유라시아적 통합망으로 재구축한 몽골제국의 유산이기도 했다.[110]

사정이 이러함에도 불구하고 중세의 '대항해 시대'를 이른바 '지리상의 발견'이나 '신항로 개척'으로 정의하고 있는 것은, 분명 서구 문명 중심의 발상이 아닐 수 없다. 이른바 '지리상의 발견'이나 '신항로 개척'은 다름 아닌 중국에서 발원한 해양 실크로드의 환지구적(環地球的) 확대에 다름 아니기 때문이다.

어쨌거나 15~16세기 유럽의 대항해 시대를 규정지을

수 있는 대규모 항해(航海)는 1460년 포르투갈 엔히크(Henrique) 왕자의 아프리카 서해안을 따라 인도로 가는 탐험으로 시작되어 이후 1497년부터 1498년까지 이루어진 바스코 다가마(Vasco da Gama)의 인도 항로 개척, 1492년부터 1502년까지 네 차례에 걸친 콜럼버스의 대서양 횡단과 신대륙 발견 그리고 1519년부터 1522년까지의 마젤란 세계 일주 등으로 이어졌다. 이후 대항해 시대는 아메리고 베스푸치의 남미대륙 항해, 포르투갈과 스페인의 라틴아메리카 식민화를 위한 해상 활동, 네덜란드와 영국의 해양 패권 경쟁 등으로 이어지게 된다.[111]

1498년 바스코 다가마는 인도 항로 개척에 대한 유럽인들의 오랜 염원에 부응하여 마침내 아프리카를 돌아 인도에 도달하였고 아폰수 드 알부케르크는 더 나아가 말레이시아의 말라카까지 진출하였다. 바스코 다가마의 인도 진출은 북아프리카 출신 무슬림 상인 아마드 이븐 마지드(Ahmad Ibn Majid)의 안내를 받아 이루어졌는데 이 과정에서 아랍인, 인도인, 중국인, 페르시아인, 터키인들의 도움을 같이 받았다. 바스코 다가마의 인도 항로 개척은 동방의 바닷길이 마침내 유럽에 그 문호를 개방하면서 이후 유럽 주도 역사가 지구상에 열리게 된다는 것을 의미하는 것이다.[112]

이후 계속된 탐험으로 콜럼버스가 발견한 신대륙이 인

도가 아닌 또 다른 대륙으로 알려지게 되면서 신대륙은 '아메리카'라는 이름으로 불려지게 된다. 아메리카와 인도가 서로 다른 지역임이 알려지고 향신료 원산지인 인도와 동남아시아로의 진출도 어느 정도 이루어지자 유럽인들은 아메리카와 인도 사이의 공간이 궁금해졌다. 그래서 이를 탐험하는 과정에서 발견한 것이 바로 태평양이며, 페르디난드 마젤란이 이끄는 함대는 마침내 태평양을 포함하는 세계 일주에 성공하게 된다.

태평양의 발견은 교역 네트워크 재편을 불러왔다. 포르투갈이 말레이시아의 말라카를 점령한 후 인도양을 거쳐 태평양에 이르렀다면 스페인은 대서양을 건너 태평양에 도달했다. 뒤이어 내륙 탐험과 정복 역사가 이루어지고 스페인 정복자들에 의해 마야 문명, 잉카제국, 아즈텍이 차례대로 멸망하고 중남아메리카는 브라질을 제외하고 모두 스페인의 식민지배를 받게 된다.

스페인은 아메리카의 금은을 독점하면서 유라시아 교역 네트워크에 참가할 수 있었다. 이에 따라 필리핀 마닐라와 멕시코 아카풀코를 잇는 무역 네트워크도 구축되었다. 수만 명의 필리핀 사람들이 멕시코로 건너가 메스티소(Mestizo)[i]가 되었

i 원래는 라틴아메리카의 유럽 이민들과 토착민 사이의 혼혈인을 말하는 것이나

으며 반대로 망고와 코코넛은 멕시코에서 필리핀으로 전해졌다. 아보카도, 초콜릿 등의 타갈로(tagalo)어가 스페인어나 영어로 편입된 것도 이때부터였다.[113]

대항해 시대는 교역 네트워크뿐만 아니라 지구촌이 해양을 통해 서로 접촉하게 되면서 광범위한 생태계 변화를 초래하였다. 사람들이 대규모로 이동하면서 말, 소, 밀, 옥수수, 감자, 담배 같은 가축과 작물이 외부 세계로 전해졌고 나아가 말라리아, 티푸스. 황열병 등의 병원균들도 대륙 간을 이동했다.[114 115]

루벤스 초상화 〈한복을 입은 남자(man in Korean costumes)〉의 주인공으로 추정되는 안토니오 코레아(Antonio Corea)를 유럽으로 데려간 이탈리아 상인 프란체스코 카를레티(Francesco Carletti) 역시 태평양 항로를 따라 교역에 종사했던 인물이다. 카를레티의 여행기 『나의 세계 일주(My Voyage Around the World)』에 등장하는 안토니오 코레아는 유럽에 진출한 최초 한국인으로 평가되고 있다. 안토니오 코레아는 임진왜란 때 일본으로 팔려간 노예로서 노예상인 카를레티에게 다시 팔려 이탈리아로 끌려간 인물이다.

태평양이라는 명칭은 태평양을 처음 건넌 마젤란이 붙

아시아 태평양 지역의 토착민과 유럽 이민 사이의 혼혈인을 지칭하기도 한다.

인 이름으로 필리핀·마리아나제도 등의 명명도 이때 이루어진 것이다. 인종적 어감이 물씬한 멜라네시아(Melanesia)와 폄훼의 느낌을 감추기 어려운 미크로네시아(Micronesia)라는 명칭이 생긴 것도 이 무렵이다.[116]

유럽 대항해 시대를 꽃피운 사람들

희망봉을 발견한 바르톨로메우 디아스

선박 설계사이자 능숙한 항해사이기도 했던 포르투갈 출신 탐험가 바르톨로메우 디아스는 1487년 리스본을 출항했다. 인도양 항로 개척을 통해 아시아 향료 무역로를 확보하려는 목적이었다. 두 척의 작은 범선과 덩치 큰 수송선을 이끈 디아스는 이 여정에서 유럽인 최초로 아프리카대륙 최남단 희망봉을 발견한다. 그러나 1488년 디아스는 유럽인 최초로 희망봉을 지나 항해하면서도 정작 희망봉을 볼 수는 없었다. 때마침 불어온 폭풍이 희망봉을 가리고 있었기 때문이다.

폭풍을 피하기 위해 수송선을 안전하게 정박시켜 놓은 디아스는 더 유리한 바람을 찾아 아프리카 남서쪽 해안의 깊은 바다로 나아갔다. 편서풍을 마주하긴 했으나 이 바람도 곧 폭풍으로 변했다. 폭풍이 잦아들기를 기다린 디아스는 아프리카 서쪽 해안에 상륙하리라는 기대를 가지고 뱃머리를 동쪽으로 돌렸지만, 아무것도 시야에 잡히지 않았다. 그러자 디아스는 자신이 아프리카대륙 끝을 이미 지나쳤을지도 모른다는 의심을 하게 되었다. 북쪽으로 선수를 다시 돌린 디아스는 1488년 2월 3일 희망봉 서쪽으로 수백 km 떨어진 아프리카 남쪽 해안에 도착했다. 이때서야 디아스는 자신이 아프리카대륙 남쪽 끝을 발견했다는 사실을 비로소 깨달았다.

그러나 타고 온 범선이, 정박해 둔 수송선에서 너무 멀리 떨어져 온 것을 안 선원들이 동요를 일으키자 디아스는 항로를 돌이키기로 했다. 이렇게 돌아가는 길에서 디아스 일행은

희망봉

마침내 시야에서 가려져 있던 거대한 곶에 닿았다. 디아스는 이곳에 돌기둥을 세우고 '폭풍의 곶'이라는 이름을 붙였다. 그러나 포르투갈 왕 주앙 2세는 이 이름을 승인하지 않고, '희망봉'이라고 개명했다.[117]

디아스는 이후 바스코 다가마의 인도 항해에 관해서 조언도 하고, 그의 항해용 배 건조까지 감독했지만, 끝내 인도 항로 개척에는 합류하지 못했다.[118]

신대륙의 전설, 크리스토퍼 콜럼버스

이탈리아 제노바 공화국 출신의 콜럼버스는 스페인에서 주로 활동했다. 콜럼버스는 프톨레마이오스 학설,[ii] 다이(d'Ailly) 추기경 책[iii]과 당시 베스트셀러였던 『동방견문록』에서 "아시아 본토로부터 남동쪽 1500마일에 황금이 가득한 지팡구라는 섬이 있다"라고 한 마르코 폴로의 묘사, 「토스카넬리 서

ii 기원전 2세기의 지리학자로, 천동설을 최초로 주장한 저서 『알마게스트(Almagest)』를 썼다. 지동설이 주장되기 전까지 천동설 학자들의 이론적 근거가 된 책이다. 콜럼버스는 프톨레마이오스의 학설을 받아들여, 지구 둘레를 1만 8000마일로 추산했었다.

iii 콜럼버스는 다이(d'Ailly) 추기경의 『세계의 상』과 성경의 『에스드라서(Esdras書)』의 구절을 받아들여 바다는 지구 표면의 7분의 1에 불과하다고 추정하였다.

한」[iv]에 나오는 "향료와 금·은 보화로 가득한 카타이(Cathay)[v]에 도달하려면 항로를 서쪽으로 잡아야 하며, 서쪽 바다는 그리 넓지 않다"라는 등의 지리학적인 사실들에서 자신의 탐험을 보다 구체화할 수 있는 근거를 마련했다.[119] 그리고는 지중해를 점거하고 있는 오스만튀르크제국을 거치지 않고 교역할 수 있을 것이라는 계획을 가지고 포르투갈, 영국, 이탈리아의 지원을 요청하지만 모두 거절당했다. 그러다 마침내 이사벨 1세의 후원으로 신대륙 탐험을 시작할 수 있었다.

1492년 8월 3일, 산타 마리아호가 이끄는 범선 세 척이 스페인의 팔로스항을 출발했다. 서쪽으로 계속 항해하던 콜럼버스는 긴 항해에서 오는 선원들의 불평과 폭동 등 갖은 고초를 겪은 후에 1492년 10월 12일, 드디어 육지에 상륙했다. 그곳은 바하마제도의 과나하니라는 조그만 섬이었다. 콜럼버스는 구세주와 관련지어 이 섬을 구원자라는 뜻의 산살바도르(San

iv 당시 최신 이론이었던 이탈리아인 토스카넬리의 '지구구체설'도 콜럼버스가 실질적으로 대양으로 항해해 나갈 수 있는 확신을 가지게 하는 계기가 되었다. 토스카넬리는 콜럼버스와 교제하면서 포르투갈의 리스본 궁정에 지구구체설에 의한 세계지도와 서한을 보내, 향료 제도를 향해 서쪽으로 항해하는 계획안을 제안했는데 이 서한과 지도 사본은 1492년 첫 번째 신세계 항해 때 콜럼버스가 휴대한 지침서였다(강승철, 2010).

v 중국을 지칭하는 말로 1123년부터 200년 동안 북중국을 통치했던 거란을 키탄이라 부른 데서 유래.

이탈리아 제노바항구의 콜럼버스 동상

Salvador)라고 명명했다. 그는 자신이 도착한 곳을 인도로 생각하여, 카리브해의 원주민을 인디오(Indio)라고 불렀다.[120]

콜럼버스는 12년에 걸쳐 총 네 차례 탐험했는데, 1506년, 죽을 때까지 자신이 발견한 곳이 '아시아의 인도'라고 굳게 믿고 있었다. 그러나 1498년, 인도 항로를 개척한 포르투갈에 의해 인도의 실체가 알려지고 아메리고 베스푸치 등의 탐험으로 콜럼버스가 발견한 곳이 새로운 대륙이라는 사실이 알려짐에

따라 콜럼버스가 도착한 카리브해 지역은 서인도로 불리게 된 것이다.[121]

최초 인도 항로 개척자 바스코 다가마

1497년 7월 8일, 2년 동안 인도 직항로 탐사 준비를 마친 바스코 다가마 선단은 리스본 입구의 레스텔로항을 떠난 후 희망봉을 돌아 모잠비크와 동부 아프리카 연안에 상륙한 후 인도까지 여행하는 데 성공했다. 이후 1499년 9월 9일 포르투갈로 귀환한 바스코 다가마는 유럽인 최초로 유럽과 인도 직항로를 발견한 사람이자 유럽의 아시아에 대한 식민 정책의 시작을 주도한 사람이다. 서쪽으로 계속 가면 인도가 나올 것이라고 생각한 크리스토퍼 콜럼버스와는 달리 바스코 다가마는 잘 알고 있는 아프리카를 돌아, 인도를 찾아 이탈리아나 오스만튀르크제국을 통하지 않고 직접 교역하려 한 사람이다. 이는 엔히크 왕자 이래 수십 년간 추진되던 포르투갈의 주요 국책사업이기도 했다. 바스코 다가마가 희망봉을 돌아서 인도로 가는 항로를 개척하게 됨에 따라 베네치아인의 유럽 내 향신료무역 독점이 비로소 깨지게 되었다.[122]

바스코 다가마는 인도 항로 개척에만 공을 세운 게 아니다. 바스코 다가마가 인도 항로 개척에 성공한 후 포르투갈은 아프리카 동부 연안 도시들로 그 세력을 확장했다. 무력으로 동부 아프리카 거점 도시들을 정복한 후 조공을 받아들이면서 이들 도시들은 포르투갈 수중에 들어갔다. 이렇게 하여 아프리카대륙은 유럽에 의해 그 분할이 진전되고 1884년 베를린회의에 따라 아프리카 분할이 공식화되면서 유럽국가들의 아프리카 식민지 쟁탈전 역시 가속화의 길을 걷게 된다.[123]

아메리카 명칭의 유래, 아메리고 베스푸치

신대륙 초기 탐험자의 한 사람인 아메리고 베스푸치는 이탈리아반도 피렌체 사람으로 '아메리카'라는 지명은 그의 이름 '아메리고'에서 유래되었다. 1507년 독일 지리학자 발트제뮐러가 그의 저서 『세계지 입문(世界誌入門)』에서 콜럼버스가 발견한 땅이 '신세계'라고 천명한 아메리고의 이름을 기념하여 아메리카라고 부르자고 제안한 이후부터다.

1479년 피렌체공화국 메디치가를 위해 일하던 베스푸치는 1491년부터 세비야의 메디치계(系) 상관(商館)에 파견되었다. 뒤에 베스푸치는 콜럼버스의 2·3차 항해에 쓰일 배의 건조를 도운 한편 1497년부터 1503년까지 본인이 직접 신대륙을 항해했다. 1505년에는 에스파냐 시민이 되었으며 신대륙과 무역을 관장하는 통상원 일에 종사하다가 1508년에는 이 통상원

의 수석 항해사로 임명되었다.[124]

유럽인으로서 브라질 해안에 상륙한 사람은 베스푸치가 처음이었다. 베스푸치는 일행이 처음 상륙한 곳을 '세인트 암브로스 땅'으로, 아마존을 '숨겨진 불의 강'이라고 각각 명명하였다. 브라질이라는 지명을 처음 사용한 것도 베스푸치이고, 집들이 물 위에 지어진 아루바섬을 발견한 후 작은 베네치아라는 의미의 베네수엘라라고 명명하기도 했다.[125]

세계 일주 항로 개척자들: 페르디난드 마젤란, 안토니오 피가페타, 후안 세바스티안 엘카노

안토니오 피가페타(Antonio Pigafetta)는 포르투갈 출신 선장 페르디난드 마젤란과 함께 1519년 인도로 출항했다. 당시로서는 노다지로 간주되던 향신료를 찾기 위한 여정이었다. 이탈리아반도 베네치아공화국 비첸차 출신 학자이자 항해가였던 피가페타는 3년 후, 세비야를 출항한 240명 선원 중 살아 돌아온 18명의 한 사람으로 귀환한다.

피가페타는 「최초 세계 일주 항해에 관한 보고서」를 통해 이 험난한 항해에 관한 기록을 남겼다. 이 보고서는 마젤란뿐만 아니라, 필리핀 막탄에서 마젤란 전사 후 그의 역할을 대신한 후안 세바스티안 엘카노의 항해에 관한 정보도 상세히 포함하고 있다.

인류 최초 지구 일주 항해 지휘자인 페르디난드 마젤란은 포르투갈왕국의 중신이었다. 그러나 모로코에서 현지 무어인과 했던 그의 거래가 왕의 불신을 받게 되자 포르투갈과의 인연을 끊고 에스파냐로 건너갔다.

아메리카대륙을 넘어 동남아시아를 항해하는 탐험계획을 제안한 마젤란은 카를로스 1세의 후원을 받는 데 성공한다. 1519년 8월 10일 마젤란의 지휘하에 승무원 270명을 태운 다섯 척의 선박은 서쪽 항로로 몰루카제도로 가기 위해 세비야를 출발했다. 행선지를 밝히지 않은 이 선단은 12월 중순 리우데자네이루에 닿았고 이듬해 1월 라플라타강에 도착했다.

이후 남하를 계속하여 1520년 11월 28일 험난한 항해 끝에 한 해협을 빠져나가 잔잔한 바다에 이르자 이를 '넓고 평화로운 바다'라는 의미의 태평양이라고 명명했다. 이들이 이때 지나온 해협은 나중에 마젤란해협이라고 불리게 된다. 이때 선단은 한 척이 침몰하고 한 척은 도망하여 남은 것은 세 척뿐이었다. 마젤란은 태평양을 작은 바다로 생각하고 계속 서진하였으나 결과는 3개월 이상이 걸린 대항해였다.

장기간의 항해에도 불구하고 섬 하나 보지 못한 선원들은 불안에 떨고 있었다. 그러나 이들을 다독여 가며 서쪽으로 항해를 계속한 마젤란은 1521년 3월 6일, 드디어 괌에 도착했다. 원주민들과의 전투 끝에 섬에 상륙할 수 있었던 마젤란은 열흘 후인 3월 16일 필리핀군도 레이테만 즈르안섬에 도착했다. 여기서는 다행히 세비야에서부터 동행한 수마트라인 노예 통역 도움으로 원주민과 우호 관계를 맺을 수 있었다.

그해 4월 27일 준비가 덜된 채로 막탄섬 토벌을 감행한 마젤란은 부하 12명과 함께 이곳에서 전사하였다. 그러나 마젤란이 죽은 지점이 몰루카제도의 경선을 넘은 곳이기 때문에 그의 죽음과 관계없이 마젤란은 최초로 세계 일주를 완수한 사람으로 평가되고 있다.

지휘자를 잃은 일행은 인원이 부족하여 배 한 척을 불태워 버린 후 나머지 두 척만으로, 그해 11월 몰루카제도 포르투갈 무역권으로 들어갔다. 이후 할마헤라섬에서 남은 두 척의 배 중 한 척이 난파되었다. 마지막 남은 빅토리아호에 향료를 만재한 후 60명의 선원만이 귀로에 올랐다. 그러나 1522년 9월 8일 세비야로 귀항한 생존자는 선장 대행 후안 세바스티안 엘카노와 항해를 기록한 피가페타 등 모두 18명뿐이었다.[126]

16세기 이후 3세기 동안 서구 열강들의 끊임없는 지구촌 탐험 결과, 거의 모든 대양과 대륙의 윤곽이 드러나게 되었다. 하지만, 이들을 상세하게 묘사한 기행 관련 작품은 그리 많지 않았다. 독자들의 이런 갈증을 충족시킨 작품이 바로 난파선 내용을 자세하게 이야기한 대니얼 디포 소설 『로빈슨 크루소』다.[127] 1719년에 발표된 이 소설은 스코틀랜드의 알렉산더 셀커크가 무인도에서 4년 반 동안 혼자 생활하다가 구조된 실화를 모티프로 하고 있다. 원래 제목이 '요크 선원 로빈슨 크루소의 생애와 이상하고 놀라운 모험'인 이 픽션은 셀커크의 체험에 대니얼 디포 자신의 상상력을 더해 쓴 작품이다.

부모 가업을 물려받아 편안한 미래가 보장되어 있던 로빈슨 크루소는, 모험을 즐기겠다는 꿈을 안고 선원 친구를 따라 바다로 나아간다. 그의 나이 19세 때 일로, 항해 도중 처음 경험한 폭풍우에 두려움을 느꼈지만 포기하기는커녕 오히려 아프리카로 가는 더 험난한 항해에 도전한다.

아프리카로 항해 중이던 로빈슨 일행은 해적에게 잡혀 일 년 동안 감금되어 있다가 겨우 탈출한다. 이 과정에서 브라질로 향하던 포르투갈 배를 만나 구조된 후 브라질로 가게 된다. 브라질에서 담배 농장을 사들여 잘 운영해 가던 중 노예를 사러 가자는 이웃의 제안으로 다시 아프리카 항해길에 오른다. 그러다 배가 카리브해 인근에서 폭풍을 만나 침몰하고, 로빈슨 크루소 혼자만 살아남아 외딴 무인도에 표착한다. 서글픈 생각으로 무력감에 시달리던 로빈슨은 자신의 처지를 글로 적어 위안을 삼기로 하고 그날그날 일들을 일지에 적기 시작한다.

이후 로빈슨은 난파선에서 생활 도구, 식료품, 금화, 무기 등을 챙겨와 원시적인 섬 생활에 적응해 간다. 작은 동굴을 이용해 집도 짓고, 야생 염소를 잡아다 키우는 한편, 밀 농사를 지어 빵을 만들어 먹기도 한다. 진흙을 구워서 냄비와 그릇도 만든다. 심지어는 시간표를 만들어 놓고 거기에 맞추어 부지런히 살아간다.

섬에 온 지 15년째 되는 어느 날, 해안을 따라 걷던 로빈슨은 낯선 사람의 발자국을 발견한다. 그러나 반가움보다는 위협을 느껴 경계를 게을리하지 않는다. 그리고 몇 년 뒤, 인근 섬의 야만인들이 이 섬에 찾아와 사람을 잡아먹는다는 것을 알게 된다. 식인종들의 처치 방법을 궁리하던 로빈슨은 자신이 당연하다고 생각하는 자신의 문화와 마찬가지로 식인 문화도 그들 나름의 관습일 뿐이라는 생각에 다다른다.

그러던 어느 날, 크루소는 야만인에게 잡아먹힐 뻔한 포로 한 명을 구해 준다. 그는 포로에게 프라이데이라는 이름을 붙여 주고, 영어와 기독교 교리를 가르친다. 시간이 지나서 그를 신뢰하게 된 뒤에는 총 쏘는 방법도 가르친다. 서로 친해진 두 사람은 커다란 통나무배를 만들어 섬을 떠나려고 하는데, 식인종들이 사람 잡아먹는 것을 목격한다. 식인종들을 물리치고 구출한 사람 중 한 명은 바로 프라이데이의 아버지였다.

얼마 후, 프라이데이는 영국 배 한 척을 발견한다. 로빈슨 크루소와 프라이데이는 선상 반란으로 궁지에 몰린 선장 일행을 도와 반란 진압에 성공한다. 이렇게 하여 로빈슨 크루소는 이 영국 배를 타고 더 넓은 세계와 백인 문명을 배우고 싶다는 프라이데이와 함께 28년여 만에 고향으로 돌아온다.[128]

소설 『로빈슨 크루소』는 쥘 베른의 『15소년 표류기』, 윌리엄 골딩의 『파리 대왕』, 움베르트 에코의 『전날의 섬』뿐만 아니라 영화 《캐스트 어웨이》, 《식스 데이 세븐 나잇》 등의 모티프가 되어 '로빈슨류'라는 신조어를 만들어 내기도 한 작품이다.[129]

잉카제국 유일무이 교통과 통신수단

우리에게 다소 낯선 단어인 잉카 트레일(Inka Trail)은 에콰도르의 수도 키토에서부터 칠레 수도 산티아고까지 남미대륙을 종주하는 2만 2530㎞의 장대한 길을 의미한다. 잉카 사람들은 콜럼버스가 아메리카 신대륙을 발견하기 이전까지는 이 길을 이용하여 물자 운송은 물론 우리의 파발마처럼 군사 기밀 등의 우편물을 전달했었다.

16세기 일단의 에스파냐 군대가 남미대륙을 점령하기 전까지 잉카 사람들은 수레나 말에 의존하지 않고 순전히 도보로만 이 먼 길을 다녔다. 잉카 트레일은 해발 5000m에 이르는 안데스산맥의 고원을 연결하는 샛길과 소로길로만 이루어져 있었기 때문에 잉카 사람들은 짐을 운반하기 위해서 기껏해야 라마를 이용한 게 전부였다.

5000m에 달하는 해발 고도와 이에 따른 고산증 때문에 보통 사람들이 하루에 겨우 10여 ㎞ 내외를 트레킹할 수 있는 이 험난한 길을 잉카의 메신저들은 하루에 240여 ㎞까지 달릴 수 있었다고 한다. 그야말로 잉카의 메신저들은 안데스산맥의 다람쥐들이었던 셈이다. 이 잉카 트레일에는 우리의 역참과 같은 개념인 2000여 개의 숙소가 운영되고 있었고 수십만 명의

안데스 산중 깊이 숨어 있는 잉카 트레일 유적(박의서 촬영)

잉카 여행자들과 군인들은 이들 숙소에서 음식과 군수품을 조달할 수 있었다. 이들 숙소가 잉카 여행자들에게 제공한 음식은 주로 옥수수, 콩, 말린 감자와 라마 저키 등이었으며 여행자들은 잉카 트레일 주변의 주민들이 재배하는 과일로 음료수를 대신했었다.

잉카제국 당시 남미대륙에는 안데스산맥을 따라 깊은 산중에 조성된 5200km의 카미노 레알 트레일(Camino Real Trail)과 해안을 따라 조성된 4000km의 카미노 코스타 트레일(El Camino de la Costa Trail)을 중심으로 이 두 개의 트레일을 연결하는 여러 개의 잉카 트레일이 존재하고 있었다. 하지만 이 모든 길은 모두 잉카제국 수도였던 쿠스코를 반드시 거쳐 가게 되어 있었다. 이 중 가장 중요한 길은 에콰도르 키토를 출발해 쿠스코를 경유하여 아르헨티나 투쿠만(Tucuman)을 연결하는 5200㎞의 카미노 레알 트레일이었다.

'잃어버린 도시'를 되찾은 고고학자

1911년 7월 24일, 남미 역사와 지리학자인 미국 예일대 교수 하이럼 빙엄(Hiram Bingham)과 페루군 상사 카라스코는 현지 안내인을 앞세워 안데스산맥 동쪽 능선의 가파른 계곡을 오르고 있었다. 계곡 양쪽에 피어난 보라와 노랑의 야생초들은 물방울을 머금은 채 영롱한 빛을 발하고 있었다. 비지땀으로 범벅이 되고 숨은 차올랐지만, 빙엄은 구름으로 뒤덮인 이 높은 계곡 어딘가에서 잉카 유물을 찾아낼지도 모른다는 기대감에 부풀어 있었다. 두 사람을 이끌고 있는 안내인, 멜초르 아르테아가는 300m 아래 계곡의 작은 집에 살고 있는 농부로 산등성이에 잉카 유적이 있을지도 모른다고 귀띔해 준 사람이기도 했다. 그러나 이때만 해도 빙엄은 자신이 지난 세월 그토록 찾아 헤맸던 '잃어버린 도시'를 이 등반길에서 발견하리라고는 상

상도 하지 못하고 있었다.[130] [131]

400년 전 어느 날 잉카인들은 자신들의 수도, 쿠스코를 버리고 훌쩍 떠난다. 에스파냐 정복자들이 그들의 황제를 죽이고 허수아비를 황위에 앉힌 뒤였다. 이들은 안데스산맥 동쪽에 새 수도를 건설하고 빌카밤바(Vilcabamba)라고 명명했다. 이후 40여 년 동안 잉카 사람들은 이 도시를 지휘본부로 삼아 에스파냐 정복자들을 상대로 격렬한 유격전을 벌였다.

세상에 알려지지 않은 이 이야기를 우연히 전해 듣고 놀란 빙엄은 그 도시가 이후 어찌 되었는지 아무도 모른다는 사실에 다시 한번 경악했다. 그리고 그는 이 '잃어버린 도시'를 반드시 자신이 찾고야 말겠다는 강한 의지를 불태우고 있었다. 그래서 대원 일곱 명을 선발한 후 가문 대대로 물려 내려오던 하와이 고향 땅까지 모두 처분해 탐사길에 나선 터였다.

하이럼 빙엄 3세는 하와이 호놀룰루의 엄격한 개신교 목사의 외아들로 태어났다. 어린 시절 혹독한 가난에 시달린 그는 어른이 되면 반드시 출세해 돈과 명예를 가져야겠다고 결심했다. 바로 이런 성장 환경이 빙엄으로 하여금 남다른 탐험 의지를 갖게 해 준 원동력이었다.

이날 정오 무렵 빙엄 일행은 웅장한 모습의 산 정상에 다다랐다. 760m 높이 산등성이 왼쪽으로는 늙은 봉우리라는

서른여섯 살의 하이럼 빙엄. 두 번째 마추픽추 탐사 때의 모습(내셔설지오그래픽)

의미의 마추픽추가 보였고 오른쪽으로는 와이나픽추(Huayna Picchu)가 보였다. 젊은 봉우리라는 뜻이다. 그리고 산등성이에는 계단식 밭에서 농사짓고 있는 농부가 살고 있는 오두막 한 채가 있었다. 농부는 이곳에서 바깥으로 나가는 길은 딱 두 개뿐이라고 귀뜸했다. 그러나 이곳은 샘물도 많고 땅도 비옥해 굳이 외부로 나갈 필요는 없다고 했다.

한참의 휴식 끝에 농부가 소개한 소년 뒤를 따라나선 빙

'잃어버린 도시' 마추픽추(박의서 촬영)

엄과 카라스코 상사 앞에 언젠가 '잃어버린 도시'를 반드시 찾고야 말겠다는 빙엄의 꿈이 현실로 나타나기 시작했다. 오두막을 돌아 낭떠러지를 돌기가 무섭게 뜻하지 않은 광경과 마주친 것이다. 각각 3m쯤 높이의 계단 옆으로 수십 m나 뻗은 지대가 수백 개 펼쳐져 있었다.

화강암 벽돌을 쌓아 만든 계단 위 텃밭을 올라가니 정교한 구조물 두 개가 서 있는 공터가 나왔다. 구조물은 길이 3m에 높이가 성인 남자보다 큰 거석을 쌓아 올린 것이었다.

빙엄은 준비해 간 카메라로 오후 내내 이 건축물의 사진만 찍을 수 있었다. 이날 찍은 서른한 장의 사진을 필두로 이후 몇 년간 수천 장의 사진을 찍어 내셔널지오그래픽 잡지에 게재하면서 다음 여행부터는 이 잡지사의 후원을 받게 되었다.[132]

빙엄은 이 마추픽추 유적이 잉카인들의 전설적 저항의 도시이자 잉카인들 마지막 피난처였던 빌카밤바라고 확신했다. 마추픽추는 우루밤바 협곡 중 접근이 가장 어려운 곳에 세워져 있고, 죽은 황제들을 모셔 놓았으며, 하얀 화강석의 성채와 신전들이 있는 성스러운 도시기 때문이라는 주장이다.

그러나 모든 사람이 빙엄의 주장에 동조하고 있는 것은 아니다. 에스파냐 연대기 기록과 빙엄이 발견한 유적지 사이에 모순점이 있기 때문이라는 것이다. 어쨌거나 마추픽추 발견으로 일생일대 업적을 이룬 빙엄은 그 후 반세기를 더 살면서 미국 상원의원으로 당선되는 영예도 누렸다. 그러나 그가 역사에 이름을 남기게 된 것은 더 말할 나위 없이 그의 끈질긴 탐사 결과인 잉카 유적 때문이다.[133]

지구 제7 대륙 발견과 북극 항로 개척

옛날부터 사람들은 북극에 대응하는 남쪽에도 무언가 존재할 것이라고 생각해 왔다. 그래서인지 몰라도 16~17세기에 그려진 세계지도에는 당시 사람들이 한 번도 가 보지 않은 남극과 관련된 그림과 용어들이 등장하고 있다. 그러나 당시에는 막연하게 무언가 있겠지 하는 정도이지, 남극의 위치나 규모에 대해서는 전혀 알지 못했으며 얼음으로 덮여 있다는 것도 몰랐다.[134]

그러나 영국 해군 캡틴 제임스 쿡은 1773년 1월 온갖 어려움을 무릅쓰고 남극권에 진입한다. 거대한 빙산에 압도되었지만 녹아내린 빙산 사이를 헤쳐 가며 항해해 나갔다. 그때까지 남극해는 그 누구도 항해해 본 적이 없는 미지의 바다였다. 그러나 결국 쿡에 의해 남극해에도 사람의 발자취가 남게 되었다. 이후 두 번째 남극 탐사에 나선 쿡은 1774년 1월 30일 97개나 되는 거대한 빙산을 뚫고 남위 71° 10′, 서경 106° 54′ 지점에 도착함으로써 당시로서는 지구 최남단까지 항해하는 기록을 세운다.[135]

제임스 쿡이 1772년부터 1775년까지 최초로 남극권을 탐험한 후로 1821년 러시아의 벨링스하우젠 제독도 대륙에 첫발을 디뎠다. 남극대륙 면적은 약 1400만 ㎢로 지구 육지 표면적 9.3%에 해당하는 거대한 대륙이다. 얼음으로 덮여 있는 남극은 사람이 살고 있지 않은 거대한 무주지(無主地, terra nullius)로 남아 있다.[136]

「제임스 쿡의 인데버호 항해 일지(The Endeavour Journal of James Cook)」는 1768년부터 1771년까지 영국 범선 인데버호를 타고 태평양을 처음으로 항해한 제임스 쿡이 친필로 남긴 문서다. 그는 유럽인 최초로 오스트레일리아 동해 해도를 그렸고, 최초로 뉴질랜드 일주 항해도 했다. 이 항해 일지는 영국의 오스트레일리아 식민지배에 관한 예후를 보여 주는 문서로서 오스트레일리아 원주민의 비극적인 말로를 설명하는 문서이기도 하다. 오스트레일리아 원주민은 오늘날까지 지구상에 남아 있는 가장 오래된 문화를 가진 민족의 하나지만 당시 영국 법에서는 존재하지 않는 존재로 여겨져서 오스트레일리아는 무주지로 간주되었다.[137]

콜럼버스, 마젤란, 바스코 다가마 등 초기 해양 탐험가들이 대륙을 연결하는 바닷길을 뚫긴 했지만, 그 길은 너무 멀고 험난했다. 그래서 탐험가들의 마음을 사로잡은 것이 바로 유럽과 아시아 사이를 가깝게 연결하는 북서항로였다. 이 해로는 1728년 베링이 북극해에서 태평양으로 나아가는 출구를 발견함으로써 그 가능성을 높여 주었다. 그린란드 서쪽 배핀섬에서 베링해까지는 1500㎞에 불과하다. 런던에서 이 뱃길을 거치면 1만 2800㎞이지만 아프리카를 돌아가면 2만 3600㎞나 된다. 파나마 운하는 생각지도 못한 시절이었으니 꿈같은 항로가 아닐 수 없었다.

북서항로는 유럽에서 북아메리카대륙 북쪽을 지나 서쪽으로 태평양까지 가는 것이고, 북동항로는 유럽에서 유라시아대륙 북쪽을 지나 동쪽으로 베링해협까지 가는 길이다. 그러나 북서항로 개척에는 탐험가들이 많이 희생되었다. 1497년 존 캐벗을 필두로 자크 카르티에(1534), 마틴 프로비셔(1576), 프랜시스 드레이크(1578), 존 데이비스(1585), 제임스 쿡 등도 도전하였고 험프리 길버트, 헨리 허드슨 같은 이는 목숨까지 잃었다. 가장 끔찍했던 일은 탐험대원 129명 모두가 살아 돌아오지 못한 프랭클린 탐험대의 비극이었다.

1906년 드디어 인류 역사상 400년을 도전하고도 개척하지 못한 북서항로가 노르웨이 청년 로알 아문센에 의해 뚫렸다. 그는 50톤도 안 되는 작은 고깃배 요아호로 북극해 6400㎞를 헤치고 살아 돌아왔다. 1872년 오슬로 근처에서 태어난 아문센은 열다섯 살부터 북서항로 탐험기를 읽었으며, 스물다섯 살에는 1등 항해사 자격을 딴 후 벨기에 남극 탐험대를 따라나섰다. 남극해에서 13개월을 무사히 보낸 그는 북서항로를 개척하기로 마음먹었다. 선장 자격을 딴 아문센은 청어잡이에 쓰던 돛대 하나짜리 목선을 구해 1903년 6월 오슬로항을 떠나 그린란드로 향했다.

항해 도중, 여러 차례 어려운 고비와 마주했지만, 킹윌리엄섬에서 2년을 지낸 후 항해를 계속했다. 1905년 8월 26일 아문센은 드디어 맞은편에서 오던 포경선을 만났다. 마침내 북서항로가 뚫린 것이다.

북동항로를 찾아 나선 초기 인물로는 네덜란드의 빌럼 바렌츠(1594)가 대표적이며, 그 뒤로 헨리 허드슨(1607), 세묜 데즈뇨프(1648) 등이 있다. 빌럼 바렌츠는 북동항로를 완벽하게 개척하지는 못했지만, 뱃길을 해도에 수록하고 기상 자료를 남기는 등의 역할을 수행했다. 그 후 스웨덴 지리학자이자 탐험가 아돌프 에리크 노르덴셸드는 1875년과 1876년 두 차례에 걸쳐 예비 항해를 하고 1878년 7월 증기선을 타고 노르웨이 최북단 트롬쇠항을 출발하여 이듬해인 1879년 7월에 알래스카의 클래런스항에 도착함으로써 북동항로의 종지부를 찍었다. 그 뒤 1920년 아문센이 두 번째로 북동항로를 통과하였다.[138]

콜럼버스와 마젤란은 소위 서양에서 말하는 제1차 발견의 시대를 연 사람들이다. 제2차 발견의 시대는 17세기 말부터 20세기 초까지로 제임스 쿡을 비롯한 탐험가들의 남북극점 도달로 세계지도를 완성한 사람들이다. 그리고 서양 사람들에 의한 발견의 시대는 1953년 지구의 세 번째 극점이라고 불리는 에베레스트산 정복까지 이어지며 마침내 그 막을 내린다.[139]

『80일간의 세계 일주』는 영국 신사이자 부호인 필리어스 포그가 프랑스 출신 하인 장 파스파르투와 함께 80일간의 시한을 걸고 세계 일주에 도전한다는 내용으로 프랑스 소설가 쥘 베른이 1873년에 발표한 작품이다. 이 작품은 19세기로서는 매우 드물었던 일종의 SF(science fiction) 소설로 평가되고 있다. 포그와 파스파르투가 지구를 돌며 펼치는 모험을 그린 이 소설은 1956년 처음 영화로 제작되어 큰 인기를 끈 이후, 여러 차례 후속 영화들이 제작되기도 했다.

이 소설은 당시 새로 발전하기 시작한 대중 교통수단인 기차와 증기선 외에 전통 교통수단인 마차, 썰매, 코끼리를 활용한 것은 물론 자오선 변화에 따른 시차를 소재로 삼았다는 점에서 여행사적으로도 큰 의미를 지니고 있다.

소설 속 포그는 멋쟁이 중년으로 4만 파운드 즉 우리 돈 80억여 원의 거액을 보유하고 있는 부자지만 숨이 막힐 정도로 기계적인 삶을 영위하고 있는 영국 신사다. 시간 엄수를 철칙으로 여기는 사람으로 클럽에 갈 때도 발걸음 수를 정해 놓고 이에 맞추어 움직일 정도다.[140]

1872년 10월 2일, 포그와 클럽 회원들은 은행에서 5만

파운드라는 거액을 탈취한 은행강도에 관한 이야기 끝에 80일 안에 세계 일주가 가능한지 여부를 두고 내기를 걸기에 이른다. 판돈은 2만 파운드 즉 40억 원. 그러나 당시 기차와 증기선만으로 세계 일주에 도전한다는 것은 무모하기 짝이 없는 일이었다.[141] 그렇지만 기계처럼 정확하게 살아온 자신의 습관을 확신한 포그가 하인 파스파르투와 함께 그날 저녁 런던발 20시 45분 기차에 오르면서 세계 일주 내기는 시작된다. 그리고 정확히 80일 뒤인 12월 21일 20시 45분까지 '리폼클럽'에 돌아오면 이길 수 있게 된다.

한편 런던 경찰청의 픽스 형사는 은행강도 용의자의 몽타주와 포그가 닮았다는 이유로 포그를 문제의 은행강도로 의심하는 한편으로, 범인을 체포하는 경우 범인의 소지 금액 5%를 현상금으로 지급한다는 조건에 눈이 어두워져 있었다. 은행강도 체포를 위해 수에즈운하까지 미리 가서 대기 중이던 픽스는 포그에 대한 체포영장을 런던 경찰청장에게 전보로 신청한다. 하지만 발급이 늦어지자 포그 일행이 승선한 증기선에 올라 일단 포그를 뒤쫓기로 한다.

동서고금을 막론하고 여행은 늘 여러 가지 변수와 난관에 직면하게 마련이다. 기계처럼 정확하게 살아온 영국 신사라고는 하지만 이런 상황이 포그에게만 예외일 수는 없다. 영국에서 수에즈운하를 통과해 인도에 도착해서 제일 먼저 포그가 마주한 난관은 새로 개통되었다는 철도의 일부 구간이 개통되지 않았다는 것을 알게 된 것이다.

철도가 없는 구간을 통과하기 위해 2000파운드 즉 4억 원이라는 거금을 주고 인도 코끼리를 구입한 포그는 한 힌두 사원에서 화형당할 위기에 처한 아우다라는 인도 미망인을 극적으로 구조하여 동행한다. 이후 우여곡절 끝에 인도 캘커타에 도착하여 승선한 홍콩행 증기선은 폭풍우로 인해 예정보다 24시간 늦게 홍콩에 도착한다.

세계 일주 계획 일정

경로	이동수단	이동기간
런던 → 수에즈	기차와 증기선	7일
수에즈 → 봄베이	증기선	13일
봄베이 → 캘커타	기차와 코끼리	3일
캘커타 → 홍콩	증기선	13일
홍콩 → 요코하마	증기선	0일
요코하마 → 샌프란시스코	증기선	22일
샌프란시스코 → 뉴욕	기차, 썰매	7일
뉴욕 → 런던	증기선과 기차	9일
전체 여정	기차, 증기선, 코끼리, 썰매	80일

이후 뒤쫓던 픽스 형사가 꾸민 일련의 농간으로 포그와 파스파르투는 이별하여 각각 요코하마행 배에 오르지만 극적으로 일본에서 다시 만나 함께 태평양을 건넌다.

마침내 미국 땅을 밟은 후 대륙 횡단 열차로 미국을 가로지르면서 인디언들의 습격을 받아 타고 있던 열차는 떠나 버리고 다음 열차는 스무 시간 후에야 오는 상황을 맞는다. 결국, 돛을 달아 개조한 썰매를 빌린 포그 일행은 시속 37㎞라는 어마어마한 속도로 다른 열차를 잡아타는 우여곡절 끝에 뉴욕에 도착하지만 불과 45분 차이로 대서양 횡단 증기선을 놓친다.

하는 수 없이 1인당 2000파운드의 거금을 주고 프랑스 보르도까지만 가는 화물선에 오른 포그 일행은 항해 도중 일정을 줄이기 위해 만든 지 20년이나 된 고물 배를 6만 달러라는 거금으로 구입한다. 덕분에 횡재한 선장의 도움으로 아일랜드 퀸스타운까지 가까스로 도착한 후 쾌속 우편선을 갈아타고 영국의 리버풀에 도착한다. 하지만, 여행 내내 따라붙은 픽스 형사의 체포영장 효력이 발생하여 세관 감옥에 감금되고 만다.[142]

이날 오후 리버풀에서 런던행 열차가 출발하는 시각이 되자, 머쓱한 얼굴의 픽스 형사가 3일 전에 은행강도 진범이 잡혔다며 포그에게 사죄한다. 포그는 벌떡 일어나 픽스에게 주먹을 날린다. 포그로서는 생전 처음 신사의 품위를 저버린 행동이었다. 그러나 런던행 기차는 이미 떠난 상황이었다. 포그 일행은 열차를 전세 내어 전속력으로 달려갔지만, 런던에 도착한 시각은 안타깝게도 예정보다 5분 지체된 20시 50분이었다.

패배를 인정하고 자택으로 돌아와 하루를 묵으며 좌절해 있는 포그를 위로하기 위해 아우다는 자기와 결혼해 줄 수 있겠냐며 청혼한다. 이 소식을 들은 파스파르투는 너무 기쁜 나머지 결혼식 장소와 주례를 알아보기 위해 교회로 달려간다. 그러나 목사가 내일은 일요일이라 결혼식을 할 수 없다고 하자 오늘이 일요일이 아닌 토요일 즉 약속한 세계 여행 마지막 날이라는 것을 깨닫게 된다. 그때 시각은 여행 기한을 10분 남긴 20시 35분이었다. 순간, 교회에서 총알같이 튀어나온 파스파르투는 죽을 힘을 다해 전력 질주한다. 3분 만인 8시 38분에 포그 저택에 도착하여 주인의 목덜미를 잡아챈 후 질질 끌다시피 하여 마차에 태웠다. 파스파르투는 마부에게 100파운드를 주겠다며 '리폼클럽'으로 총알처럼 달리라고 독촉한다. 총알 마차는 안하무인의 난폭운전 끝에 7분 만에 클럽에 도착한다. 그리고 포그는 8시 44분 57초에 클럽 문을 열고 방으로 들어서면서 마침내 내기에서 이긴다!

이 상황을 자세히 설명하자면, 포그 일행이 서쪽에서 동쪽으로 지구를 한 바퀴 돌아 경도를 1도씩 넘을 때마다 4분씩

시간이 단축되었기 때문에 벌어진 해프닝이다. 지구 둘레 360도에 4를 곱하면 정확히 24시간이 나오기 때문에 자신들도 모르게 하루를 번 포그 일행은 80일이 아닌 79일 만에 세계 일주를 마친 게 된 것이다.[143] 만약 런던 시간에 맞춰져 있는 파스파르투의 시계가 '시'와 '분'만이 아니라 요일까지 표시해 주었다면 이 사실을 미리 알 수 있었을 것이다.

참고로 이 작품이 출간된 당시에는 날짜 변경선이라는 제도가 없었다. 이런 문제로 인해 날짜 변경선의 필요성이 제기되기 시작한 것이 1884년으로 이 작품보다 10년 정도 지난 후다. 그리고 1917년이 되어서야 날짜 변경선이 정식으로 채택되게 된다. 다시 말해서 날짜 변경선이라는 제도의 존재 여부에 상관없이, 지역에 따라 해 뜨는 시각은 각각 달랐기 때문에 시차 자체는 이미 존재하고 있었다는 말이 된다. 따라서 여행하면서 발생하는 시차 개념 자체가 없었던 포그 일행이 여행 기간을 단순 계산하면서 일어난 에피소드인 것이다.

한편, 포그가 내기로 챙긴 2만 파운드에서 여행경비 1만 9000파운드를 빼면 순수익은 1000파운드에 불과하다. 이마저도 추적자이자 여행 동반이었던 픽스 그리고 하인 파스파르투에게 반반씩 나누어 주어 포그가 챙긴 돈은 전혀 없다.[144]

픽스에게도 돈을 나눠 준 이유는 픽스가 제3자 입장에

서 여행 과정을 체험했거니와 만일의 경우, 경찰 신분으로서 여정을 정확히 증언해 줄 수 있는 존재였기 때문이었다. 포그는 이렇게 내기 상금을 여행경비로 다 써서 실질적으로 번 돈은 없다. 반면 파스파르투와 픽스가 받은 포상금 500파운드는 지금 가치로 1억 원이 넘는 큰돈이다.[145]

포그는 세계 일주 내기를 통해 단 한 푼도 벌진 못한 대신, 공짜 여행을 한 것에 더해 그를 가장 행복한 남자로 만들어 준 아름다운 아내를 얻었으니 이보다 더 좋을 순 없는 일이었다.

I

3장

유라시아를 넘나든 고전 기행

1997년 미국《라이프(Life)》잡지는 에디슨, 콜럼버스, 루터, 갈릴레이, 레오나르도 다빈치 등 지난 1000년 동안 우리 인류에게 크게 이바지한 위인 100명을 순서대로 선정하면서 여행가로는 이븐 바투타(Ibn Battūtah)를 44위, 마르코 폴로를 49위로 매김하여, 이븐 바투타의 업적을 마르코 폴로보다 앞선 것으로 평가한 일이 있다. 한편 이슬람 문명과 실크로드를 연구해 온 정수일 교수는 『이븐 바투타 여행기』를 인문지리학 자료의 보고, 인물 사전, 동서 교류사의 귀중한 문헌, 기행 문학의 대표적 수작 등으로 평가하고 있다.

칭기즈칸의 유럽 정벌로 비롯된 가톨릭 수도사들의 동방 여행은 이후 마르코 폴로 등의 교역 전문가들의 동방행을 촉진하게 된다. 서양 사람들의 주된 관심사는 당연히 당시 중국을 지배하고 있던 몽골제국이었지만 이 과정에서 한반도와 고려인들도 유럽에 소개되었다. 또한, 유라시아대륙 중간에 끼어 있는 이슬람 세계의 대표적인 여행가인 이븐 바투타가 동서양을 아우르는 대장정을 한 후 『이븐 바투타 여행기』를 남긴 것도 이 시기다.

마르코 폴로(Marco Polo)가 중동의 이슬람 지역을 거쳐 쿠빌라이 칸 통치 시기의 몽골을 여행한 기록인 『동방견문록』은 서양 사람들에게는 성경 다음으로 많이 읽힌 책으로 알려져 있다. 그렇지만 마르코 폴로보다 먼저 몽골제국을 여행한 후 기행문을 남긴 가톨릭 수도사들이 있었으니 조반니 카르피니(Giovanni Plano de Carpini), 윌리엄 루브룩 그리고 베네딕트가 바로 그들이다.

이들은 마르코 폴로보다 20여 년에서 30여 년을 앞서, 각각 귀위크(Cuiuc)와 몽케칸 통치 시기에 몽골제국 수도였던 카라코룸(Qaraqorum)[i]을 방문한 프란시스코회 수도사들로 각각 『몽골제국 역사』, 『몽골제국 여행기』, 『타타르 이야기』 저자들이다.

이탈리아 출신 카르피니는 몽골제국의 유럽 기독교 국가들 정복을 저지할 목적과 가톨릭 선교를 겸해 1245년 프랑스 리옹을 출발하여 1246년 몽골 수도 카라코룸에 도착하였다.

i 현재 몽골의 수도 울란바토르에서 서쪽으로 약 400㎞ 떨어진 하르호린으로서 오르콘강 좌측에 위치한 지명이다(김호동, 2015).

그는 교황이 타타르 황제에게 보내는 서한을 전달하고 유럽으로 돌아오는 길에는 당시 몽골제국 황제였던 귀위크칸의 회신을 가지고 왔다. 1247년 리옹에 도착한 그는 교황에게 귀위크칸의 회신을 전달하면서 몽골제국 여행 보고서를 함께 제출하였는데 이게 바로 『몽골제국 역사』다. 이 보고서에는 몽골의 국토, 인종, 종교, 풍습, 정치 상황 등과 함께 왕복 여행에서 겪은 일도 상세히 기술하고 있다. 따라서 카르피니의 『몽골제국 역사』는 마르코 폴로의 『동방견문록』에 앞서 몽골 실상을 유럽에 먼저 알린 견문록이다.[146]

1237년부터 1242년 사이에 벌어진 몽골군의 유럽 침공은 파괴와 학살이 자행되면서 유럽인들을 공포의 도가니로 몰아넣었다. 몽골의 유럽 침공 전까지만 해도 가톨릭 국가로서의 동질감을 가지고 있던 당시 유럽 사람들은 동방에 살고 있는 '프레스터 존(Prester John)' 즉 '사제 왕 요한'이라는 강력한 군주가 막강한 군대를 이끌고 서쪽으로 진군해와 기독교 원수인 사라센인들을 물리치고 기독교 성지를 탈환해 줄 것이라는 막연한 기대를 가지고 있었다. 이 무렵 7차에 걸친 십자군 전쟁을 통해 무슬림과 싸우고 있던 유럽 가톨릭 국가들 사이에서는 중동의 이슬람 너머 먼 동쪽에 네스토리우스(Nestorius)파 기독교 국가가 있으며 그 나라를 프레스터 존이라는 왕이 통치하고 있다는 전설이 널리 퍼져 있었기 때문이다. 그러나 몽골 기마 군단은 프레스터 존이기는커녕 굶주린 괴물처럼 온갖 만행을 저지른 데다 이들의 이름조차 라틴어로 지옥을 뜻하는 타타르(Tartarus)여서 이들은 유럽 기독교 세력을 파멸로 이끌 무서운 세력으로 간주되고 있었다.[147]

이리하여 기대를 주고 있던 '프레스터 존'은 오히려 '타타르'라는 위협적이고도 절망적인 적대 세력으로 유럽인들에게 다가왔다. 유럽 가톨릭 국가들은 '지옥(Tartarus)'에서 보낸 '타타르'의 공포에 휩싸이게 되면서, 교황을 중심으로 이를 타개할 대책을 강구하게 되었다. 1245년 6월 인노켄티우스 4세는 리옹에서 공의회를 개최했고 공의회는 프란시스코 수도회에게 그 임무를 맡기기로 했다. 이렇게 해서 리옹 공의회 개최 2개월 전에 몽골을 향해 출발한 프란시스코회 수도사 카르피니는 교황 공식 사절로 추인받게 되었다. 즉 이들 일행에게는 가톨릭 해외 선교와 몽골 침략을 저지하는 사신 역할이라는 두 가지 임무가 동시에 주어진 것이다. 당시 유럽 지도자들은 몽골제국의 침략 소문으로 이들에 의한 지배의 두려움에 휩싸여 있었다. 특히 몽골 사람들을 야만인으로 여기고 있었기 때문에 더욱 그러했다. 이는 몽골인들이 싸우지 않고도 적을 제압하기 위해 자신들에 대한 공포 이미지를 광범위하게 퍼뜨렸던 심리

전술의 영향이기도 했다.

카르피니의 이름은 영어 표기의 존(John)과 같은 조반니(Giovanni)이지만 당시엔 태어난 지방의 이름으로 불리는 것이 관행이어서 그냥 카르피니라고 불리게 되었다. 이탈리아 출신의 유명한 화가, 레오나르도 다빈치(Leonardo da Vinci) 역시 빈치가 고향인 레오나르도로 불린 것과 같은 의미다.

카르피니는 1245년 4월 16일 리옹을 출발했으며 일행에는 1247년에 『타타르 이야기』를 저술한 베네딕트 수도사 등의 수행원이 포함되어 있었다. 일행은 1246년 4월에 볼가강 유역에 주둔하고 있던 바투의 군영에 교황의 서한을 전했는데 바투는 이들을 귀위크칸의 황제 즉위식에 참석하도록 조치했다. 즉위식까지는 넉 달의 여유밖에 없었기 때문에 이들은 100일 동안 하루도 쉬지 않고 매일 30~40km를 여행해야만 했다. 이는 당시로서는 어림도 없는 속도였지만 잘 준비되어 있던 몽골제국 역참 덕분에 가능한 일이었다. 그렇지만 카르피니 사절단 일행은 황제 즉위식에 맞추어 당시 몽골 수도 카라코룸에 도착하기 위해 말을 하루에 대여섯 번 갈아타야만 했고 음식 또한 소금과 물에 탄 기장뿐이었다고 한다. 이처럼 혹독한 일정으로 귀위크칸 즉위식에 맞추어 교황 서한을 전달한 카르피니 일행은 천신만고 끝에 1247년 11월에 리옹으로 다시 돌아왔다. 카르피니는 65세 나이에 사절단 사명을 수행했기 때문에 여행 고통이 남다를 수밖에 없었다. 여행 중의 배고픔, 목마름, 추위, 무더위, 부상 등과 두려움 등의 큰 고통 속에서 가까스로 완수한 일정이었다.[148]

1227년 정복 전쟁으로 평생을 보낸 칭기즈칸이 탕구트 원정 도중에 사망하자, 쿠릴타이를 거쳐 1229년에 셋째 아들 오고타이(Ögödei)가 대칸(qa'an)으로 선출되었다. 오고타이는 금(金)과 고려를 정복하기 위한 원정군을 파견하였고, 카라코룸에 성과 궁전을 짓는 한편 제국 전역을 거미줄처럼 연결하는 역참(驛站, jam)을 재정비하여 세계 각지에서 몽골제국 수도로 올 수 있게 만들었다. 카르피니, 루브룩, 마르코 폴로 등 중세 유럽인은 바로 이 역참망에 의해 몽골제국 수도인 카라코룸으로 갈 수 있었다.

카르피니의 『몽골제국 역사』는 몽골의 옛 이름인 타타르 영역을 설명하면서 "그 동쪽으로는 키타이 지방과 솔랑기(Solangi) 지방이 있고 남쪽으로는 사라센 지방이, 서남쪽으로는 위구르 땅이, 서쪽으로는 나이만 지방이 그리고 북쪽으로는 사막으로 둘러싸여 있다"라고 했는데 여기서 솔랑기가 바로 당시 고려를 지칭하는 것이었다.

유목으로 삶을 영위해 온 몽골 사람들은 특이한 장례문

화를 가지고 있었다. 보통 사람들이 죽으면 암말과 함께 천막 등의 생활 용구를 넓은 들판 아무 곳에나 은밀하게 매장한다. 저승에 살 집을 마련해 주고 암말 젖으로 식량을 삼는 것은 물론 마필(馬匹) 수도 넉넉하게 해 달라는 기원이 담긴 의식이었다. 귀족들은 각종 진귀한 물품과 함께 생활 용구를 함께 매장했다.

수령들이 죽으면 순장 풍습도 있었는데 칭기즈칸의 무덤에는 40명의 미녀들이 순장되었으며 바투의 무덤에도 노예와 처첩들이 순장되었다고 한다. 몽골 군주나 그 부인이 사망하면 그 시신을 목관에 넣어 북쪽 몽골리아로 옮겨 가는데 이때 도중에 만나는 사람들을 죽여 순장했다는 기록도 있다.[149] 특히 상당량의 금과 은이 부장되어 있는 황제와 귀족들 묘역은 관리자를 제외한 일반인 접근이 금지된 구역으로 운영되고 있어 접근하다 잡히면 옷이 벗겨지고 매를 맞는 능욕을 당하기도 하였다.

몽골인들은 먹을 수 있는 것, 예를 들어 개, 늑대, 여우, 말 그리고 필요한 경우에는 심지어 사람 고기도 먹었다고 한다.[ii]

ii 몽골인들의 식인 풍습에 관해서는 사실 여부를 떠나 중세 유럽인들 사이에 널리 퍼져 있었다(김호동, 2015).

몽골 군대는 전쟁에서 귀환하며 티베트를 정복했는데 티베트 사람들은 아버지가 사망하면 그 시신을 먹는다고 했다.[iii] 몽골군 역시 칭기즈칸이 키타이(中國) 황제를 제압하면서 극심한 굶주림 때문에 십인대마다 한 명씩 잡아먹었다는 기록이 있다. 몽골 군대는 10명을 기초 단위로, 100명(백인대), 1000명(천인대) 같은 십진법으로 구성되어 있었다. 또한, 칭기즈칸 군대가 카스피 산맥 근처 유대인 거주 지역에 이르렀을 때도 식량이 떨어져 열 사람에 한 사람씩 잡아먹으라고 명령했다는 기록도 있다.[150]

타타르 황제가 사신을 보내면 그곳이 어디이든 간에 말과 식량을 제공해야 했는데 이는 역참의 발달로 이어졌다.[iv] 군주가 발급한 신분증 겸 통행증인 패자(牌子)와 물자 지급 보증

iii 티베트 사람들의 한자 표기인 장족(藏族)들은 지금도 풍장 풍습을 유지하고 있는데 특히 중국 사천성에 위치한 동티베트의 색달사 등에서는 지금도 사람이 죽으면 시신을 토막 내어 독수리 밥으로 삼는 조장 풍습이 그대로 남아 있다. 카르피니는 이러한 장례 풍습을 인육을 먹는 것으로 오인한 것으로 보인다. 루브룩은 티베트 사람들이 사망한 부모의 시신을 먹는 것은 그만두었지만 해골을 잔으로 만들어 사용하는 관습은 여전하다고 기록하고 있다.

iv 몽골제국은 30-40㎞마다 잠(jam, 站)이라고 불리는 역참을 두고 그 운영을 위해서는 잠치(jamchi), 참적을 두었다. 카르피니가 러시아의 키예프에서 몽골의 카라코룸까지 불과 6개월에 도착할 수 있었던 것은 바로 이 역참제도 덕분이다. 마르코 폴로 역시 몽골의 역참제도를 높이 평가하고 있다(김호동, 2015).

문서인 차자(箚剌)를 소지한 사람은 역참에서 여행에 필요한 역마, 식량, 숙소 등을 제공받을 수 있었다.[151]

몽골인들은 해동청(海東靑)을 많이 가지고 있으며, 이 해동청을 늘 오른손에 올려놓고 다녔다. 해동청은 몽골어로 송코르(Songqor)라고 불리는데, 이 몽골어는 우리말 송골매로 그대로 차용되었다. 몽골인들은 이 매를 이용해 사냥하였으며, 매의 목에 끈을 달아 도망가지 못하도록 하였다.[152]

몽골 사람들은 특이한 혼인 문화를 가지고 있었다. 몽골인의 결혼은 처녀 구매를 통해서 이루어졌다. 과부는 이승과 저승 모두에서 일부종사(一夫從事)해야 한다는 믿음과 죽은 다음에는 반드시 첫 번째 남편에게 되돌아간다고 믿고 있었다. 그래서 아들은 아버지가 사망한 뒤 생모를 제외한 아버지 부인 모두와 결혼하는 수계혼(收繼婚)[v] 관습을 가지게 되었다.[153] 몽골 남자들은 적게는 10명에서 많게는 100명에 이르는 부인을 두고 있었다. 이들은 배다른 자매는 물론 형제가 죽으면 그 부인과 혼인(嫂婚)하고 여자 부모에게 비싼 값의 지참금을 지불하기도 했다. 여자들은 대부분 뚱뚱했는데 코가 낮을수록 미인으로

v 씨족 관계의 틀을 유지하기 위해 계모를 아내로 삼는 수계혼(收繼婚)과 형수나 제수를 아내로 들이는 수혼(嫂婚)이 당시 몽골 사회의 혼인풍습이었다.

여겨졌고 아기를 낳을 때는 침대에 눕는 일이 없었다. 결혼한 여자들은 스스로 수레를 만들었고 부유한 타타르인들은 100여 대의 수레를 가지고 있었다고 한다.

칭기즈칸은 1206년 몽골 초원을 통일한 다음 주위 세력을 정복하기 시작했다. 이에 따라 몽골어 외에 다른 언어를 사용하는 부족들이 대몽골제국의 통치를 받게 되었다. 초기에는 주로 위구르 등 튀르크 계통과 거란 출신 사람들이 있었다면, 이후에는 점차 무슬림, 탕구트, 여진 그리고 북부 중국 한인들까지도 흡수하게 된다. 칭기즈칸이 몽골 초원을 통일한 직후의 상황에 대해 『몽골비사』에는 아홉 가지 언어의 사람들(yesün keleten irgen)이 모였다고 했다. 여기서 '아홉 가지(yesün)'라는 표현은 몽골어에서 헤아릴 수 없이 많은 수나 종류를 말할 때 쓰는 관용적인 표현이다. 따라서 그만큼 다양한 지역에서 온 사람들이 몽골 초원에 존재했다는 의미다. 그중에서 카르피니가 그의 책에서 여섯 번이나 언급하며 관심을 끈 사람들이 있었는데, 바로 '솔랑기(Solangi)', 즉 고려에서 온 사람들이었다.[154]

수도사 신분에도 불구하고 카르피니의 『몽골제국 역사(Ystoria Mongalorum)』에는 황당무계한 이야기가 많이 서술되어 있다. 카르피니는 이런 이야기를 통해 기괴한 존재들을 정복한 '타타르'는 결국 '인간'이 아닌 '지옥(tartarus)에서 보낸 악마'라는 이미지를 의도적으로 만들고자 했기 때문이다. 이는 1253년부터 1255년까지 몽골을 방문한 루브룩이 보다 더 객관적인 여행 기록인 『몽골제국 여행기』를 남겼지만 카르피니가 쓴 『몽골제국 역사』가 유럽 사람들에게 더 많은 사랑을 받게 된 이유이기도 하다.[155]

'코레아' 존재를 서방에 알린 선교사

프랑스령 플랑드르 출신 루브룩(William of Rubruck: Guillaume de Rubrouck, 1220~1293)은 유럽이 몽골제국에 파견한 네 번째 가톨릭 수도사다. 루브룩 전에 유럽에 파견된 수도사는 1245년의 카르피니와 아셀랭(Ascelin of Lombardia) 그리고 1249년의 앙드레 롱쥐모(André de Longjumeau)가 있었다. 교황은 몽골제국에 존재하고 있다는 네스토리우스들과 선교 때문에 사제들을 파견하였고 국왕들은 몽골제국에 관한 정탐을 목적으로 이들을 파견하였다. 제7차 십자군 원정에 실패한 프랑스 왕 루이 9세 역시 몽골과 협력하여 이슬람제국을 동서로 협공하자는 제안을 전달하는 임무를 주어 루브룩을 파견하였다.

루이 9세의 십자군 원정을 따라 종군하던 루브룩은

1253년 3월 킵차크한국의 통치자였던 사르타크(Sartaq)에게 보내는 국왕 서한을 휴대하고 지중해 아크레(Acre)를 출발하여 여행을 떠난다. 루브룩은 킵차크한국 통치자 사르타크 군영과 그의 아버지인 바투 군영을 거쳐 몽케칸 둔영(屯營)에 12월 27일에 도착한다. 이후 몽케칸 둔영을 따라 함께 이동한 루브룩 일행은 이듬해 4월 5일 당시 몽골제국 수도였던 카라코룸에 천신만고 끝에 도착한다.[156]

카라코룸에서 한겨울을 난 루브룩 일행은 7월 10일경에 카라코룸을 떠나 귀환길에 올랐다. 올 때와 거의 같은 경로로 빠르게 이동한 루브룩 일행은 9월 15일 볼가강 유역 바투 군영에 무사히 도착했다. 귀환 후 루브룩은 여전히 십자군 원정 중이던 국왕 루이 9세를 만나고자 하였으나 팔레스타인 교구장의 거절로 뜻을 이루지 못하였다. 교구장은 대신 루브룩을 아크레 지방 독경사로 임명하는 한편 몽골제국 방문 보고서를 써서 국왕 루이 9세에게 전달토록 배려했다. 루브룩의 『몽골제국 여행기(Itinerarium fratris Willielmi de Rubruquis de ordine fratrum Minorum, Galli, Anno gratia 1253 ad partes Orientales)』는 이렇게 해서 세상의 빛을 보게 된다.

루브룩의 『몽골제국 여행기』는 카르피니의 『몽골제국 역사』, 베네딕트의 『타타르 이야기』와 함께 13세기의 몽골제국

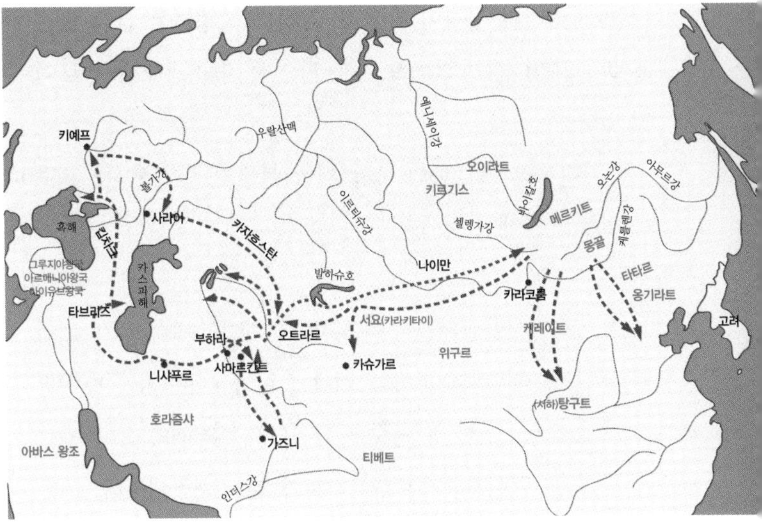

칭기즈칸 원정도

에 관한 정보를 생생하게 전달해 주고 있다. 특히 루브룩의 『몽골제국 여행기』는 카르피니의 『몽골제국 역사』가 보고서의 느낌을 주고 있는 것과는 달리 생생한 현장감을 전달하는 것으로 평가되고 있다. 루브룩은 다른 수도사들과는 달리 날카로운 관찰력과 탁월한 필력으로 관찰한 것들만을 기록하였기 때문이다. 특히 당시 다른 여행기들에 많이 수록된 믿을 수 없는 전설과 설화 등은 아예 수록하지도 않고 있다. 제3자에 의해 대필되어 화자의 감정이 극도로 절제될 수밖에 없어 여행기라기보다는 지리지의 성격이 훨씬 더 강하다는 평가를 받고 있는 마르코 폴로의 『동방견문록』과도 확연히 차별된 모습을 보여 주고 있다.[157]

다음은 루브룩의 『몽골제국 여행기』 중 흥미를 끄는 대목 일부를 발췌한 것이다.[158]

> 루브룩 일행은 굶주리고, 목마르고, 얼어붙고, 지친 상태로 여행해야만 했다. 여행 중 이들에게는 기장으로 만든 국이 맛만 볼 정도로 아침으로 제공되었고, 밤에는 양고기와 양고기로 만든 국이 충분히 제공되었다. 고깃국은 영양가가 높을 뿐 아니라 입맛에도 맞아 루브룩 일행의 배를 채우는 데 충분했다.

루브룩은 카라코룸 도시 전체의 규모를 생드니(Saint Denis)[vi]만 못하다고 평가 절하하여 기록했다. 진흙 벽돌로 만들어진 성벽에는 네 개의 문이 나 있었다고 한다. 동쪽 문밖에서

vi 잘린 자기 목을 들고 이곳까지 왔다는 전설로 유명한 3세기경의 주교 성(聖) 드니(Saint-Denis)의 무덤과 다고베르트 1세가 7세기경 건립한 수도원을 중심으로 발전한 인구 9만 명의 작은 도시다. 파리 북동쪽 11㎞ 지점에 위치하고 있으며 현재는 금속, 기계, 화학, 가죽, 식품 등의 산업이 발달해 있다.

는 수수와 여러 다른 종류의 곡식을 팔고, 서쪽 문밖에서는 양과 염소가, 남쪽 문밖에서는 소와 마차를 그리고 북쪽 문에서는 말을 파는 장이 선다고 기록하였다.

프랑스 출신 파샤(Pascha)라는 여자가 루브룩 일행을 몽케칸 궁전에서 맞아 주었다. 이 여인은 헝가리에서 포로로 잡혀 와서 러시아인 남편과 결혼한 후 세 명의 자녀를 두고 있었다. 기욤 부시에(Guilliaume Buchier)라는 금세공 장인도 카라코룸에 살고 있었으며 그의 아들은 통역으로 일하고 있었다.

종교시설로는 열두 개의 우상숭배시설 즉 불교 사찰, 이슬람 사원인 두 개의 모스크 그리고 성안 끝에는 지붕 꼭대기에 조그만 십자가가 달려 있는 그리스도교 교회가 있었다. 금실로 짜인 옷감으로 덮여 있는 교회 제단에는 몸과 옷의 외곽선이 진주로 장식되어 있는 예수, 성모 마리아. 세례자 요한과 두 천사의 수가 놓여 있었다. 은제 십자가 중심부와 거기에 새겨진 천사들은 보석으로 장식되어 있었다. 이처럼 화려하게 장식된 제단에는 세르기우스(Sergius)라는 이름의 아르메니아 수도승이 앉아 있었다. 그는 예루살렘 땅의 은둔자로서 루브룩 일행보다 한 달 전에 이곳에 도착한 사람이었는데, 세 번에 걸친 하느님 현시를 통해 타타르 황제에게 가라는 계시를 받고 온 수도승이라고 했다.

네스토리우스교도들은 무지했다. 그들은 시리아어로 된 성경과 전례서를 문법을 모르는 사람처럼 낭송하기 때문에 엉망인 경우가 많았다. 이들 중 일부는 타타르들처럼 일부다처제를 채택하고 있었다. 50년에 한 번 정도 주교 방문을 받으면 모든 남자아이들, 심지어는 요람에 있는 아이들까지 사제 서품을 받는다. 따라서 대부분 남자는 사제다. 그 뒤에 결혼은 물론 중혼까지도 하는데 이는 분명히 교부들의 지시에 어긋나는 짓이었다.

티베트 사람들은 시신을 묻어서는 안 되고 자기 배 속에 넣어야 한다는 신념을 가지고 있었기 때문에 죽은 가족을 먹는 관습을 가지고 있었다. 다른 사람들에게 혐오감을 준다는 이유로 이런 풍습이 버려지긴 했지만 대신 가족을 잊지 않기 위해 가족의 두개골로 술잔을 만들어 즐겨 마시고 있었다.

루브룩이나 카르피니의 몽골제국 방문 당시 몽골인들은 종교적으로 매우 관용적이었다. 당시 몽골인들은 다른 종교나 다른 나라 신앙을 대하면서 각각의 종교가 가진 기능적, 효용적 특징에만 관심을 가지고 수용하고 있었다. 그래서 기독교, 무슬림, 불교, 도교에 대해서 각각의 종교가 가지는 축복 기능만 채택하면 그만인 것으로 생각했다. 따라서 가톨릭 사제의 축복을 받는다고 해서 가톨릭 신도가 된다는 의미는 아닌 것이다.[159] 이는 마치 지금의 일본 사람들이 종교를 마치 보험인 양 이것저것 가리지 않고 믿고 있는 것과 같은 개념으로 볼 수 있다. 그래서 몽골 사람과 위정자들은 기독교를 포함한 다른 종교에 관용적일 수 있었다.

서양과 중동에서도 십자군 원정 이전에는 기독교인과 무슬림들이 서로 환대하며 지냈다는 것을 『이븐 바투타 여행기』 등에서 잘 보여 주고 있다. 그러나 십자군 원정이라는 거대한 종교 전쟁은 기독교와 이슬람, 양 종교집단 간에 끊임없는 적의와 증오를 분출하게 만드는 계기가 되었다. 그리고 상대 종교에 대한 적의와 증오는 곧 상대에 대한 왜곡으로 이어졌다. 십자군 원정 동안 수많은 무슬림들은 지하드를 주장하고 찬미했다. 그 결과 1300년대 시리아 신학자 이븐 타이미야(Ibn Taymiyyah)는 무슬림 세계에서 기독교, 유대교 등 모든 이교도들의 완벽한 배제라는 과격한 지하디즘을 주창하기도 했다. 그는 여기서 한발 더 나아가 이러한 이교도들에 대한 관용을 주장하는 무슬림들 역시 마찬가지로 척결해야 될 대상으로 보았다.[160]

하지만 상대 종교에 대한 적의만이 가득하던 이 시기, 서로에 대한 증오를 넘어 서로를 이해하고 협력하는 아름다운 광경이 연출되기도 했다. 당시 몽골 몽케칸 궁정에는 네스토리우스교와 이슬람교, 불교 성직자들이 머물고 있었다. 칸은 어느 날 이들에게 기독교, 이슬람, 불교 중에 어느 쪽이 진정한 진리인지 토론해 볼 것을 명령했다. 이날 토론장에는 수많은 몽골제국 사람들이 몰려들었으며, 다른 축제나 행사에서와 마찬가지로 엄청난 양의 술도 준비되었다.

이 토론장에서 세 종교는 그 어느 쪽도 상대방을 설득하지 못하고 있었다. 마침내 토론장 참석자들이 술에 취해 거나해지자 기독교는 논리적으로 다른 종교를 설득하는 것을 포기하고 노래를 부르기 시작했다. 무슬림들은 노래 대신 코란을 큰 소리로 암송하는 것으로 기독교도들의 노래를 위압하려 하였고, 불교도들은 조용히 명상에 빠져들었다. 결국, 토론은 모든 몽골 행사가 그랬던 것처럼 참석자들 모두가 만취해서 더 이상 진행될 수 없었다. 따라서 아무 쪽도 상대를 선교하거나 압도하거나 이길 수 없었다.[161]

루브룩은 고려에 대해 각각 솔랑가(Solanga)[vii]와 카울레(Caule)로 두 번 언급했다. 17세기 이후 『몽골제국 연대기』나 오늘날 몽골인들도 한반도 사람과 한국을 흔히 '솔롱고스(Solon

vii 솔랑가는 몽골제국 시대에 한반도 북부와 만주 지방 남부를 지칭했는데 때로는 고려만을 지칭하기도 했다(김호동, 2015).

γos)'라고 부르고 있다. 특히 루브룩은 고려 사절에 대해서 솔랑가(Solanga)들은 작았고, 에스파냐 사람들처럼 피부가 거무스름했으며, 기독교 부제들이 입는 겉옷처럼 생겼으나 조금 좁은 소매가 있는 튜닉(tunic)[viii]을 입었다고 했다. 이어서 카타이아(Cataia) 너머에 카울레(고려)라는 나라가 있는데, 나이가 몇이든 간에 그 나라에 들어가기만 하면 그때의 나이를 유지한다는 것이었다.

서울대학교 동양사학과 김호동 교수에 따르면, '코리아'가 세계무대에 처음 등장한 것은 윌리엄 루브룩의 『몽골제국 여행기』에 수록된 '카울레'를 통해서라고 한다. 여기서 '카울레'가 바로 코리아다.

13세기 유럽 사람들의 황당한 몽골 인식

『몽골제국 역사』를 쓴 수도사 카르피니 몽골 사절단 일행에는 폴란드 브로츠와프에서 같은 수도회 소속 베네딕트

viii 허리 밑까지 내려오는 여성용의 낙낙한 블라우스 또는 코트다. 소매가 달린 티(T) 자형이고 보통 허리에 벨트를 매어 입는다.

(Benedict)가 합류했다. 베네딕트는 카르피니와 함께 카라코룸까지의 여행을 마치고 유럽으로 돌아와 자신의 여행담을 주변에 얘기했다. 『타타르 이야기(Tartar Relations)』는 베네딕트의 몽골 여행담을 기초로 하여 드 브리디아(De Bridia) 수도사가 정리한 것으로 1247년 7월 30일에 완성되었다. 이 책의 원래 제목은 『타타르 역사(Hystoria Tartarorum)』였는데 예일대 교수 조지 페인터가 이를 번역하면서 『타타르 이야기』라는 제목으로 개명하여 출간했다.[162] 『타타르 역사』의 내용은 사실(史實)을 기초로 한 역사라기보다는 타타르족에게 들은 얘기들을 토대로 한 전설이 많이 포함되어 있었기 때문으로 풀이된다. 실제로 이 책 내용에는 몽골인들이 사람을 잡아먹는다거나 개와 결혼한 여자 이야기 그리고 소의 발과 개의 머리를 가진 사람 등에 관한 황당한 이야기가 다수 포함되어 있다.

우리나라에서는 서울대학교 동양사학과 김호동 교수가 이 책을 번역하여 카르피니(1190~1252)의 『몽골제국 역사』, 루브룩(1220~1293)의 『몽골제국 여행기』와 함께 『몽골제국 기행: 마르코 폴로 선구자들』이라는 단행본으로 출간한 바 있다.

흥미로운 것은 15세기 중반에 카르피니의 몽골제국 기행과 시기적으로 매우 밀접한 『타타르 역사』 사본이 1957년에 발견되었는데 이 사본은 〈빈랜드 지도(The Vinland map)〉와 함께 제본되어 있었고, 놀랍게도 이 지도에는 아메리카대륙 동북부 해안이 묘사되어 있었다는 것이다. 만약 이 지도가 15세기에 만들어진 것이라면 콜럼버스의 신대륙 발견이 1492년이기 때문에 유럽에서는 콜럼버스 이전에 신대륙의 존재를 이미 알고 있었다는 얘기가 된다. 예일대학교 등에서 이에 대한 연구가 진행되었으나 이 지도의 진위에 대한 결론은 아직 제시하지 못하고 있다.[163]

몽골인들은 자신들이 사는 지역에 흐르는 타타르강 이름을 따서 스스로를 타타르족이라고 불렀다. 이 당시 몽골은 네 개 부족으로 구성되어 있었으며 타타르 몽골 이외에 에케 몽골 즉 대몽고, 메르키트(Merkit), 메크리트(Mecrit) 등이 그것이다. 칭기즈칸(테무친)은 1160년대 후반에 보르지기트 씨족에서 태어났으며, 그의 부친은 1170년에 타타르족에 의해 독살되었다. 테무친은 타타르(韃靼) 몽골 부족 등 이웃 부족들을 정복한 후, 그 추종자들을 자기 군대로 편입시켰다. 10진 단위 인민 조직 만호, 천호, 백호, 십호의 군대 조직을 이용해 이웃 나라들을 복속시킨 테무친은 스스로를 칸 즉 황제를 의미하는 칭기즈칸이라고 부르게 했다.

칭기즈칸 군대는 서정 도중에 예수의 열두 제자 중 한 사람인 사도 토마스가 개종시킨 대인도(inde the more)에 도착하였으며, 그 지방 왕은 프레스터 존이라고 불리고 있었다. 인도에서 칭기즈칸에게 패한 타타르족은 칭기즈칸의 보복을 두려워해 자기 나라로 돌아가지 않고 서남쪽으로 향하여 한 달 이상 사막을 행군한 끝에 '개들의 땅' 즉 노호이 카자르(Nochoy Kadzar)에 도착했다. 그곳에는 여자들만 살고 있었는데 그들은 본디 개였다고 한다.

기이하게 털이 많은 이곳 개들은 여자들의 말을 이해했지만, 여자들은 개들의 몸짓만을 이해했다. 여자아이가 태어나면 어머니처럼 사람 모습이지만 남자아이는 아버지와 같은 모습의 개로 태어났다.

타타르인들은, 이 지방에서 고향으로 돌아가는 도중에 부리티베트(Burithebet)라는 지방을 정복했다. 부리는 늑대를 의미하는데, 이곳 사람들은 아버지가 사망하면 전 가족이 모여서 마치 늑대처럼 아버지의 시신을 먹어 버리는 관습을 가지고 있었다.

코니수그(Coniuzzu) 즉 양의 물이라는 곳에서 칭기즈칸 군대를 무찌른 타타르족은 자기 고장으로 행군을 계속했다. 이들은 귀로에 아무것도 먹지 않고 증기만으로 살아가는 파로시타(Paroscita) 사람들을 만났고, 마지막 여정에서는 우코르콜론(Ucorcolon) 즉 '소의 발'이라고 불리는 사람들과 노코이테림

(Nochoyterim) 즉 '개의 머리'라고 불리는 사람들을 만났다. 그들의 다리는 복사뼈부터 그 아래로는 소 발굽처럼 생겼다. 머리 뒤쪽부터 귀까지는 사람 머리 모양이나 얼굴은 개 모양이었다. 두 마디 말을 한 후 이들은 개처럼 짖기만 했다.

타타르족이 사는 땅은 기후가 매우 혹독하다. 바람이 세차게 자주 불고 벼락과 천둥도 잦은 곳이다. 타타르족은 주로 말 젖을 먹으며 살아가고 있다. 그러나 고된 생활 때문에 키는 작고 메말랐으며 몸매는 호리호리하다. 광대뼈가 툭 튀어나온 넓은 얼굴에 머리는 삭발을 하고 있다. 남녀 모두 같은 옷을 입기 때문에 옷으로 남녀를 구분하기가 어렵다. 이들은 버드나무 막대기로 만든 둥근 집에 살고 있다. 지붕과 문은 모포이고 꼭대기에는 둥근 창이 있다. 다양한 크기의 집들은 운반이 가능하며, 소똥이나 말똥을 연료로 삼고 있다.

타타르족은 엄청나게 술을 마셔 대는데 토해 내고도 계속 마신다. 늑대. 여우, 개. 시체, 쥐 등 동물의 산후 유기물을 닥치는 대로 먹으며 필요하면 인육도 먹는다. 식탁에서는 냅킨이나 식탁보를 쓰는 법이 없다. 그릇이나 숟가락도 씻지 않고 그냥 사용하고 있다. 타타르족은 지구상 어느 민족보다도 복종심이 강하다. 고난을 잘 견디어 내고 먹거리가 없어 하루 이틀을 굶어도 마치 배불리 먹은 사람처럼 노래하며 즐긴다.

태종실록에 따르면 타타르족 후예인 달단인(韃靼人)들이 한반도까지 진출하여 함경도, 평안도, 황해도 등 북부 지역에 정착하여 주로 도축업에 종사하며 백정으로 살았다고 한다.

수만 가지 거짓말을 담다?

13세기 중엽 교황을 비롯한 당시 유럽 지배자들은 몽골제국 군대가 서진해 오자 혹시라도 몽골제국에 지배당하지 않을까 하는 불안에 휩싸여 있었다. 특히 몽골 사람들은 식인도 서슴지 않는 야만인이라고 알려져 그 두려움은 더욱 컸다. 그래서 당시 교황 인노켄티우스 4세와 프랑스 왕 루이 9세는 몽골제국의 상황도 알아보고 화친도 시도해 볼 겸해서 사신을 보냈다. 바로 마르코 폴로에 앞서 몽골제국을 여행한 수도사 카르피니와 루브룩이 그들이다. 이들은 이 여행 후 각각 그 견문록인 『몽골제국 여행기』와 『몽골제국 여기』를 썼다. 그러나 유럽 상인들은 교황이나 왕보다 훨씬 더 재빠르게 몽골제국과 인연을 맺고 13세기 초 이미 몽골과 거래하고 있었다. 마르코 폴로 일행이 중국을 여행하게 된 것도 바로 이런 거래가 주목적이었다.

1271년 이탈리아반도의 한 도시국가였던 베네치아 상인의 아들, 마르코 폴로(Marco Polo)는 17세의 어린 나이에 아버지 니콜로, 삼촌 마테오와 함께 베네치아를 출발했다. 아버지와 삼촌은 중국과 교역을 위해 이미 몽골제국에 다녀온 바 있어 이번이 두 번째 여행길이었다. 이들의 여행은 교황 사절을 겸한 것이었기 때문에 폴로 일가는 공석을 채울 새 교황이 선출되길 기다렸다. 하지만, 2년이 지나도록 후임자가 선출되지 않자 마냥 기다릴 수만은 없어 마침내 중국 여행의 장도에 오른다. 그러나 폴로 가족이 여행길에 오른 지 채 며칠이 지나지 않아 교황 그레고리우스 10세가 선출되었다는 소식을 접한다. 폴로 가족은 당시 교황청 소재지였던 아크레로 돌아가 몽골제국 황제에게 줄 신임장과 친서를 받아들고, 수사 2명과 동행하여 다시 여행길에 오른다. 그러나 도중에 자신감을 잃은 수사 2명은 곧바로 여행을 포기했기 때문에 폴로 가족만 여정을 계속하게 되었다.

1271년 초 이들은 터키 동부에 있는 에르주룸과 오늘날 이란 북부에 있는 타브리즈를 통과한 다음, 페르시아만 연안 호르무즈해협에 도착했다. 이후 이란 동부 호라산 지역을 향해 엄청나게 건조한 사막을 가로질렀다. 그들은 이후 북동쪽으로 방향을 바꾸어 아프가니스탄 바다흐샨(발라시안)에 도착해 1년간 머물며 말라리아를 치유했다. 마르코 폴로는 이 시기에 남쪽 지역인 아프가니스탄, 카피리스탄, 파키스탄, 카슈미르 등을 여행한 것으로 추정되고 있다. 타클라마칸사막 남쪽과 동쪽 오아시스를 따라 야르칸드, 호탄, 카르칸, 로프노르호 등지의 이슬람 지역을 여행하면서 폴로 가족은 불교도, 마니교도, 조로아스터교도도 만났다.

폴로 일행은 여행 중 페르시아어로 카라반사라이(Caravansary)라고 불리던 숙소에서 주로 묵었다. 카라반사라이는 실크로드[ix]를 따라 이동하며 교역하는 상인들이 묵을 수 있게 길가에 만들어 놓은 집으로 지붕이 없는 중정을 둘러싸고 칸막이와 마구간이 마련되어 있었다.[164] 카라반사라이는 몽골제국이 파발마 이동 편의를 위해 마련했던 역참의 다른 이름으로 여행자들에게 저녁과 말먹이를 제공해 주었다. 이곳에서 쿠빌라이 칸 마패를 보여 주면 지친 말을 교환해 주기도 하였다. 마르코 폴

ix 실크로드는 지중해와 동아시아를 이어 주는 카라반 경로 연결망이다. 몽골제국이 이 지역을 지배하는 동안 실크로드를 따라 무역이 번성했다. 다른 나라들과 교류에 관심이 많았던 몽골제국이 실크로드를 안전하게 지켜 주었기 때문이다. 그러나 16세기 들어 유럽인들이 남아프리카 공화국의 희망봉을 돌아가는 해로를 발견하면서부터는 실크로드는 그 역할을 잃었다. 이때부터 유럽인들이 해로를 더 선호하면서 물건은 주로 배로 운송되게 되었다(김희상, 2016).

로 일가도 교황으로부터 몽골 황제에게 전할 친서를 휴대하고 있었기 때문에 이런 대접을 받을 수 있었다.[x]

세계의 지붕 파미르고원, 들어가면 나올 수 없다는 의미의 타클라마칸사막, 유령이 득실거린다는 고비사막의 실크로드를 천신만고 끝에 통과한 마르코 폴로 일행은 1275년 마침내 쿠빌라이 칸의 여름 별장이 있던 몽골제국 상도에 도착했다. 일행은 몽골 궁정에 들어가, 예루살렘 성유와 교황 편지를 쿠빌라이 칸에게 바쳤다. 마르코 폴로 일행이 베네치아를 떠난 지 4년 만의 일로 이때 마르코 폴로 나이는 불과 20세였다. 마르코 폴로는 중국어를 전혀 할 줄 몰랐지만, 튀르크어, 페르시아어, 몽골어를 할 줄 알았기 때문에 낯선 나라 이야기를 좋아한 쿠빌라이 칸의 총애를 받았다. 늦여름이 되자 쿠빌라이 칸은 몽골제국 수도 칸발리크 즉 지금의 북경으로 돌아갔으며 마르코 폴로 일행도 쿠빌라이를 따라 북경에 도착했다.

몽골제국에 도착한 마르코 폴로는 유럽 사람들이 말하던 몽골제국에 관한 기이한 이야기와 현실은 매우 차이가 크다는 것을 알게 되었다. 소문과 달리 몽골제국은, 당시 유럽과는

x 여러 지방으로 연결된 주요 도로마다 25~30마일 간격으로 '잠(Jamb)' 혹은 역사(驛舍)라고 불린 여행자들이 숙식을 해결할 수 있는 역들이 있었다(이민수, 2003).

다르게, 다른 종교는 물론 외국인에게도 관대하고 개방적이었다. 몽골제국 사람들은 불교, 이슬람교, 유대교, 기독교 등 자신이 원하는 종교를 마음대로 믿을 수 있었다. 특히 쿠빌라이 칸 생일을 맞아 궁궐의 화려한 연회에 초대된 마르코 폴로 일행은 만 명에 가까운 사람들이 함께 초대된 엄청난 규모에 놀랐다. 이 축하연에서 이들은 불교, 이슬람, 가톨릭 등 모든 종교 사제들이 쿠빌라이의 무병장수를 위해 기도하는 것을 경이롭게 지켜보아야 했다. 연회장을 가득 메운 각국 사절들은 저마다의 복장으로 가져온 선물을 쿠빌라이에게 바쳤으며 이들은 황금잔으로 건배하기도 하였다.

봄에는 쿠빌라이의 사냥길에 동행하기도 하였는데, 마르코 폴로가 보기에는 이런 행사가 축제처럼 매일 같이 이어지고 있었다. 중국에 도착한 후 폴로 가족은 이렇게 몽골 황실과 밀접하게 지내며 재산을 불렸다. 이 과정에서 폴로 일가는 소금을 비롯한 국가 전매 사업에 깊이 관여한 것으로 보인다. 쿠빌라이 칸은 마르코 폴로를 황제의 특사로 임명해 중국 각지는 물론 인도의 민심을 둘러본 후 보고하도록 하기도 했다. 16년을 이렇게 쿠빌라이 칸에게 봉사한 마르코 폴로는, 일한국의 4대 왕인 아르군과 정략결혼하는 코카친 공주와 동행하라는 황제의 명을 받고 마침내 바닷길을 통해 귀환길에 오르게 된다. 쿠빌라이는 교황에게 보내는 편지를 귀환길의 폴로 가족에게 맡김으로써 이들에 대한 신뢰를 거듭 확인했다.

600여 명의 궁정 신하와 선원을 거느린 공주와, 폴로 가족을 태운 14척의 거대한 정크 선단은 천주(泉州)항을 떠났다. 이 거대한 중국 선단은 지금의 베트남인 참파와 말레이반도를 거쳐 식인종들이 득실거리고 있다고 소문난 수마트라섬에 기항했다. 이 섬의 산에는 동물처럼 털이 무성하고 꼬리가 달린 인간이 산다고 했다. 그러나 섬에서 내려 원주민들을 만난 폴로 일행은 털복숭이가 인간이 아닌 오랑우탄이라는 것과 원주민들 역시 매우 선량하고 친절한 사람들이라는 것을 알게 된다.

수마트라섬에서 5개월간 폭풍우를 피한 함대는 니코바르제도(네쿠베란)를 지나, 실론(세일란)섬에 도착했다. 이후 공주의 목적지인 호라산에 도착했으나 아르군 칸은 이미 고인이 되었기 때문에, 대신 그의 아들 마흐무드 가잔에게 공주를 인계했다. 폴로 가족은 그 후 유럽을 향해 출발하였는데, 트레비존드와 콘스탄티노플을 거쳐 베네치아에 도착한 것은 출발 24년 만인 서기 1295년이었다.

24년의 긴 여정 끝에 베네치아로 돌아온 마르코 폴로는 3년 후인 1298년 여름, 베네치아 정부 전함의 함장으로 임명되어 제노바공국과의 전쟁에 참전한다. 당시 이슬람과 아시아 국가들과의 교역으로 많은 돈을 벌어 강대국이었던 베네치아는 지중해 무역권을 놓고 이탈리아반도의 다른 도시국가인 제노바, 피사와 다투고 있었기 때문이다. 그러나 제노바와의 전쟁에서 패해 포로가 된 마르코 폴로는 제노바에서 옥살이를 해야만 했다. 이때 같은 감옥에 수감되어 있던 피사 출신 소설가인 루스티켈로(Rustichello da Pisa)를 만나 11개월에 걸쳐 그의 아시아 여행에 관해 구술하게 된다.

1271년부터 1295년까지 24년 동안 마르코 폴로 일가가 여행한 아르메니아, 페르시아, 몽골제국 그리고 인도 등의 동방에 관한 여행담은 이렇게 루스티켈로에 의해 기록되어 유럽 여러 나라로 빠르게 퍼져 나갔다. 당시 『동방견문록(東方見聞錄)』은 유럽에서 성경 다음으로 많이 읽힌 책이라고 알려질 정도로 폭발적인 인기를 끌었다. 『동방견문록』이 출간된 후 두 세기 뒤 콜럼버스는 마르코 폴로가 '인도의 섬'이라고 언급한 곳 즉 일본에 대해 큰 관심을 갖게 되었고 마침내 그로 하여금 신대륙의 문을 열게 한 결정적인 계기를 만들어 주었다. 『동방견문록』이 불러일으킨 동방에 관한 호기심은 콜럼버스뿐만 아니라 바스코 다가마의 동방항로 개척에도 커다란 영향을 끼쳤다.

논란이 되고 있는 것처럼 『동방견문록』은 마르코 폴로가 실제로 경험하고 본 것만을 기술하고 있는 것은 아니다. 예를 들어 마르코 폴로는 페르시아 여행 중에 전해 들은 전설을 다음과 같이 기록하고 있다.

산속 계곡에 살고 있던 한 노인은 웅장한 정원을 만들었다. 이 정원은 세상의 온갖 좋은 과일은 물론 포도주, 꿀 그리고 젖이 물처럼 흐르며, 아름다운 처녀들이 춤추고 노래 부르는, 그야말로 지상낙원이었다. 이 노인은 바깥세상에 사는 젊은 총각들을 만나 이 낙원의 음료를 권했고 음료를 마신 총각들은 곧 깊은 잠에 빠져들었다. 노인은 잠이 든 총각들을 정원으로 데려와 깨어나기를 기다렸다. 잠에서 깨어난 총각들은 뜻하지 않은 낙원을 만나 인생을 마음껏 즐겼다. 그러나 노인은 이런 총각들에게 음료를 다시 마시게 하여 깊은 잠에 빠뜨린 후 바깥세상으로 다시 데려다 놓았다. 깨어난 총각들은 낙원이 그리워 다시 돌아갈 수 있게 해 달라고 노인에게 애원했다. 그러면 노인은 자신의 적들을 죽여 주는 조건으로 이들의 간청을 들어주었다. 그리고 이렇게 암살을 통해 일대를 지배하던 노인을 일한국의 왕 훌라구가 3년의 노력 끝에 죽였다고 한다. 이로써 엽기적인 암살자의 지배는 끝났으나 이 암살자(Assassin)라는 단어는 라틴어 등에 영향을 끼쳐 오늘날까지도 암살이라는 단어의 어원이 되어 활용되고 있다.

13세기 몽골제국이 유럽에 출현하기 전까지만 하더라

도 유럽 사람들은 중국에 관해 아는 것이 그다지 많지 않았다. 그러나 몽골제국이 출현하면서부터 유럽인들은 비로소 중국에 관해 호기심을 갖게 되었다. 이런 상황에서 교황의 주된 관심은 몽골 사람들에 관한 정보를 최대한 습득하는 것이었고, 왕들은 십자군 원정에서 아시아 국가들이 자기들 편에 서 줄 수 있는지에 관해 알고 싶어 했다. 그럼에도 불구하고 대다수 유럽 사람들은 중국을 여전히 잘 알지 못하고 있었으며 마르코 폴로의 『동방견문록』이 나온 뒤에야 비로소 본격적인 관심을 가지기 시작했다.

마르코 폴로가 중국에 체류하던 시대의 중국은 여러 면에서 유럽보다 발전된 모습을 보이고 있었다. 화폐가 유통되고 있었고, 난방으로 사용하고 있는 석탄은 마르코 폴로에게는 매우 생소한 것이었다. 당시 중국은 매우 높은 수준의 인쇄술은 물론 나침반과 화약을 자랑하고 있었다. 반면에 유럽 사람들은 책을 필사하여 만들고 있는 수준이었고, 화폐도 중국보다 몇 세기 후인 15세기 후반에 가서야 에스파냐에서 처음 발행되어 사용되기 시작했을 뿐이다.

그러나 당시 관련 학자 등의 전문가는 물론 일반 독자들까지도 마르코 폴로 여정의 대부분을 진실로 받아들이지 않았고, 그 내용 역시 터무니없는 것이라고 비판하고 있었다. 뿐만 아니라, 여행기 일부 내용은 직접 체험한 얘기가 아니라 베껴 쓰거나 표절했을 것이라며 그 가치를 폄훼하고 있었다. 연대표와 여행 일정으로 볼 때 마르코 폴로 일가가 여행했다고 주장하는 시기와 장소에 실제로 여행했는지에 관한 의문들이 꾸준히 제기되고 있었기 때문이다.

특히 마르코 폴로의 『동방견문록』에는 중국 차에 관한 언급이나 젓가락, 만리장성, 한자 등에 관한 기록이 전혀 없어 이런 의문들을 더욱 부추기고 있었다. 심지어 일부 전문가들은 마르코 폴로가 흑해까지만 갔을 뿐이고 거기서 다른 여행자들에게 들은 얘기를 받아썼을 것이라는 주장을 펴기도 하였다.

루스티켈로도 이탈리아어로 쓰인 마르코 폴로의 『동방견문록』 원저를 프랑스어로 번역한 사람일 뿐이라는 주장까지 제기되고 있었다. 하지만 당시 소설은 프랑스어로만 쓰여졌고, 이렇게 프랑스어로 쓰인 마르코 폴로의 『동방견문록』은 곧바로 이탈리아어 등 다른 언어로 번역되어 순식간에 많은 판본들이 떠돌게 되었다.[165]

오늘날까지 보존된 『동방견문록』의 고본, 필사본, 번역본 등에 나타난 마르코 폴로의 중국 여행은 상인으로서의 관심만을 반영하고 있어 마치 상인들을 위한 지침서 같은 내용으로만 구성되어 있음을 알 수 있다. 이를테면 마르코 폴로는 여정마다 마주친 나라에서의 상거래 상황과 이동하는 장소와 장소까지 걸리는 시간 등에 관해서는 자세히 기록하고 있지만, 자신이 겪은 모험 등에 관해서는 비교적 간략하게 서술하고 있기 때문이다.

사실 마르코 폴로의 여정과 여행에 관한 내용은 당초부터 잘 알려진 것이 없었으며 책이 번역되고 발간될 때마다 윤색되고 각색되어 지금의 모습을 갖추게 된 것이라고 한다. 사정이 이러하니 상인으로서의 지침서에만 관심을 가졌던 마르코 폴로의 『동방견문록』에서 한자나 만리장성 등에 관한 기록이 빠졌다고 해서 중국을 다녀온 적이 없을 것이라고 하는 주장은 오히려 설득력이 없어 보인다.

여행기에 관한 표절 얘기가 나와서 말인데, 오늘날과 마찬가지로 이 시기 서양 여행기에도 표절과 그에 관한 논란이 많이 등장한다. 이 시절엔 여행 자체가 매우 어려웠던 데다가, 여행기가 직접 체험에 의해 작성되기보다는 전문(傳聞)이나 다른 사람 기록에 의존한 경우가 많았기 때문이다. 이 당시 여행기 표절의 대표적인 사례는 예루살렘 순례자의 안내서로서 중동, 인도, 원나라에 이르는 여정을 함께 서술한 존 맨더빌(몽드빌; Mandeville) 경의 견문록이 있다. 저자는 1332년에 여행을 출발해 30년 넘게 해외여행을 했다고 주장해서 이 견문록을 베스트셀러 반열에 올려놓았었다. 그러나 이 여행기는 루브룩의 『몽골제국 여행기』와 오도릭의 『동방기행』 등을 편집하여 만들어진 것으로 밝혀지면서 크게 망신만 당한 후에 절판되었다.

『동방견문록』의 영어 제목은 그저 '여행(Travels)'이지만, 일본 사람들이 이를 『동방견문록』이라고 번역 출간하면서 우리나라도 이 제목을 그대로 차용해 오고 있다. 그러나 『동방견문록』의 이탈리아어 제목은 '백만'이라는 의미를 담고 있는 'Il Millione'다. 흥밋거리로 가득 채워진 이 책은 지금과 같은 인쇄술이 발달하기 이전의 필사본이었음에도 불구하고 발간되자마자 베스트셀러가 되었다. 그러나 이 책은 곧 '수만 가지의 거짓말을 담고 있는 책'이라는 별명으로 불리게 되었고, 부유한 상인이 된 마르코 폴로 역시 '미스터 백만' 즉 '시뇨르 밀리오네(Signor Millione)'라고 불리며 조롱의 대상이 되었다. 이는 『동방견문록』과 마르코 폴로가 책이 발간될 당시 이탈리아 사람들에게 어떤 대접을 받고 있었는지를 극명하게 보여 주고 있는 에피소드다. 하긴 오늘날의 이탈리아어에서도 고맙다는 인사를 '그라지에 밀레(Grazie Mille)' 즉 우리말의 '백골난망' 정도의 의미인 매우 과장된 표현을 일상적으로 쓰고 있긴 하다.

이처럼 이탈리아 사람들은 『동방견문록』이 출간된 당시에 『동방견문록』 내용의 진실성과 여정의 대부분을 믿지 않았다. 이를 안타깝게 여긴 마르코 폴로 친구와 친척들은 1324년 70세의 일기로 임종을 앞두고 있던 마르코 폴로를 찾아와 『동방견문록』의 어느 부분을 지어냈는지 솔직히 고백하고 양심의 가책을 털어 내라고 주문했다. 그러자 마르코 폴로는 다음과 같은 대답으로 이들의 주문을 일축했다.

"나는 내가 실제로 본 것의 절반도 이야기하지 못했다네."[166]

가톨릭 사제가 기록한 기담(奇談)과 기적(奇蹟)

1318년 배편으로 베네치아를 출발한 가톨릭 사제 오도릭(Odoric da Pordenone)은 서아시아를 거쳐 인도, 스리랑카, 인도네시아, 브루나이, 베트남 등 동남아시아를 거쳐 원나라까지 여행했다. 귀로에는 티베트와 이란 등 중앙아시아를 경유하여 1330년 동방 여행을 마감했다. 이렇게 12년간의 1차 동방 여행에서 돌아온 오도릭은 50명의 수사들과 함께 다시 한번 동방 여행의 꿈을 향해 도전한다. 하지만 교황의 허가를 얻기 위해 당시 바티칸 소재지였던 남부 프랑스 아비뇽으로 가던 중 병을 얻게 되자 꿈을 접은 오도릭은 고향 우디네로 돌아와 세상을 뜨게 된다.

임종을 앞둔 오도릭에게 파도바의 주지사인 구이도 수사가 그의 동방 여행 과정을 기록으로 남겨 달라고 부탁했다. 이에 오도릭은 병상에서 솔라냐(Solagna)의 수사 윌리엄(William)을 통해 자신의 동방 여행 전부에 관해 구술(口述)했다. 윌리엄 수사는 오도릭의 구술을 바탕으로 여행 견문록을 출간했는데 그게 바로 『동방기행(The Travels of Friar Odoric)』이며 『동유기(東遊記)』라고 번역한 경우도 있다. 오도릭의 『동방기행』 또는 『동유기』는 다른 서양 고전 여행 견문록과 마찬가지로 오도릭이 여행한 지역의 인문, 지리, 풍습, 물산, 종교, 유적을 수록하고 있는 것은 물론이고 가톨릭 사제로서는 유별나게 기담(奇談)과 기적(奇蹟)을 많이 기록하고 있다는 특징을 가지고 있다.[167]

고전 여행기, 특히 종교적 동기로 여행한 경우에는 일반적으로 기담과 기적이 많이 등장하고 있다. 오도릭 여행기에도 본인이 들은 얘기들을 위주로 하여 기담과 기적들이 많이 등장하고 있다. 하지만 오도릭 수사 자신도 다음과 같은 얘기로 책의 구술을 시작하는 것을 보면, 전해 들은 얘기를 모두 믿고 있었던 것은 아닌 듯하다.

"나는 이 소책자에 내가 동방, 서방, 남방에서 보고 들은 것들을 간명하게 기술하고자 한다. 비록 사람들이 쉽사리 믿을 수 없는 것들을 처음 이야기하는 것이지만, 들었거나 직접 보지 않은 것들을 모두 털어놓는 것은 아니다. 어떤 것들은 나 역시 믿기 어려웠기 때문이다."[168]

오도릭이 들었다는 기담과 기적에 관한 얘기들은 이를테면, 네쿠베란섬의 개 얼굴을 하고 있는 사람들이 살고 있다는 얘기, 볼가강 가의 카스핀산(Caspean Mountain)의 멜론에서 나온다는 양에 관한 얘기, 수사 자메스가 무슬림들에 의해 화형을 당했음에도 불구하고 아무런 상처 없이 살아 나왔다는 얘기 등이 그것들이다.

오도릭은 한 도시에 도착해 네 명의 이탈리아 수사들이 그곳에서 순교했다는 소식을 듣고 그들의 묘지를 파헤쳐 유골을 수습했다. 그리고 순교 사제들 유골을 수습하여 옮겨 가던 도중 한 민가에서 유숙하게 되었다. 그런데 이 민가에 불이 났음에도 불구하고 유골을 품고 있는 자신만이 화마에서 안전했다는 기적 같은 경험담도 얘기하고 있다.

또한, 바람이 없어 배가 움직이지 않자 본인이 품고 있던 사제의 유골 한 조각을 바다에 던졌더니 순풍이 일어 안전하게 항해를 계속할 수 있었다는 얘기, 무슬림이 병에 걸리면 가톨릭 수사들이 피살된 장소의 흙을 물에 헹구어 그 물을 마시면 만병이 씻은 듯이 치유되었다는 얘기, 4000마리 엽조(Kori Bustard)[xi]가 한 사람을 따라 일사불란하게 움직였다는 얘기 등 여러 가지 기담(奇談)을 기록하고 있다.

오도릭이 듣고 보았다는 얘기들은 대부분 황당한 것들이지만, 지금도 매년 수백만 명의 가톨릭 신자들이 기적을 믿거나 기대하며 포르투갈 파티마 성지, 프랑스 남쪽 루르드 성지, 보스니아 메주고레 성지 등을 방문하고 있는 것을 보면, 당시에는 이런 기적들이 당연하게 받아들여졌을지도 모를 일이다.

그런가 하면, 실론의 아담산 정상 연못은 아담과 이브의 눈물이 고여서 생성된 것이라는 전설에 관해서는, 물은 땅에서 솟아나는 것이라면서 일축해 버리는 이중성을 보여 주고 있기도 하다.[169]

오도릭은 또한, 중국 전설 속의 난쟁이 나라에 관해서도 양자강 유역의 카탄(Cathan)에 있었다고 기술하고 있다. 이 도시 난쟁이들은 키가 고작 세 뼘에 불과하고 여자들은 다섯 살

xi 지구상에서 나는 새 중 가장 무거운 새로 수컷의 몸길이 90~120㎝, 평균 키는 60~90㎝나 되어 잘 날지 않는다고 알려져 있다.

에 결혼한다고 들었다고 적고 있다. 인도 힌두교도들의 식인 문화와 티베트의 시신 머리를 잘라 낸 후 시신을 독수리들에게 던져 주는 조장 문화도 기록하고 있다. 시신을 칼로 잘라 독수리에게 던져 주는 티베트의 이 조장(鳥葬) 문화는 아직도 그대로 전해져 내려오고 있다.

가톨릭 사제 오도릭은 동방 어딘가에 있다는 프레스터 존(Prester John)의 기독교 제국에 관해 탐색하려고 무척 애를 쓴 흔적도 엿보인다. 오도릭은 원나라 여행에서의 귀로에, 거란 땅을 떠나 서쪽으로 향한 지 50일 만에 그 존재를 부정할 수 없는 이 나라에 들렀다고 했다. 그 제국은 많은 도시들을 거느리고 있으며 대칸의 딸을 아내로 맞이해 살고 있다고 하였다. 그러나 프레스터 존 제국의 존재 자체는 부정할 수 없지만 들은 것들은 백분의 일도 믿을 수가 없다고 했다.

오도릭 여행기에는 예수 그리스도를 경배하러 온 세 명의 동방박사가 어디서 출발했는지에 관해서도 구체적으로 적고 있다. 성경에서는 동방박사들이 동방에서 왔다고만 기술하고 있는 데 반해 오도릭은 동방박사들의 출발지를 오늘날 이란 지역인 카샨(Cassan)이라고 밝히고 있다. 특히 바벨탑을 지나갔다는 기록도 있어 이때까지만 해도 칼데아 즉 바그다드 근처에 바벨탑이 실재했음을 시사하고 있다.

오도릭의 동방 여행은 가톨릭 선교를 위한 것이었으므로 여행기에는 선교 과정의 갈등과 가톨릭 이외의 모든 현지 종교를 우상숭배로 폄하하면서 생기는 문제들도 기록하고 있다. 오도릭은 가톨릭 이외의 불교, 힌두교, 이슬람 등의 종교 행사를 모두 우상숭배로 치부하였는데 이 중에는 불교의 공양, 삼보일배 등이 포함되어 있었다.

오도릭 기록을 통해 그의 중국 여행 전에 이미 가톨릭이 중국 여러 곳에 전파되어 있었음을 알 수 있다. 여행 중 순교한 수사들의 유골을 가지고 중국 자이톤(천주)에 도착했을 때, 그곳 사제들이 집을 장만하고 기다리고 있었으며 칸사이(Cansay, 현 중국의 항주)에서는 이미 와 있던 수사들이 지방 당국자를 개종시켰다는 기록도 등장하기 때문이다.

또 페르시아 황제가 사는 타우리스는 프랑스 국왕이 전 영토에서 거두어들이는 세금보다 이 한 도시에서 거두어들이는 세금이 더 많을 정도로 부자 도시이고 무슬림이 지배하는 도시지만, 각양각색의 가톨릭 신자들도 많이 살고 있다고 했다. 이 나라 사람들은 자세(jase)라고 부르는 끈으로만 봉합된 배를 이용했는데 배 안에는 철붙이라고는 찾아볼 수가 없었다. 오도릭은 이 배를 타고 인도 타나(Thana)에 도착했다. 이곳에는 흑사자, 원숭이, 개코원숭이만큼 큰 박쥐, 개만큼 큰 쥐(scheripi)

둥이 살고 있었다. 또 이곳 여자들은 벌거벗은 모습으로 살고 있다. 사람들은 시신을 매장하지 않고 들판에 버려 짐승이나 새들이 먹게 하는 조장 풍습이 있으며, 네 명의 소형제 수사들이 순교한 곳이라고 적고 있어 일부 다른 지역과 혼동하고 있었음을 알 수 있다.[170]

그 밖에 노아의 방주가 얹혀 있다는 사르비사칼로(아라라트산), 코메룸(페르세폴리스), 바벨탑, 자바 황금궁전, 실란(스리랑카)의 아담산 등 유적과 유물에 대한 묘사가 다채롭고, 특히 대도(북경)에 있는 대칸 궁전에 관한 기록은 매우 구체적이고 정확해 역사의 기록을 실증하고 있다.

그러나 오늘날 수마트라섬 서북단 지역으로 추정되는 라모리(Lamori)의 풍속에 관한 얘기는 정말 황당하다. 너무 더워 남녀노소가 알몸으로 다니면서 인육을 먹는다고 했는데 그 방식이 엽기적이다. 상인들이 어린이들을 이 섬으로 데리고 와 가축처럼 우상숭배자들에게 팔아넘기면 우상숭배자들이 그 아이들을 사서 도살장에서 도살해 고기를 먹는다는 것이다. 지금의 베트남인 참파에서는 기혼 남자가 죽으면 화장을 하는데 이때 살아 있는 미망인도 영원히 남편과 함께 살아가라고 화장을 한다고 한다. 지금의 스리랑카 인근의 돈둔(Dondun)이라는 섬에서도 아버지가 아들을, 아들이 아버지를, 아내가 남편을,

남편이 아내를 잡아먹는 풍습이 있었다고 기술하고 있다.

중국 광주(廣州) 지방에는 지금도 뱀 고기가 식탁에 오르는데 오도릭 여행 당시에도 모든 종류의 뱀을 잡아서 푸짐하게 요리해서 먹으며, 만찬에 초대되어 뱀 요리가 없으면 제대로 대접받지 못한 것이라며 실망하였다고 한다.

오도릭 여행기에도 당시 중국 여행문화에 관해 기술하고 있다. 당시 군주들은 제국 곳곳에 얌(Yam) 즉 역참(驛站)을 지어 놓고 여행자들에게 묵을 곳과 먹을 것을 제공하였다. 이 밖에 원나라 시대 조정이 지방에 긴급 문서를 전달할 때 사용되던 역참시설인 급체포(急遞鋪)에 관해서도 기록하고 있다. 숙박시설을 중심으로 한 여행문화에 관해서는 카르피니, 루브룩, 마르코 폴로, 이븐 바투타 등 오도릭에 앞서거나 뒤따라 동방을 여행한 사람들과 관심을 공유하고 있다.

오도릭은 또한, 서아시아에서 해로를 이용해 동남아시아와 중국으로 이동한 후 중앙아시아를 거쳐 육로로 귀환하는 여정을 택했는데 이는 마르코 폴로 여정과 매우 비슷한 것이다. 이는 오도릭이 동방 여행에 앞서 여로에 관한 사전 지식을 충분히 갖추고 있었음을 의미한다. 오도릭에 앞서 몽골제국을 여행한 수도사 카르피니와 루브룩의 귀로인 실크로드 오아시스 육로와 초원로 역시 오도릭의 귀로와 거의 일치하고 있으며, 마르코 폴로의 귀로 역시 오도릭의 동방행 여로와 큰 차이가 없다는 것이 이런 사실을 간접적으로 증명하고 있다.[171]

오도릭의 동방 여행을 촉발시킨 역사적 배경으로 그 당시 유행하던 기행 문학의 대두를 들 수 있다. 이에 따라 유명, 무명의 종교인들, 상인들, 여행가들은 여행 기록을 숱하게 남겼으며 이들은 중세 시대 동서양의 만남을 통해 지적 개안을 이루는 길잡이 역할을 톡톡히 해냈다. 오도릭 역시 동방 여행을 떠난 가톨릭 사제 중의 한 사람이었지만 사제로서는 물론 여행가와 탐험가로서의 관찰력과 기억력이 뛰어났기 때문에 동방 여행에서 보고 들은 것들을 여행기로 남겨 놓을 수 있었다. 그러나 오도릭의 『동방기행』은 오도릭이 병석에 누워 혼미한 정신으로 구술한 것이기 때문에 다른 고전 여행기에 비해 상대적으로 분량도 적고 여정에서도 혼동과 착오가 많이 드러나 있다.[172]

온갖 억측과 표절로 얼룩진 여행기

『몽드빌 여행기(Mandeville's Travels)』로 중세 유럽 문단에 큰 파문을 일으킨 몽드빌(맨더빌)은 1322년 9월 29일 영국을 떠나 터키, 아르메니아, 페르시아, 시리아, 아라비아, 이집트, 리비아, 에티오피아, 인도, 중국 등을 주유한 후 34년 만인 1356년 고국으로 돌아와 그가 직접 보고 겪은 행적을 기억나는 대로 기록했다고 했다.[173] 잉글랜드 기사 몽드빌은 이 여행기를 라틴어로 먼저 쓴 후 프랑스어와 영어로 옮겼다.[xii] 그러나 몽드빌이 직접 보고 겪었다는 이야기 대부분은 헤로도토스, 플리니우스, 이시도루스, 야코부스, 자크 드 비트리, 뱅상 드 보베, 오도릭, 마르코 폴로 등 다양한 작가들의 기록과 당시 민간에서 떠돌던 전설을 다수 포함하고 있어 표절과 위작의 대표적인 여행기로 평가되어 왔다.[174] 특히 『몽드빌 여행기』는 개 머리 부족 카노폴로스,[xiii] 여인국(女人國) 아마조니아, 병자를 잡아먹는 돈둔섬[xiv] 등 동방 여러 나라에 관한 황당무계한 기담들을 많이 포

xii 14세기 잉글랜드에서는 프랑스어가 상류 계급의 필수 교양이었기에 프랑스어로 쓰는 것이 대륙과 잉글랜드 모두에서 지식층 독자를 확보하기에 유리했을 것이다. 따라서 오늘날에는 이 여행기가 프랑스어로 먼저 기록된 후 라틴어, 영어, 독일어, 이탈리아어 등 유럽 각국 언어로 옮겨진 것으로 보고 있다(주나미, 2014). 이는 마치 조선 연행사들이 한글이 아닌 한문으로 연행기를 쓴 것과 같은 이유다.

xiii 땅 둘레가 1000마일에 달하는 네쿠메란섬에 살고 있다는 개 머리 모양의 부족(주나미, 2014).

xiv 이 섬에서는 병자를 질식시켜 죽인 후 그 시신을 조각내어 병자의 지인들에게 나누어 먹인다(주나미, 2014).

함하고 있는데다가 몽드빌이 소개하고 있는 기담들의 상당 부분은 앞서 소개한 오도릭의 『동방기행』과도 겹치고 있어 이를 더욱 뒷받침하고 있다. 그러나 『몽드빌 여행기』는 흥미 본위로 윤색된 데다가 1371년 초판이 간행된 이후 유럽의 다른 언어로도 번역 출간되면서 인기가 높아져 당시로는 최대 발간 부수를 자랑하고 있었다.[175]

표절과 위작 논란에도 불구하고 상상과 허구가 빚어낸 '스토리'로서의 『몽드빌 여행기』는 중세 유럽인들의 시대적 갈증과 신비감으로 포장된 동방에 관한 막연한 기대를 충족시키기에 충분한 것이었다. 또한 이 작품은 중세의 새로운 문화인식과 지리적 인식 확산에도 적지 않게 기여했다는 평가를 받고 있기도 하다. 선거를 통해 왕을 선출하고 모든 재산을 공유하는 섬 이야기를 통해 르네상스 인문주의 기초를 닦은 것은 물론 여행기 속 기담은 셰익스피어와 조너선 스위프트 등의 작품에 많은 모티프와 영감을 제공했기 때문이다.[xv] 또한 지구는 둥글기 때문에 한 바퀴 일주하면 제자리로 되돌아올 수 있다는 이론을 제시하여 유럽 사람들로 하여금 지리적 탐험에 나서도

xv 조너선 스위프트는 이 여행기에 나오는 거인과 소인에 관한 이야기를 『걸리버 여행기』의 모티프로 삼았다(주나미, 2014).

록 자극하는 데 큰 공을 세우기도 했다.[176]

지구가 둥글다는 것을 확신한 몽드빌은 유럽의 동쪽이 아닌 서쪽으로 돌아가면 키타이와 프레스터 존 제국 땅에 다다를 수 있다고 주장했다. 그래서 프레스터 존 제국에 관한 몽드빌의 기록은 오도릭의 『동방기행』이나 「마리뇰리 여행기(notizie del Marignolli viaggio)」[xvi] 등에 비해 상대적으로 비중이 크기도 하거니와 그 내용 또한 매우 구체적이다. 또한 이 시기에 가톨릭 사제들을 중심으로 하여 프레스터 존에 관한 기록이 유독 많았는데 그 이유는 이들이 프레스터 존에 관한 지식을 주교 프라이징(1111-1158, Otto von Freising)[xvii]을 비롯한 선행 여행자들로부터 입수한 후 거의 같은 시기에 여행을 떠난 때문일 것으로 추측되고 있다.[177]

xvi 1336년 6월 원나라 순제(順帝)가 교황에게 친선 사절을 파견한 데 대한 답례로 1338년 말 교황 베네딕트 12세는 서른두 명의 사절단을 원나라에 파견한다. 이탈리아 사제 마리뇰리(Giovanni dei Marignolli)는 사절단 일원으로 프랑스 아비뇽을 출발하여 1342년 8월, 원나라 상도(上都)에 도착했다. 마리뇰리는 포교 활동을 수행하다가 천주(泉州)를 거쳐 1353년 바닷길로 아비뇽으로 귀환해 교황에게 복명하였다. 다음 해 그는 교황 명으로 『보헤미안 연대기(Chronicon Bohemorum dall'origine del mondo)』 편찬 사업에 참여하면서 그 책 속에 프레스터 존에 관한 이야기를 포함한 자신의 동방 여행 기록인 「마리뇰리 여행기」를 첨부하였다.

xvii 독일 주교로서 그가 쓴 『연대기 또는 두 나라에 대하여』는 중세 그리스도교적 역사 서술의 최고 작품으로 평가받고 있다(두산백과).

실체가 불분명한 프레스터 존 제국에 관해서는 몽드빌 등이 구체적으로 기술하고 있는데 그 내용은 대략 다음과 같다(주나미, 2014).

프레스터 존(사제왕 요한) 제국은 동방 유일의 기독교 국가로서 매우 광대한 나라를 다스리고 있다. 프레스터 존이 다스리는 제국에는 각양각색의 종족들이 살고 있는 도시는 물론 섬들도 많이 있다. 이곳에 가기 위해서는 베네치아나 제노바에서 뱃길이나 육로로 11개월이 걸리는 키타이에 비해 훨씬 더 길고 혹독한 여정이 필요하다. 프레스터 존의 영토로 가려면 우선 페르시아왕국을 거쳐 헤르메스(Hermes)라는 도시로 가야 한다. 그다음에는 내해를 지나 앵무새가 많이 살고 있는 골바케(Golbache)라는 도시를 지나야 한다. 영토는 열두 곳이나 되는데 넓이만도 4개월 여정 거리고 길이는 헤아릴 수가 없다.

프레스터 존이 다스리는 72개 지방은 각각의 왕들이 다스리고 있다. 프레스터 존과 키타이 대칸은 서로 상대 누이나 딸과 혼인하는 겹사돈 관계다. 프레스터 존 황제는 물론이고 국민 역시 대부분 기독교 신자로서 열두 명의 대주교와 스무 명의 주교가 궁정으로 출근해 종무를 처리한다. 그들은 성부, 성자, 성령을 믿긴 하지만 우리와 똑같은 신앙을 가지고 있지는 않다.

프레스터 존이 전쟁에 참가할 때는 순금에 보석이 잔뜩 박혀 있는 십자가를 군기 대신 걸고 싸운다. 프레스터 존 황제가 사는 궁전은 상상조차 할 수 없을 정도로 호화롭다. 옥좌는 물론 식탁에도 에메랄드, 자수정, 황금 등의 보석이 잔뜩 박혀 있다. 매일 3만 명이 넘는 사람들이 이 궁정 안에서 식사한다.

프레스터 존 영토에는 사람을 잡아먹는 키가 30피트에 달하는 거인족이 살고 있고 피그미라는 소인들이 살고 있는 섬도 있다. 첫날밤을 다른 남자와 보내게 하는 섬과 선거로 왕을 뽑는 곳도 있다. 이 밖에 개만 한 쥐, 거대한 뱀, 다양한 색깔의 멧돼지 등 진기한 동물들이 많이 살고 있다.

일찍이 이 나라를 통치하고 있던 황제는 어느 날 그의 영토 내 그리스도 교회에서 행해지고 있는 예식이 궁금해졌다. 마침 성령강림 토요일이라 주교들이 성직 서임 의례를 진행하고 있던 날이었다. 이 의식을 주의 깊게 관찰하던 황제는 이런 식으로 서임되는 사람들의 신분에 관해 물었다. 사제(Prester)라는 답을 들은 황제는 자신도 앞으로는 황제가 아니라 사제라고 불리고 싶다면서 그 이름은 교회에서 처음 나오는 사제 이름으로 하겠다고 했다. 때마침 교회에서 처음 나온 사제 이름이 존이어서 이후 줄곧 이 나라 황제들은 프레스터 존이라고 불리게 되었다.[178]

몽드빌 여행기 등에 등장하는 전설 속 프레스터 존의 실체에 관해서는 지금까지 확실하게 밝혀진 것이 없다. 그렇지만 서양 역사학자들 다수는 그를 서요(西遼)의 야율대석(耶律大石)으로 보는 견해가 많다. 916년에 중국 북방에 건국된 요(療)가 송(宋)과 금(金)의 협공을 받아 위험에 처하자 야율대석은 백성들을 이끌고 서쪽으로 가 1132년 야밀(葉密立)에서 서요의 건국을 선포한 뒤 계속 서진해 중앙아시아 일원에 80여 년간 존속된 강력한 제국을 건설했다. 네스토리우스파를 신봉한 야율대석과 그 백성들은 서방 기독교 국가들과 제휴하여 이슬람 세력 확장을 저지하기 위해 노력했다. 이 때문에 서요와 서방 기독교 국가들 간의 교섭이 있었을 것으로 추측되고 그 과정에서 야율대석의 존재가 유럽에 전설처럼 알려졌을 것으로 보고 있다. 그리고 바로 이 야율대석이 프레스터 존일 것이라는 추측을 낳고 있다.[179]

독실한 신앙과 무슬림 환대 문화가 낳은 불세출 여행가

1997년 미국 《라이프(Life)》 잡지는 에디슨, 콜럼버스, 루터, 갈릴레이, 레오나르도 다빈치 등 지난 천 년 동안 우리 인류에게 크게 이바지한 위인 100명을 순서대로 선정하면서 여행가로는 이븐 바투타(Ibn Batūtah)를 44위, 마르코 폴로를 49위로 매김하여, 이븐 바투타의 업적을 마르코 폴로보다 앞선 것으로 평가한 일이 있다.[180] 한편 이슬람 문명과 실크로드를 연구해 온 정수일 교수는 『이븐 바투타 여행기』를 인문지리학 자료의 보고, 인물 사전, 동서 교류사의 귀중한 문헌, 기행 문학의 대표적 수작 등으로 평가하고 있다.[181]

모로코 출신 스물한 살 열혈 청년 이븐 바투타는 1325년, 21세의 나이에 메카 성지 순례와 이슬람 동방 세계 탐구를 목적으로 고향 탕헤르를 떠났다. 그리고 햇수로 30년 만인 1354년, 고향으로 돌아와 그가 보고 들은 기사이적(奇事異蹟)을 여행기 속에 담았다. 연대기 형식으로 된 이 여행기의 아랍어 제목은 『여러 지방과 여로의 기사와 이적을 목격한 자의 진귀한 기록(Tuhfatud Nuzzar fi Gharaibil Amsar wa Ajaibil Asfar)』이다.[182] 『이븐 바투타 여행기』는 이븐 바투타가 모로코로 귀환하여 죽은 후 필사본으로 유통되다가 독일어 등으로 번역, 소개되면서 유럽에서 선풍적인 인기를 끌었다.

『이븐 바투타 여행기』는 크게 두 부분으로 나뉘어 있다. 앞부분은 모로코에서 인더스강 유역까지의 여정을 담고 있는데 이집트, 메카, 시리아, 이라크, 터키, 이란, 아프가니스탄 등이 여기에 포함되어 있다. 뒷부분은 인도, 몰디브, 스리랑카, 방글라데시, 인도네시아와 함께 중국까지 여행한 기록과 고국 모로코로 돌아와 수년을 머문 후 다시 스페인 남부 지방과 서아프리카 말리까지의 여정을 담고 있다.

이븐 바투타가 여행을 떠날 당시에는, 이미 많은 여행자들의 경험과 기록이 축적되어 있었기 때문에 이븐 바투타는 선행자들의 여행 기록을 참고하여 여행을 준비할 수 있었다. 예를 들면 1183년 이븐 주바이르는 당시 아랍이 지배하고 있던 에스파냐의 그라나다를 출발하여 메카와 메디나를 순례한 후 지중해 연안을 따라 알렉산드리아, 이라크, 시리아를 거쳐 다시 돌아오는 2년에 걸친 여행 기록을 남겼었다.

이로부터 150년 후인 1325년 이븐 바투타는 이븐 주바이르의 순례 여정을 따라 고향 탕헤르를 떠난다. 이때만 해도 이븐 바투타는 이 여정의 출발이 30년이라는 긴 세월 동안 아라비아는 물론 인도, 중국, 유럽 볼가강, 아프리카 탄자니아까지 주유하는 12만 km의 대장정이 될 것이라고는 꿈에도 생각지 못했다.

고향 탕헤르를 떠날 때 이븐 바투타는 혼자였다. 그러나 곧 여행의 안전을 도모하기 위해 여행 중 다른 사람들과 동행하게 된다. 이븐 바투타 여행 그룹은 하인과 노예를 포함해 수행 인원이 모두 40여 명에 달한 적도 있었다. 『이븐 바투타 여행기』에는 이븐 바투타가 델리 술탄의 특사 자격으로 원나라 순제를 알현하기 위해 떠날 때의 여행단 규모가 그려져 있다. 화려한 옷감 1500필, 금배와 은배, 말 100필, 노예, 힌두 소녀 가무단 100명, 환관 15명, 1000명의 기병과 인솔 귀족 1명, 중국 사절단 15명 등으로 구성된 엄청난 규모였다. 그러나 이 대규모 여행은 중간에 폭풍을 만나 돌아오게 되어 끝내 성공하지는 못했다.

이븐 바투타는 평지에서는 마차를 이용하여 하루 10여 시간씩 40㎞ 내외를 이동했다. 산악 지역을 이동할 때는 말, 노새, 가마, 낙타를 이용했다. 여행 중 술탄으로부터 율법 재판관의 지위를 하사받은 이븐 바투타는 여행이 계속되면서 그 지위가 날로 높아져서, 지나는 마을과 도시 지도자들에게 돈, 말, 의복, 식량, 선물 그리고 심지어는 노예를 선물받기까지 했다. 학식과 지위가 있는 사람들이 찾아오면 예를 갖추어 맞이하는 것은 물론 음식과 재물을 아끼지 않고 대접하는 것이 그 당시 술탄을 비롯한 무슬림 지도층들의 관례였기 때문이다. 당시는 성지 순례가 성행하던 시절이어서 이들을 위한 재산 기증이나 자선 행위가 관행처럼 여겨졌으며 이는 알라의 은총에 보답한다는 의미를 담고 있었다.

아라비아 험로에서는 다스트라라는 커다란 놋쇠 가마솥에 음식이 준비되어 가난한 순례자들에게 제공되었다. 다양한 종교시설 또한 음식을 제공하며 여행자들을 환대한 것은 물론이다. 이처럼 무슬림 기본 이념인 형제애(Ikhwah)적 환대, 협력, 여비 지원, 안내, 호송 등의 아낌없는 성원이 30년에 걸친 이븐 바투타의 여행을 가능하게 했다.

이런 환대와 지원은 이슬람 문화권인 아라비아와 터키뿐만 아니라 인도까지 이어진다. 당시는 인도에도 무슬림과 이슬람 문화가 상륙하여 술탄이 지배하던 시절로, 하인과 노예 등 총 40여 명으로 구성된 이븐 바투타 일행에게 완벽한 시설을 갖춘 숙소와 은화 5000디나르가 초기 보조금으로 제공되었다. 빵, 고기 등 음식이 무상으로 제공된 것은 물론이다. 당시 서쪽 이슬람 국가 율법학자와 여행자들의 궁극적인 목적은 술탄 궁정에서 자리를 얻어 재산을 모은 다음 본국으로 귀환하는 것이었다. 이븐 바투타 역시 인도에서는 순례 여행을 한 것이 아니라 10년을 체류하면서 술탄 왕도였던 델리의 카디(qadi)[xviii]로 임명되어 연봉 1만 2000디나르를 받기도 했다.

여행 중 최소한 열 명의 여자와 결혼했던 이븐 바투타는

xviii 무슬림 법관으로 이슬람법 안의 민사 사건이나 형사 사건을 관장한다.

몰디브에서는 네 명의 정식 부인과 노예 신분 첩실까지 두고 지냈다. 특히 몰디브에서는 코코넛을 즐겼다. 코코넛은 최음제, 성욕촉진제, 등유, 조미료 그리고 여자 머릿기름 등으로 활용되고 있었는데, 특히 정력제로 발군의 효과가 있는 식품으로 기술하고 있다. 이븐 바투타는 이 코코넛 덕택에 많은 부인과 첩을 거느릴 수 있었고, 이 때문에 육체적 쾌락을 원 없이 즐겼다고 토로하기도 했다. 이븐 바투타는 여행 중에 무슬림 의식에 따라 여자를 마음대로 좋아할 수 있었으며, 트리폴리와 페스에서도 결혼 생활을 하였다.

지금도 마찬가지지만 당시 무슬림들은 성지 순례의 고된 여정을 소화하기 위해서 신앙심 외에 남다른 건강을 지니고 있어야 했다. 여행 내내 갈증, 탈수, 탈진, 폭염, 폭풍, 폭우, 혹한, 폭설, 열병, 좌초, 표류, 해적, 항수, 죽음 등의 두려움과 싸워야 했기 때문이다. 반면에 여기저기 널린 시장에서 손쉽게 구할 수 있었던 코코넛, 대추야자, 무화과, 건포도, 올리브, 살구, 멜론, 체리 등의 좋은 과일과 오이, 가지, 수박, 호박, 당근 등의 풍성한 야채, 낙타 젖, 말 젖, 말고기, 민물고기, 바닷고기 그리고 우물이 늘 가까이에 있었다는 것은 행운이자 축복이었다.

그럼에도 불구하고 여행 중에 강도와 사기꾼들을 만나 가진 것을 몽땅 강탈당하기도 하고 야생동물들의 습격으로 다치기도 했다. 그러나 가는 곳마다 여행자들에게 따뜻한 손길을 내민 무슬림의 자비와 자선은 이 모든 어려움을 극복할 수 있게 했다.

예언자에게 나타나는 기적 무지자(mu'jiza)와 성자에게 나타나는 기적 카라마(karăma)라는 무슬림 신앙으로 중무장한 이븐 바투타는 모든 것이 신의 섭리이자 예정이라는 철저한 믿음을 가지고 있었다. 이 밖에 '여행을 열망하는 사람들에게 주는 선물'인 알라의 은총 그리고 '인도와 중국에서는 현인을 만나 도움을 받을 것'이라는 성자의 예언을 확신한 이븐 바투타는 여정의 모든 간난을 극복해 나갈 수 있었다.

실제로 여행 중에 이븐 바투타는 몇 가지 은총을 경험하게 된다. 이를테면 알렉산드리아 여행 중 무슬림 성자 부르한 알 딘으로부터 "인도의 파리드 알 딘과 루큰 알 딘 그리고 중국의 부르한 알 딘을 만나게 될 테니 그들을 만나면 내 안부를 전해 달라"라는 기적의 예언을 듣게 된다. 이 때문에 이븐 바투타는 전혀 계획하지 않았던 인도와 중국을 여행하게 되고 이들 지역을 여행하면서 실제로 그들을 만나게 된다. 알라가 지상 대리인인 성자들을 통해 이븐 바투타 자신을 위해 예비해 놓은 여정이라는 강한 믿음 때문에 가능했던 일들이다.

한편 이븐 바투타의 중국 여행 진위에 관해서는 많은 의

문이 제기되고 있기도 하다. 1000쪽에 달하는 깁과 베키엄의 『이븐 바투타 여행기』 영역본 중, 중국에 관한 내용은 22쪽에 불과하기 때문이다. 또한, 중국으로 가던 여정 중, 여성 전사와 여성 관료들이 통치하는 나라에 관한 전설이 포함되어 있고, 중국에서 돌아올 때는 이슬람 신화에 등장하는 전설의 새 루흐를 보았다는 등의 민간 설화를 기술하고 있어 신빙성이 떨어지고 있다. 그러나 이러한 기사이적(奇事異蹟)에 관한 기술은 당시 동서양 고전 기행 모두에서 나타나는 특징이기도 하다. 이를테면 『대당서역기』의 용과 용담에 관한 얘기나 아시차리야 사원의 왕 동생이 스스로 자른 성기가 부처의 자비로 도로 자라났다는 전설 등이 그 사례다.

이븐 바투타가 여행하던 14세기 중동은 무슬림 창시자 무하마드 출생지 메카와 그의 묘지 소재지 메디나로의 성지 순례가 성행하던 시절이었다. 뿐만 아니라, 정치적 목적과 무슬림 선교 목적으로도 많은 사람들이 여행을 떠난 매우 역동적인 시기였다. 또한, 일자리를 찾아 유럽으로 이동한 사람들도 많았다. 14세기 중동과 유럽은 전쟁 대신 평화가 만개하던 시절로 무기 대신 정략결혼을 통해 평화조약을 맺어 국경을 열던 시절이기도 했다. 따라서 지중해와 인도양은 상인들로 북적거렸고 가톨릭교도들은 에스파냐의 카미노 데 산티아고(Camino de Santiago)와 이스라엘의 예루살렘으로, 무슬림들은 메카와 메디나를 향해 성지 순례 대장정에 나설 수 있었다.[183]

실제로 『이븐 바투타 여행기』에는 이븐 바투타처럼 세계를 여행한 사람들 얘기가 여기저기 언급되고 있다. 메카와 메디나 성지 순례 후 동아프리카와 인도까지 여행했다고 알려진 역사가 알 마수디(al-Masʿūdī, ?~957)도 그중 한 사람이다.[184] 바그다드 출생의 알 마수디는 이븐 바투타처럼 젊어서부터 여행을 즐긴 후 안티오키아·다마스쿠스·카이로 등지에서 살면서 여행 중에 수집한 사료(史料)를 바탕으로 백과사전적 사서(史書)인 『시간의 역사(Akhbār az-zamān)』와 이를 보완한 『황금 목장과 보석 광산(Murūj adh-dhahab wa maʿābdin al-ja-wāhir)』을 발간하기도 했다. 이븐 바투타와 같은 시대인 1328년경 활동한 도미니크 수도회 프랑스 선교사이자 탐험가인 요르단스 역시 인도의 경이로움을 담아낸 견문록을 저술한 바 있다.[185]

이븐 바투타 시절, 여행은 단순히 장소의 이동만을 의미한 것이 아니라 여행을 통해 영적 성숙을 추구하면서 마음을 수련해 가는 과정이기도 했다. 다시 말해서 당시 성지 순례는 순례자들이 한 장소에서 다른 장소로 나아가면서 얻게 되는 심리적, 영적 변화를 추구하는 과정을 의미하는 것이었다. 율법학자이자 재판관으로서 독실한 무슬림이었던 이븐 바투타 역시 이러한 여정을 추구하고자 하였다. 이런 의미에서 이븐 바투타 여정 대부분은 이슬람 성자들과 선지자들의 무덤을 참배하는 일정으로 짜여져 있었다.[186]

이븐 바투타가 여행하던 시절에는 음식을 제공하는 자위야(Zāwiyah)와 리바트(Ribat)라는 숙소가 있었다. 자위야는 수행과 포교 활동의 거점 수도원으로서 무슬림 순례자들을 위한 숙소와 보급기지 역할도 하고 있었다. 리바트는 원래 십자군 침략에 대비하기 위해 세워진 요새였지만 이 당시에는 순례자와 수행자들을 위한 쉼터 역할을 하고 있었다. 시리아와 이집트에 소재하고 있던 기독교 수도원 역시 무슬림을 환영한 것은 물론 빵과 치즈 등의 음식도 풍성하게 대접하는 환대 문화가 정착되어 있었다. 이 당시에는 외지인을 낯설어하기는커녕 오히려 아량을 베푸는 문화가 있었기 때문이다. 이븐 바투타를 비롯한 무슬림이 참배한 성소 중에도 무슬림 성지뿐만 아니라 아브라함, 모세, 요셉, 예수 등의 가톨릭 성지들도 포함되어 있어서 지금과 같은 기독교와 무슬림 간의 극한적 적대감은 찾아볼 수가 없었다.[187]

『이븐 바투타 여행기』는 다마스쿠스, 메카, 메디나 성지 순례의 상당 부분을 이븐 주바이르의 것을 인용하거나 심지어는 150년이라는 세월의 차이에도 불구하고 일부 내용은 그대로 차용하기도 하였다. 이처럼 고전 여행기에서 다른 사람의 여행기를 인용하거나 차용하는 것은, 당시로서는 당연한 일로 받아들여졌다. 이는 『이븐 바투타 여행기』뿐만 아니라 다른 고전 여행기에서도 많은 오류가 발견되고 있는 이유이기도 하다.

아랍의 지리학자였던 알 무카디시 역시 중세 아랍 지역의 날씨, 물산, 통화, 관습, 지역 특성, 주요 통행로 등을 소개하는 『지역의 이해를 위한 최선의 구획』이라는 제목의 저서를 출간한 바 있다. 그러나 무카디시는 다른 고전 여행 작가와는 달리 직접 목격한 것과 들은 것 그리고 다른 책에서 찾은 것들을 구분하여 자신의 책을 구성하였음을 솔직하게 밝히고 있다.

뿐만 아니라, 고전 여행기는 실제 여행한 사람과 이를 기록한 작가가 다른 경우가 많았기 때문에 그 오류는 더욱 커졌다. 현존하는 『이븐 바투타 여행기』 역시 이븐 주자이에 의해 저술된 것이기 때문에 이래저래 오류가 많이 발견되고 있다. 이를테면 3주 만에 시리아 전역을 여행한 기록, 2개월 이상 소요되는 거리인 볼가강 여정을 20여 일 만에 왕복했다는 기록 등이 대표적인 오류로 꼽히고 있다.

『이븐 바투타 여행기』는 기행문 고유의 사실성과 생동성 그리고 지식 전달의 특색이 명확하게 부각되고, 수사학적 표현도 적절하여 아랍과 이슬람권 기행 문학의 대표작으로 평가되고 있다. 또한, 여행기 전반에 걸쳐 고사, 전설, 무슬림 성자들의 예언과 영험, 힌두 요기들의 이적과 기적에 관한 이야기가 간헐적으로 삽입되어 있는데 이는 오히려 이 여행기의 가치를 높여 주고 있는 대표적인 요소로 평가되고 있기도 하다.[188]

『이븐 바투타 여행기』는 불굴의 여행자, 열정적인 후원자, 헌신적인 대필 작가가 만들어 낸 불세출의 여행기라고 할 수 있다. 따라서 모로코 술탄, 아부 아난의 명으로 이븐 주자이가 서술한 『이븐 바투타 여행기』는 여행 당사자인 이븐 바투타, 작가인 이븐 주자이 그리고 여행기를 쓰도록 명령한 아부 아난의 공동 작품으로 보아야 한다는 견해도 있다.[189]

4장

중화 세계 고전 기행

중국의 서역 순례 승려들은 이처럼 목숨을 담보로 하여 살아 돌아올 기약 없는 사막 속으로 들어가야만 했다. 사막길의 순례승들은 생명줄과 거의 이어져 있지 않았기 때문에 이들이 믿을 것이라고는 오로지 부처의 가피뿐이었다. 이 당시에도 수많은 승려들이 구법 여행을 떠났지만 성공한 사람은 드물다.

중화 고전 기행은 우리와 밀접하게 연결되어 있다. 여행은 동서고금을 막론하고 이웃 나라를 중심으로 이루어지고 있기 때문이며 지금도 중국 여행자들인 이른바 유커(游客)들이 한반도 도처에 넘쳐 나고 있는 이유이기도 하다. 하물며 같은 한자와 유교 문화권으로 묶여 있는 중국과 우리나라는 여행문화에 있어서도 불가분의 관계다. 일찍이 삼국 시대 때부터 신라를 위주로 당나라로 여행한 기록이 많고 또 당나라를 거쳐 천축(天竺), 즉 지금의 인도까지 여행한 입축구법승들의 기록도 많이 전해져 오기 때문이다. 중국인 해외여행의 효시로 알려져 있는 서복 역시 한반도를 거쳐 일본까지 여행했을 것으로 추측되고 있다.

동진의 법현이 쓴 『불국기』는 인도 왕복을 기술한 것으로 문학적 가치도 높게 평가되고 있다. 당나라 현장의 『대당서역기』는 인도 왕복 여행 기록에 중점을 두었지만, 명나라 소설 『서유기』의 모티프가 된 작품이다. 금나라 말 원나라 초의 도사(道士) 장춘진인(長春眞人)의 『장춘진인서유기』는 칭기즈칸의 초청을 받아 중앙아시아 일원을 참전한 기록이다. 송나라 육유(陸游)는 기주 통판으로 부임하기 위해 고향 산음에서 배를 타고 장강을 거슬러 5개월간 여행한 기록인 『입촉기(入蜀記)』를 남겼다. 역시 송나라 때 사천 성도부의 지부였던 범성대(范成大)는 임기를 마치고 성도를 떠나 고향인 소주로 돌아오기까지 4개월여의 뱃길 여행을 담은 『오선록(吳船錄)』을 남겼다.

장강 여행을 오간 두 사람의 여정을 합치면 온전한 장강 여행이 재현될 수 있을 것이다. 특히 범성대의 장강 뱃길은 사천 도강언에서 시작되어 청성산과 아미산을 구경하고 삼협을 시나 소동파의 '여산 진면목'으로 유명한 여산을 거쳐 소주로 돌아오는 중국의 대표적 명승지 여정이기 때문이다.

1. 중국 고전 기행

신화와 전설로 구성된 여행기

서역길을 처음 개척한 사람은 주(周) 왕조(기원전 1046~기원전 256) 제5대 왕인 목왕(穆王) 희만(姬滿, 기원전 977~기원전 922)이었다. 목왕은 목왕팔준(穆王八駿)이라는 특별한 말을 타고 다녔다. 목왕은 흙을 밟지 않을 정도로 빠른 말(絶地), 새를 추월하는 말(翻羽), 하룻밤에 5000km를 달리는 말(奔霄), 자신의 그림자를 추월하는 말(越影), 빛보다 빠른 말(超光), 구름을 타고 달리는 말(騰霧), 날개가 있는 말(挾翼) 등 여덟 마리의 말을 몰아 이민족을 토벌했다고 한다.[190]

바빌론 여왕에게 조공을 바쳤다는 전설과 서쪽 곤륜산에 들러 서왕모(西王母)를 만났다는 이야기가 작자 미상의 『목천자전(穆天子傳)』에 정리되어 있다. 이처럼 『목천자전』은 신화와 전설 요소를 많이 포함하고 있다. 『목천자전』은 『주왕유행(周王遊行)』이라고도 하는데 중국 최초 여행기로 간주되고 있다. 그러나 역사적으로 서역을 개척한 최초 중국인은 전한(前漢)의 장건(張騫, ?~기원전 114)이다. 장건이 흉노를 견제할 목적으로 월지(月支國)와의 동맹을 위해 서역을 개척한 시기는 기원전 138~기원전 125년 사이다.

장건의 뒤를 이어 서역을 개척한 사람은 73~102년 사이에 서역에서 중국 지배권을 확보한 후한 시대의 반초(班超, 32~102)다. 그는 타림분지에서 흉노족을 효율적으로 방어한 것은 물론 광무제 때 기마 부대를 이끌고 흉노를 격퇴하여 서역 지배권을 다시 확보하였다. 또한, 전한의 장건 이후 끊겼던 실크로드를 다시 개척하여 후한과 서역 간 교역의 길을 열었다. 반초 원정대는 파르티아(이란)와 카스피해까지 이르렀다고 한다.

중국인 최초의 유럽 여행자는 반초 휘하 부관으로서 로마에 파견된 한나라 대사, 감영(甘英, 생몰년 미상)이다. 97년 서역도호 반초의 명에 따라, 당시 대진(大秦)으로 불리던 로마와의 국교를 개척하는 임무를 수행했다고 한다.[191]

삼신산을 찾아 제주까지 왔다는 방사 서복

동쪽, 발해 바다 어딘가에 신선들이 모여 사는 삼신산이 있다는 소문이 중국에서 돌기 시작한 것은 기원전 3~4세기인 전국(戰國) 시대 무렵이었다. 삼신산에는 황금과 은으로 지은 궁궐과 불사약이 있다는 소문 때문에 많은 사람들이 배를 타고 삼신산을 찾아 나섰다. 그런데 멀리 구름 속에 잠겨 있는 삼신산을 보고 황급히 달려가 보면 섬은 홀연히 사라져 실제로 삼신산에 가 본 사람은 아무도 없었다.[192]

제나라 위왕과 연나라 소왕 등도 삼신산에 있다는 불사약을 구하려고 탐험대를 조직하여 섬을 탐색하게 하였으나 모두 실패하고 말았다. 그리고 이 왕들의 뒤를 이어 가장 적극적으로 삼신산 탐색에 나섰던 사람이 바로 진시황이다. 당시 제나라와 연나라 지역에는 신선 술법을 수행하는 사람이란 뜻의 방사(方士)라고 불린 마술사들이 활약하고 있었는데 진시황은 이들을 시켜 삼신산을 찾아보게 하였다. 그중, 서복(徐福)은 순결한 소년 소녀 500명으로 구성된 가장 큰 규모의 탐험대를 이끌고 불사약을 구하겠다며 중국 산둥반도를 떠났다. 그러나 이들은 끝내 중국으로 돌아오지 않아 그 귀착지는 아직까지도 미스터리다. 다만 제주도 서귀포에는 이들이 지나가면서 새겨 놓

서불과차 탁본

았다는 '서불과차(徐市過此 : 서불 이곳을 지나가다)'라는 글귀가 탁본으로 남아 있어 이들의 흔적을 말해 주고 있을 뿐이다.[193]

중국 '사기' 등에 의하면, 삼신산을 발견하지 못한 서복 일행은 중국으로 돌아가지 못하고 떠돌다가 회계(會稽) 바다 밖의 단주(澶州) 또는 평원광택(平原廣澤)에 정착했다고 기록되어 있다. 그리고 대규모 탐험대의 서복 일행이 곡식과 무기를 싣고 출해동도(出海東渡) 한 것은 중국 원양 항해사의 효시로 평가되고 있는 사실(史實)이다.[194]

서불(徐市)이라고도 불린 서복의 출해동도 때문에 중국 사람들은 서복을 고대 일본 문명을 일으킨 개조(改組)인 신무천황(神武天皇)으로 보고 있고, 이에 대한 연구 역시 많이 이루어지고 있다. 최근 중국에서는 서불 일행이 제주도를 거쳐 일본 열도에 도착했고, 이들은 당시 야만 상태였던 일본 종족들을 일시에 평정한 후 일본 최초의 왕조를 열었는데 그가 곧 신무천황이라는 주장을 펴고 있다. 당연히, 이는 동북공정처럼 일본의 감정을 건드려 일본인들의 반발로 이어지고 있다.[195]

반면, 서복 내한과 관련된 우리나라 유적은 서귀포 정방폭포의 서불과차도 탁본과 조선 시대 가사집인 『경세설(警世說)』「백발가(白髮歌)」에 서복과 동남동녀에 관한 노래가 포함되어 있음에도 불구하고 이에 대한 연구가 미흡해 서복 내한설(來韓說)을 뒷받침하지 못하고 있는 실정이다.[196]

포로가 된 고선지 부하, 여행기를 쓰다

당나라 안서절도사였던 고구려 후손 고선지는 모두 다섯 차례에 걸쳐 서역 정벌에 출정하였는데 이 중 네 차례는 승리로 이끌고 마지막 탈라스 전투에서 패퇴의 고배를 마셨다. 그러나 이 탈라스 전투를 통해 무슬림이 중앙아시아에 정착할 수 있는 계기가 마련되고 이슬람과 당나라가 파미르고원을 경계로 하여 병립하는 국제질서가 확립되었다. 탈라스 전투 후 이슬람제국은 당나라에 외교사절을 파견하고, 이 전쟁에서 포로가 된 두환(杜環)은 10여 년간 체류한 이슬람 세계에 관한 견문록을 펴냈는데 이것이 바로 『경행기(經行記)』다.[197]

두환은 고선지가 이끈 서역 원정군 일원으로 751년부터 762년까지 카자흐스탄 탈라스 전투에 참전하던 중 포로로 잡혔다. 포로 두환은 타슈켄트, 사마르칸트, 부하라, 이란, 이라크, 시리아까지 갔다가 페르시아만과 인도양을 거쳐 광동성으로 돌아온 과정을 기록한 『경행기』를 남겼다.[198] 대식에 체류하는 동안 현재 시리아인 점국, 동로마인 불룸국, 모로코를 지칭하는 달마린국 등 서아시아와 북아프리카 지역도 순방하였으며 이로 인해 두환은 아프리카를 여행한 첫 중국인으로 기록되고 있다. 중국 문헌에서 대식이 나타난 첫 문헌 역시 두환의 『경행기』지만 혜초의 대식 관련 기사보다는 50년 뒤진 기록이다. 그러나 두환의 『경행기』는 대부분 소실되고 두우(杜佑)의 『통전(通典)』에 약간의 인용문이 남아 있어 그 내용을 짐작하게 하고 있을 뿐이다.[199, 200]

칭기즈칸 정복 여정

우리에게는 유럽 고전 여행기들이 비교적 많이 알려져 있지만, 중화 세계에도 적지 않은 고전 여행기가 있었다. 13세기 전반의 『장춘진인서유기(長春眞人西遊記)』, 1255년의 『해둔행기』, 1263년의 『서사기』, 1349년의 『도이지략』 등이 그것들이다. 『장춘진인서유기』는 호가 장춘이며 도인(道人)인 구처기(邱處機, 1148~1227)가 72세 고령에 서방을 정벌 중인 칭기즈칸의 부름을 받고 참전한 정복 여정을 기록한 책이다. 칭기즈칸은 불교 고승은 물론 유교와 이슬람 지도자들에게도 관심을 많이 가지고 있었지만, 이 중 가장 큰 관심을 보여 준 사람은 구처기, 즉 장춘이라는 도교 지도자였다. 1222년에 서아시아 원정 중이었던 칭기즈칸의 초청을 받은 장춘은 고령에도 불구하고, 제자인 이지상(李志常) 등과 함께 멀리 서역까지 여행하여, 현재의 아프가니스탄에서 칭기즈칸을 만났다. 이것이 도교 신선 장춘이 칭기즈칸 서정(西征)에 동참하게 된 계기로서,[201] 『장춘진인서유기』는 구처기가 구술한 것을 수행한 제자 이지상이 받아 적은 것이다. 『장춘진인서유기』는 1220년 2월 오아시스 육로를 따라 중앙아시아 사마르칸트까지 갔다가 1224년 3월 연경(燕京)으로 돌아오기까지의 지리, 풍속, 풍토, 복식, 음식, 동물,

초목, 신앙, 인물 등을 수록하고 있다.

서역에서 귀국한 장춘은 연경의 장춘궁에서 도교 지도자로 살다가 칭기즈칸이 죽던 해에 생을 마쳤으며 『장춘진인서유기』는 장춘진인 일행이 거쳐 간 당시의 몽골고원과 중앙아시아에 관한 귀중한 사료로 평가받고 있다.[202]

세상에 알려지지 않은 중화 고전 기행

소아르메니아 왕의 몽골 여정 기록

『해둔행기(海屯行記)』는 소아르메니아 왕 해둔(海屯, Hayton) 1세가 기록한 몽골 여행기다. 칭기즈칸 손자로서 몽골군 제2차 서방 정벌 총사령관이었던 바투가 이끄는 몽골군에 위협을 느낀 해둔은 서방 정벌이 끝나자마자 몽골의 신하 나라임을 표명하기 위해 1254년부터 1255년까지 몽골 여행을 하게 된다. 해둔은 소아르메니아의 도성이었던 식사(息思) 즉 현재 터키 카잔을 출발했다. 이후 바투가 있는 킵차크한국 수도 사라이(Sarai)에 들렀다가 몽골 수도 카라코룸으로 직행해 몽케칸을 알현하였다. 귀로에 경유한 59개소와 함께 몽골에서 본 내용을 『해둔행기』에 담아 전하고 있다.[203]

사행기 겸 여행기인 『서사기』

『서사기(西使記)』는 몽골 몽케칸(Monke Kahn)의 사신 상덕(常德)이 서방 정벌 중이던 칭기즈칸의 손자이자 제3차 서방 정벌 총사령관이었던 훌라구(Hulegu)를 예방하는 내용이 담긴 일종의 사행기(使行記)이자 여행기다. 상덕의 구술을 유욱(劉郁)이 받아쓴 것이다. 상덕은 1259년 1월 몽골 수도 카라코룸을 떠나 이란에서 훌라구를 알현하고 14개월 만에 돌아왔다. 『서사기』는 사마르칸트, 바그다드, 시라즈, 인도 등의 풍토, 민생, 풍습, 정치, 물산 등에 관해 본 것뿐만 아니라 들은 것들을 소개하고 있다.[204]

사실에 입각해 쓴 세계 여행기 『도이지략』

『도이지략(島夷志略)』은 사실성이나 신빙성에서 같은 시기의 유라시아 고전 여행기와는 비교가 되지 않을 만큼 월등한 것으로 평가되고 있다. 『도이지략』의 내용이 사실적인 데다가 그 내용도 광범위하기 때문이다.

원대 여행가인 왕대연(王大淵)은 어려서부터 세계 여행의 꿈을 키워 왔다. 왕대연은 중국 땅 이곳저곳을 돌아다니면서 전래되고 있는 중국 역사서들이 해외 사정을 너무 간략하게 다룬 것을 개탄하고 있었다. 이를 안타깝게 여긴 왕대연은 자신이 직접 현지를 탐방해 사실을 확인하고 역사 기술의 지평을 넓혀 가기로 하고 결심한다. 이후 두 차례에 걸쳐 약 7년간 해외를 직접 답사한 후 1349년 『도이지략』을 저술하였다.

왕대연은 자신이 직접 밟은 땅에서 직접 목격한 사실만을 기술했다고 스스로 밝히고 있으며 후세 역사가들 역시 그 사실을 대체로 인정하고 있다. 그는 또한 직접 탐방한 99개 나라와 지역에 관해서 기술하고 있는데 그 속에 언급된 외국 지명만도 220개나 된다. 인도네시아의 몰루카제도인 문로고(文老古), 서남아시아 스리랑카인 승가랄(僧伽剌), 동아프리카 탄자니아의 다레스살람인 가장문리(加將門里)도 그중 일부다. 또한, 전인미답 지역인 말레이시아 조호르(Johor)인 나위(羅衛), 태국 롭부리(Lop Buri)인 나곡(羅斛), 미얀마 메르귀(Mergui)인 침로(針路) 등이 이 여행기에 포함되어 있다.[205]

유럽 대항해 시대보다 앞선 세계 최대 함대

조선술이 발달해 장거리 여행이 가능해진 15세기, 중국 명나라 영락제는 중국 역사에서 보기 드문 팽창 정책을 펼치게 된다. 그는 대규모 함대를 편성해 인도양은 물론 멀리 동아프리카 해안까지 탐험하게 했다. 14세기 세계적인 여행가 이븐 바투타는 자바에서 중국으로 건너갈 때 항구에 정박 중이던 중국 정크선 모습에 관해 기술하고 있다. 당시 세 종류의 선박이 있었는데 가장 큰 규모의 정크선, 중간 크기의 자우, 가장 작은 규모의 카캄이 그것들이다. 정크선은 돛과 함께 열 명이 노를 저어 움직였고, 4개 갑판에는 600명의 선원과 400명의 병사들이 타고 있었다. 정크선에는 작은 선박이 세 척씩 따라붙었는데 바람이 없을 때 노를 저어 정크선을 견인하는 역할을 했다. 당시 부유한 상인들은 여러 개의 화장실을 갖추고 있는 이 정크선의 특별 객실을 이용했다고 한다.[206] 이탈리아의 오도릭 수사 역시 그의 여행기 『동방기행』에서 오늘날의 광주(廣州)인 센스칼란(Censcalan)에 관해 기술하고 있다. 센스칼란 도시 하나가 소유한 선박 수가 온 이탈리아의 배를 모두 합친 것보다 많을 것이라며 당시 중국의 해양 산업에 관해 경탄을 아끼지 않고 있다.[207]

1405년부터 1433년까지 7차례에 걸쳐 행해진 정화(鄭和, 1371~1434)의 원정은 세계 역사상 그 유례를 찾아볼 수 없는 대규모였다.

1405년 겨울, 62척의 범선을 포함, 모두 300척이 넘는 선단이 상해 부근 유가항(劉家港)을 출발했다. 62척의 배들은 각각 전투 기능을 지닌 마선(馬船), 식량 운반을 담당하는 양선(糧

정화 선단(말라카 정화박물관, 박의서 촬영)

船), 물을 실은 수선(水船) 등으로 나뉘어져 있었다. 이 선단의 중심을 이루는 대형 선박은 황제의 하사물이나 황제에게 올리는 예물 같은 보물을 나르는 선박이라는 의미에서 '보선(寶船)'이라 불렸다. 이 배는 길이 137m, 폭 56m에 9개의 돛대를 갖춘 약 3000톤급 배였다. 이 보선에서는 정화가 2만 8000여 명의 장병을 지휘하고 있었다.

당시 정화가 탄 보선 길이는 137m나 되었다고 한다. 1492년 콜럼버스가 제1차 항해를 할 때 길이 20~30m의 배 3척에 승무원이 겨우 90명 정도였다고 하니 정화 선단의 규모가 어느 정도였는지 가늠할 수가 있을 것이다.

운남성(雲南省) 곤명(昆明)의 무슬림 가문에서 태어나 색목인(色目人)이라고 불린 정화는 열 살이 되던 해 원나라와의 전쟁에서 명나라 군대에 사로잡혔다. 정화는 환관으로 거세된 후 명나라 태조 주원장(朱元章)의 아들인 주체(朱棣)에게 바쳐졌다. 주체는 우리 조선 역사의 수양대군처럼 '정난의 변(靖難之變)'[i]을 일으켜 황제에 즉위하면서 영락제(永樂帝)가 된다.

영락제는 황제가 되기 이전부터 원나라 수도가 있었던

정화 선단 동력 추정(말라카 정화박물관, 박의서 촬영)

i 명나라 태조 주원장(洪武帝)은 중국 북쪽 변방 요지에 자기 아들들을 왕으로 봉(封)하여 몽골의 위협을 방어하고자 했다. 그런데 이들 제왕(諸王)들은 차츰 정병(精兵)을 거느리며 그 세력을 키워 가게 되었다. 후환을 염려한 주원장의 손자 건문제(建文帝)는 이들 중 다섯 왕을 폐하였다. 이에 신변의 위협을 느낀 연왕(燕王) 체(棣)가 반란을 일으켜 태종(永樂帝)으로 즉위한 정변을 말한다.

대도(지금의 베이징)를 거점으로 북방 몽골군과 대치하고 있었다. 정화는 군사적인 재능을 발휘해 몽골군을 격퇴했으며, 황위 찬탈 과정에서도 군의 지휘관으로서 용맹을 떨쳤다.

영락제는 황위 찬탈이라는 역사의 오명을 씻기 위해 대외적으로 영토 확장에 주력하는 한편 세력을 더욱 확장하기 위해 해외 원정대를 파견했다. 이렇게 해서 정화의 해외 원정은 6차례에 걸쳐 진행되었다. 영락제가 죽은 후에 잠시 중단되었다가 그의 손자인 선덕제(宣德帝) 시대에 다시 부활해서 1433년 일곱 번째 원정을 끝으로 막을 내린다.

정화는 모두 일곱 차례에 걸쳐 현재 동남아시아를 비롯해 인도, 아프리카에 이르기까지 총 30여 개국을 방문하였다. 매번 항해할 때마다 말라카(Malaca)를 거쳤는데, 말라카는 태평양과 인도양의 교통 요충지로, 정화는 이곳에 정박해 물품을 보충하고 선박을 수리하였다.

말레이반도 남서부 고도(古都)인 말라카는 구도심 전체가 유네스코 지정 세계문화유산이다. 이 항구 도시에는 정화를 기념하는 공립과 사립 박물관이 있고 정화 항해를 기리는 축제와 기념행사도 매년 열리고 있다.

특히 14세기 명나라 초에 건립된 목조건물을 수리해 사용하고 있는 말라카의 사립 정화박물관에는 개인이 수집해서 모았다는 소장품의 규모와 종류가 어마어마하다. 2만 8000명으로 구성된 함대는 물론 선실과 부속 객실 등을 옛날 모습 그대로 재현해 놓았는데 그 당시 이미 2층 침대를 사용하고 있는 모습도 이채롭다. 선실 이발소 의자도 지금 모습과 크게 다르지 않아 인상적이다. 동양에서 서양으로 건너간 나침반 과학들이 그 당시 도자기들과 함께 전시되어 있는 모습 역시 매우 흥미롭다.

한편, 인도네시아해협 일부 지역 사람들은 정화를 신으로 대접하고 있다고 한다. 정화가 마치 부처님 같은 모습으로 나타났기 때문이란다.

말레이반도의 일부 중국계 주민들은 정화의 후예라고 해도 크게 틀린 말은 아닐 것이다. 이들의 상당수는 정화 때문에 이주해 온 사람들이기 때문이다.

천혜의 무역항, 말라카에는 14세기부터 17세기까지 중국인들이 이주해 와 살기 시작했는데 이들 중국 이주민들의 후손은 논야(Nonya)라고 불린다. 말레이반도에서 태어나 영국식 교육을 받고 자란 이들은 이들만의 독특한 문화를 형성하며 살아왔는데 현재까지 남아 있는 이들의 유산 중 특히 유명한 것은 논야 음식이다. 논야는 중국말, 영어, 말레이어에 능통한 데다가 중국인 특유의 장사 수완을 발휘해 많은 부를 축적했다. 이들은 이렇게 축적한 부를 토대로 영국 식민 교육을 받은 후

친영국 성향을 가진 독특한 문화를 형성하며 말레이반도에 정착했다. 이들 논야 후손들은 더 이상 중국어도 할 줄 모르고 한자를 읽거나 쓸 줄도 모르거니와 스스로를 중국계라고 생각하지도 않는다. 따라서 이들은 말레이반도로 이주해 온 중국 본토 출신 화교들과는 정치, 경제, 문화적으로도 확연히 구분되는 삶을 살고 있다.

계절풍을 따라 일찍이 번성했던 글로벌 도시 말라카는 중국 도자기, 이슬람 화폐, 남인도 조각상이 발견되는 특이한 곳이다. 말라카 술탄도 명나라에 조공을 바쳤다. 그래야 중국 시장을 통해 더 큰 이익을 취할 수가 있었기 때문이다. 정화는 바로 이때 등장한다.[208]

정화는 이 해외 원정에서 청화백자, 비단 등 중국 특산물을 가득 싣고 가는 곳마다 뿌리고 다녔으며, 그 답례로 기린을 비롯한 남양의 진귀한 물건을 얻어 돌아왔다. 동남아시아와 인도양에 위치한 많은 나라들은 정화 선단의 위엄에 눌려 명조에 조공사절을 파견했다. 그러나 이 무역은 중국 입장에서 볼 때 수지맞는 사업은 아니었다.[209]

콜럼버스보다 무려 87년이나 앞서 정화 원정이 있었고 바스코 다가마에 앞서 신드바드의 항해가 있었다. 그리고 신드바드도 정화도 공히 남중국해를 지났다. 그래서 남중국해를 끼고 자리한 동남아는 이슬람, 힌두, 불교, 유교 문명의 교차점이자 서태평양과 인도양을 연결하는 가교였다. 지금도 남중국해는 13억의 중국, 6억의 아세안, 12억의 인도, 13억의 이슬람 즉 인류 3분의 2를 바닷길로 잇는 세계 교역 네트워크 허브이다. 싱가포르, 홍콩, 광동 등 세계에서 가장 크고 바쁜 무역항들이 자리 잡고 있는 명실상부한 지구적 물류 네트워크 허브다. 해양 아시아의 전성기를 구가했던 말라카의 코스모폴리타니즘

말라카의 정화 동상과 엮은이

이 오늘날 다시 재현되고 있다. 중국 곤명에서 인도차이나를 관통해 쿠알라룸푸르를 거쳐 싱가포르를 연결하는 고속철도가 건설되고 있다. 바로 21세기 버전 실크로드다.[210]

아시아 버전 다보스 포럼으로 불리는 하이난(海南)성 보아오(博鰲)포럼에서 중국은 육상과 해상의 신(新)실크로드 전략인 일대일로(一帶一路)를 줄기차게 강조했다. 일대일로에서 일대(一帶)는 중앙아시아와 유럽을 연결하는 육상 실크로드를, 일로(一路)는 동남아시아와 유럽·아프리카로 이어지는 해상 실크로드를 의미한다. 중국은 2100년 전 육상 실크로드를 열고 비단·향신료 등의 무역을 통해 막대한 부(富)를 쌓았다. 지금 중국은 낙타가 다녔던 길에 철도와 도로를 깔겠다는 구상을 하고 있다. 신(新)해상 실크로드는 600여 년 전 명나라 정화의 남해원정대가 개척했던 남중국해-인도양-아프리카의 바닷길을 다시 장악하는 것이 목표다.[211]

2. 실크로드를 여행한 중국인 입축구법승들

3세기부터 11세기까지 중화권 입축구법승(入竺求法僧)은 약 180명에 달하는 것으로 확인되고 있다.[212] 그러나 이들 대부분은 기록을 남겨 놓지 않아 역사의 주목을 받지 못하고 있다. 5세기의 법현은 입축 여행 기록을 남긴 첫 승려이고 6세기 위(魏)나라 송운과 혜생은 법현과 현장의 시대적 공백을 메우는 귀중한 서역 여행기를 남겼다. 7세기의 현장은 18년간의 서역 여행기를 담은 『대당서역기』를 남겨 고전 여행기의 금자탑을 쌓았다. 그리고 이후 의정은 해양 실크로드로 여행한 승려들의 기록인 『대당서역구법고승전』과 의정 자신의 여행 기록인 『남해기귀내법전』을 남겼다. 8세기에는 신라인으로 추정되는 혜초가 실크로드를 따라 멀리 아라비아까지 다녀온 기록을 남겼다.

실크로드(Silk Road)란 용어는 1877년 독일 지리학자 리히트호펜(Richthofen, Ferdinand Paul Wilhelm)이 동서양을 잇는 고대 국제교역로를 당시 주된 교역물품 비단의 독일어인 Seidenstrasse, 즉 영어 Silk Road로 번역하면서 이후 전 세계적으로 광범위하게 쓰이고 있다.[213]

중화권 승려들의 서역 여행 이전에는 불교의 동진을 따라 서역 출신 역경 승려들도 많이 있었다. 중앙아시아 안국(安國, Bukhara)에서 온 안세고(安世高), 대월지족(大月氏族)의 지루가참(支婁迦讖), 불도등(佛圖澄)과 그 제자인 도안(道安), 도안의 제자 혜원(慧遠)과 각현(覺賢), 중부 인도 출신 담무참(曇無讖), 구자(龜茲) 출신 구마라십(鳩摩羅什) 그리고 당나라 시대 선무외(善無畏), 금강지(金剛智), 불공(不空) 등이 바로 그들이다.[214]

최신 버전 실크로드로 상징되는 중화 세계 귀환

고전은 현실에서 빛을 발할 때라야 그 가치가 평가될 수 있다. 중화 고전 기행에 거의 모두 등장하는 실크로드가 바로

그런 사례다.[215]

역사적으로 흉노, 돌궐, 몽골, 여진, 러시아 등 북방 세력은 중국 입장에서 중원의 안보를 위협하는 화근이었다. 바로 만리장성을 쌓아 둔 이유이기도 하다. 신장 위구르의 서역 역시 만리장성 밖의 변방으로 머물러 왔지만, 지금은 상황이 많이 다르다. 이슬람 세계와 중화 세계가 교통하는 장소로서 지정학, 지경학, 지문학적 요충지로 탈바꿈하고 있기 때문이다.[216]

터키부터 인도네시아까지의 지역을 포괄하고 있는 이슬람은 신자 수 성장 측면에서 가장 역동적인 종교다. 21세기는 이슬람 중흥의 역사로 기록될지도 모른다. 그래서 이슬람과 공존을 모색하는 일은 매우 시급한 과제로 대두되고 있다. 이에 따라 중국은 중앙아시아와 이란, 파키스탄, 아프가니스탄 방면으로는 초원길인 육지 실크로드를 추진하고 있다. 또한 미얀마, 방글라데시, 스리랑카, 몰디브 등 인도양을 향해서는 바닷길인 해양 실크로드를 추진하고 있다. 궁극적으로 유럽과 러시아도 연동시켜 유라시아를 하나의 경제 단위로 엮어 내는 것이 중국의 최종적인 목표다. 그리고 그 중심에는 고속철도가 있다. 중국은 이를 위해 신장-키르기스스탄-우즈베키스탄을 거쳐 네덜란드 로테르담에 이르는 유라시아대륙 철도 네트워크 구축 청사진을 그려 놓고 있다. 중국은 이미 철도 대국이며 중원을 가로지르는 국내선 철도만 1만 ㎞가 넘는다. 이는 전 세계 철도 길이의 절반에 해당하는 수치로 가장 길고 빠른 고속철을 보유하고 있는 것이다. 지난 200년간은 바닷길이 초원길을 압도했으며 지금도 콘테이너 교역 9할이 바다를 통해 이루어지고 있다. 그러나 중국은 유라시아 횡단 철도 건설을 통해 교역 혁명을 도모하고 있다. 미래를 향해 과거 실크로드의 후광을 십분 활용하고 있는 것이다.[217]

광동은 옛날부터 대외무역 거점 역할을 해 왔다. 북경이 조공과 책봉 체제의 거점이었다면 광동은 돈과 상품이 오가는 네트워크 허브였다. 광동 출신 화교는 전 세계로 진출하여 3000만을 헤아린다. 세계 화교 60% 이상을 차지하는 숫자다. 가히 유대인 네트워크와 버금가는 화교 네트워크 허브다. 1842년, 난징조약 체결로 상해가 개항되자 광동 상인들은 요코하마와 고베로 진출하고 조선 개항에 발맞추어 인천 상권도 장악했다.[218]

만달라(mandala)는 동심원을 뜻하는 불교와 힌두 용어다. 이를 빗대어 동남아를 만달라형 국가라고도 한다. 동남아는 만달라 질서를 통해서 중국, 인도, 이슬람 문명을 흡수하고 토착화할 수 있었기 때문이다. 여기에 지난 200년 동안 서구 문명의 지배를 거치며 복합 문명이 더욱 풍성해졌다. 동서양

만달라

의 다양한 문명이 복합계를 이루면서 독자적인 문화 생태계를 일군 것이다. 불교 국가, 이슬람 국가, 가톨릭 국가에 사회주의 국가까지 어울린 아세안이야말로 글로벌 문명의 건강한 생태계를 상징하는 지역 공동체의 표본일 수도 있다.[219]

아랍은 역사적으로 글로벌 교역 네트워크 허브였다. 아시아, 아프리카, 유럽 세 대륙이 교차하는 장소이기 때문이다. 이 때문에 아라비아 상인들은 일찍이 한반도까지 왕래할 수 있었다. 고려 벽란도는 한때 아라비아 상인들로 넘쳐났으며 유리 등 이 시기 관련 유물이 경주에서 출토되기도 했다.[220]

두바이 알막툼(Al Maktoum)은 연간 1억 2000만 명의 승객을 실어 나르는 세계 최대 규모 공항이다. 16세기와 17세기에 걸쳐 전성기를 누렸던 페르시아만의 대표적 중계무역 도시 호르무즈(Hormuz)와 무스카트(Muscat)가 했던 역할을 알막툼 공항이 이어받은 셈이다. 두바이가 지난 100년간 상실한 중동 가교 역할을 회복해 가고 있는 것이다.

알리바바의 등장과 서유기 영화화 등은 작금의 변화에 맞추어 문화적 상상력이 작동되고 있는 상징들이다. 『아라비안나이트』부터 『서유기』까지 유라시아의 고전 기행 문학들이 새로운 세계의 문을 여는 킬러 콘텐츠가 되고 있다. 중원과 서역을 잇는 새로운 버전 실크로드는 물류에 한정되지 않고 있다. 실크로드는 애당초 각종 경전들과 문헌들이 전파되고 번역되는 문류(文流) 유통망이기도 했었다. 예나 지금이나 실크로드는 중화 문명, 이슬람 문명 그리고 기독교 문명의 연결 고리 역할을 톡톡히 해내고 있는 것이다.[221]

64세에 감행한 천축행 구법 여로

서기 399년, 동진(東晋)의 법현(法顯)은 도반 10여 명과 함께 그의 나이 64세에 서역행을 감행했다. 당시 64세는 지금으로 치면 칠십 대 중반 나이로 볼 수 있는데 팔팔한 젊은이들도 감당하기 어려운 길을 나섰으니 놀랍기만 하다. 중국의 서역 순례 승려들은 이처럼 목숨을 담보로 하여 살아 돌아올 기약 없는 사막 속으로 들어가야만 했다. 5세기 초 석담무갈(釋曇無竭) 일행은 사막을 건너면서부터 시작해야 하는 순례승들의 고행을 수록하고 있다. 사막길의 순례승들은 생명줄과 거의 이어져 있지 않았기 때문에 이들이 믿을 것이라고는 오로지 부처의 가피뿐이었다.[222]

장안 즉 지금의 서안을 출발한 법현 일행은 중앙아시아를 경유, 인도로 들어가 약 8년간 불교 유적을 순례하며 산스크리트어를 배웠다. 이후 스리랑카로 건너가 약 2년간 체류한 후 수마트라에서 해양 실크로드를 이용해 중국 산동 반도로 돌아왔다. 서기 413년의 일이다.

이 당시에도 수많은 승려들이 구법 여행을 떠났지만 성공한 사람은 드물다. 더욱이 돌아와 여행기를 남긴 구법승은 극소수에 불과하다. 그러나 법현은 천축 여행에서 돌아와 그의 나이 79세에 『불국기(佛國記)』를 저술하였으니 놀라울 따름이다. 『불국기』는 법현이 여행한 30여 개국에 대한 불교·풍속 등을 적고 있어 당시의 인도를 이해하는 데 귀중한 자료가 되고

있다.[223]

『불국기』는 간다라(Gandhara) 문화를 동양인 처음으로 체험한 기록인 것은 물론 사자국(獅子國) 즉 현재 스리랑카에 대한 풍부한 정보도 담고 있다. 불교도들이 처음부터 불상을 섬긴 것은 아니다. 불상은 석가모니 입멸 후 약 500년 이후에나 등장하기 때문이다. 기원후 1세기경 알렉산더의 동방 원정을 따라 현재 파키스탄 북부 지방인 페샤와르 지역에 그리스인들이 정착하게 되었다. 이 지역 불교도들은 이들 그리스인들이 신상을 만들어 숭배하는 모습을 보고 불상을 만들기 시작했다. 간다라 미술은 헬레니즘 문화 영향을 받아 이렇게 탄생하게 되었다. 경주 석굴암 불상 등 신라에도 간다라 미술이 영향을 미쳤다고 한다.[224]

위나라 통역관을 통해 본 서역 모습

「송운행기(宋雲行記)」는 서기 518년 송운(宋雲), 혜생(惠生), 도영(道榮) 등이 서역과 인도를 다녀온 경험을 양현지(楊衒芝)가 『낙양가람기(洛陽伽藍記)』의 일부로 짜깁기해서 기록한 특이한 형식을 취하고 있다. 「송운행기」 전체 내용은 전해 오지 않고 다만 요약본만 기록으로 전해지고 있다. 송운은 어학에 조예가 있는 통역관이자 외교 사절 신분이어서 여러 나라를 두루 돌아다녔으며 승려 혜생은 송운과 동행한 관계다. 그런데 양현지는 『낙양가람기』를 편집하면서 송운, 혜생, 도영 세 사람의 어느 여행기도 충분하지 않아 송운의 「송운가기(宋雲家記)」, 혜생의 「혜생행기(慧生行記)」 그리고 도영의 「도영전(道榮傳)」을 서로 보충하여 기록하였다. 그럼에도 불구하고 「송운행기」는 서역과 천축 순례기로서는 너무 짧고 불완전하다. 그러나 「송운행기」는 다음과 같은 세 가지 점에서 그 의미를 평가받고 있다.[225]

> 첫째, 5세기 법현과 7세기 현장사이의 시대적 공백을 이어 주는 역할
> 둘째, 다른 실크로드와 달리 청해호(青海湖) 지방 토욕혼의 차이담분지를 통과하는 특이한 서역 루트 개척[ii]
> 셋째, 미지의 대제국 에프탈(Ephtal)[iii]에 대한 귀한 정보 제공

ii 전통적인 실크로드는 보통 장안 즉 지금의 서안을 출발하여 하서회랑(河西回廊)을 가로질러 타클라마칸사막의 남북 가장자리를 따라 파미르고원, 중앙아시아 초원, 이란고원을 통과하는 길을 의미한다.

iii 에프탈은 투하리스탄을 중심으로 투르키스탄과 서북 인도에 세력을 떨친 이란계 유목민족으로 5~6세기경 서역의 대부분을 지배하여 인도, 중국, 페르시

『낙양가람기』에 기록되어 있는 「송운행기」 속 여정은 518년 낙양을 출발, 청해호 남쪽을 돌아 일월산(日月山)[iv]을 넘고 차이담분지를 가로질러 서역남로 길을 잡아 현재의 호탄(Khotan)에 도착한 것으로 되어 있다. 그 후 파미르(Pamir)고원을 넘어 에프탈을 거쳐 간다라국 순례를 끝으로 521년경 중국으로 돌아온 여정이다.

7세기 당 태종 당시 서역고원(현재의 티베트)에는 토번 왕조의 송첸캄포왕(617-650)이 전 국토를 통일한 다음 청해(青海) 지방과 서역제국까지 위협해 왔다. 이에 당 태종은 실크로드 통행보장과 수(隨)나라부터 이어 내려온 과제였던 고구려 정벌을 위한 후방 불안요소를 없애고자 641년 자신의 수양딸 문성공주를 송첸캄포에게 출가시키게 된다.

아 그리고 중앙아시아를 잇는 교역 루트의 중추를 차지함으로써 당시 실크로드의 패권을 장악한 나라다.

iv 중국 청해성의 해발 4877m의 산으로 칭장고원으로 가는 요충지다. 일월산은 당 태종 양녀인 문성공주가 정략결혼을 위해 토번으로 지나간 전설을 따라 붙여진 이름이다. 당 태종은 문성공주가 고향을 그리워하며 이곳에서 더 이상 서쪽으로 가려 하지 않는다는 말을 전해 듣고 일월여의경(日月如意境)을 보냈는데 일월여의경을 통해서도 고향과 부모를 볼 수 없었던 공주가 홧김에 여의경을 던져 버리자 여의경이 두 쪽으로 동강이 났다. 이 중 하나는 금일(金日) 다른 하나는 은월(銀月)이 되었다고 하여 일월산이라고 부르게 되었다고 한다(김규현, 2013).

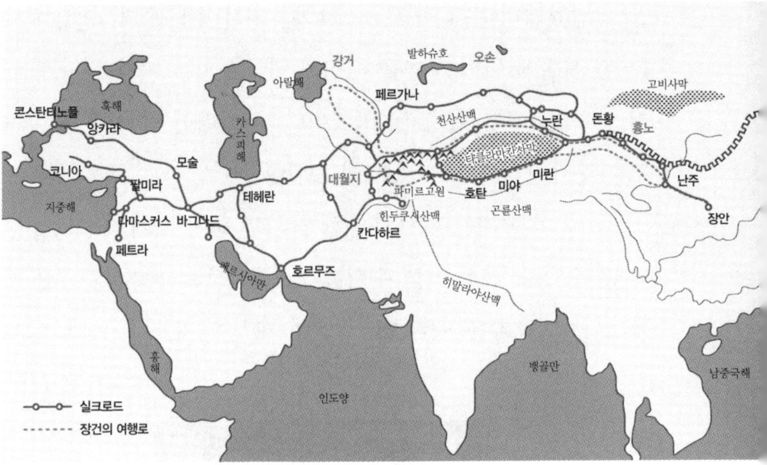

초원과 오아시스 실크로드

그런 정략결혼 결과로 이른바 토번로(吐蕃路)라는 낯선 이름의 새로운 루트가 생겼다. 원래 중원과 서역 그리고 인도로의 옛 교통로는 타클라마칸사막을 건너 파미르고원을 넘는 이른바 실크로드가 전통적인 통로였지만, 이런 정략적인 배경으로 인해 빠르고 안전한 루트가 새로 뚫린 것이다.

「송운행기」에는 지금도 우리가 사용하고 있는 양치(楊枝)의 어원에 관한 에피소드가 포함되어 있어 이채롭다. 즉 송운 일행이 방문한 우디야나(Uddiyana, 烏場國) 즉 현재의 파키스탄 산악 지방 작은 마을 용왕사에서 석가여래가 양치를 씹다가 땅에 심었더니 큰 나무로 자랐다는 전설이 나온다. 인도에서는 이 시절에 이미 칫솔을 대신해 나뭇가지를 이빨로 잘게 씹어 양치질을 했다는 것이 그것이다.[226] 이러한 양치 습관은 인도 바라나시 등에 아직도 그대로 남아 있다.

중국 승려들의 서역 기행을 보면 중복 소개되는 장소들이 많이 있다. 예를 들면 우디야나, 즉 오장국(烏場國)에 관한 기록이다. 오장국은 파키스탄 스와트계곡 안의 작은 마을 망고

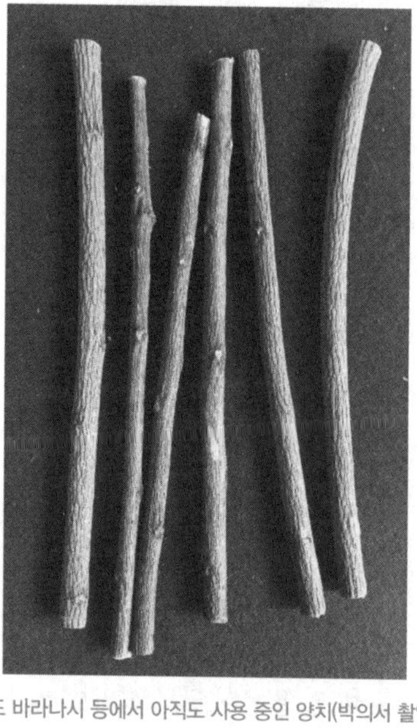

인도 바라나시 등에서 아직도 사용 중인 양치(박의서 촬영)

라(Mangora)를 중심으로 하는 산악 지방을 말한다. 우디야나 즉 오장국은 현지어 Uddiyana[울지인나(鬱地引那)]의 음역으로 『왕오천축국전』의 혜초는 간다라국에서 사흘을 가서 오장국을 거쳐 치트랄로 간 것으로 비정되고 있다. 『불국기』의 법현, 「송운행기」의 송운, 『대당서역기』의 현장도 이곳을 방문한 기록이 있어 당시 여정과 여행 기록이 순례자들 사이에서 공유되고 있었음을 보여 주고 있다.[227]

손오공을 탄생시킨 『대당서역기』

우리에게 현장(玄奘)의 저서로 잘 알려진 『대당서역기(大唐西域記)』는 현장이 17년간 천축과 그 인근 지역을 여행하며 체험하거나 견문한 내용을 자신의 제자 변기(辯機)에게 구술하여 집필된 것이다. 변기는 당 태종 명을 받아 645년부터 현장의 제자가 되어 경전 번역을 도왔으나 기혼이었던 황제 딸을 사랑한 죄로 극형에 처해진 비운의 인물이기도 하다.

현장은 어렸을 때 정통 유교 교육을 받고 자랐으나, 형의 영향으로 불교 경전에 흥미를 갖게 된다. 이로 인해 불교로 개종한 현장은 형을 따라 장안까지 갔으나, 당시 중국 전체를 뒤흔들던 정치적 혼란[v] 때문에 사천(四川) 지방으로 피신한다. 현장은 거기서 불교 철학을 공부하면서 불교 경전에 모순이 많이 있음을 발견한다. 이런 모순들에 관해 중국 스승들로부터 답을 얻을 수 없었던 현장은 불교의 발원지인 인도로의 유학을 결심한다.

스물여덟 청년 현장은 서기 629년 죽음을 무릅쓰고 인도로 가는 취경(取經) 여행길에 오른다.[228] 당시 즉위한 지 4년밖에 되지 않은 당 태종은 백성 어느 한 사람도 중국 땅을 벗어나 실크로드로 가는 것을 허락하지 않았다.[vi] 하지만 현장은 실크로드행을 감행했다. 오로지 '불법(佛法)'을 구하기 위한 일념의 불법(不法)이었다. 현장은 서역으로 출발하는 관문인 옥문관을 지나 고비사막을 거쳐 지금의 투루판에 있던 고창국 왕, 국문태의 극진한 대접을 받는다. 고창국에서 한 날을 머문 현장은 돌아오는 길에 반드시 다시 들르겠다고 약속한 후 천축(天竺)행을 재촉했다. 쉰여섯 나라를 거치며 죽을 고비를 숱하게 넘긴 뒤에야 현장은 비로소 천축에 도착할 수 있었다.

v 정국 전환을 위해 당 태종이 도모한 돌궐과의 전쟁 등의 상황을 말한다.

vi 당 태종 이세민은 형제들을 죽이고 제위에 오른 잡음을 불식하기 위해 돌궐과의 전쟁을 도모한다. 태종은 돌궐에 대한 총공세를 감행하기 위한 사전 조치로 비상령을 선포하고 국경을 우선 폐쇄했다.

현장은 타클라마칸 사막 북쪽을 지나 투루판·카라샤르·쿠차·타슈켄트·사마르칸트·박트리아를 거쳐 코끼리까지 동원해 많은 물건을 싣고 히말라야와 힌두쿠시산맥을 넘었다.

인도에 도착한 현장은 서북 인도의 카피사·간다라·카슈미르 등지를 통과한 후 카슈미르에서 갠지스강을 따라 내려가 633년에는 갠지스강 동북 유역의 불교 성지에 도착했다. 현장은 10년 남짓 천축에 체류하면서 천축 각지 불교 성지를 참배했다. 석가모니 생애와 관련 있는 성지를 순례한 후 인도 대륙 동쪽과 서쪽 해안선을 따라 여행한 현장은 대부분 시간을 날란다 사원에서 보냈다. 현장은 이곳에서 산스크리트어·불교 철학·인도 사상을 습득했다.

현장의 서역 여행은 햇수로 무려 17년이나 걸린 긴 여정이었다. 그가 다닌 길을 거리로 계산하면 총 5만여 리, 즉 2000㎞ 가량에 달한다. 중앙아시아와 인도 불교 유적지 가운데 그의 발길이 닿지 않은 곳이 없을 정도다.

불경을 가지고 당으로 돌아오는 길은 비교적 편안한 해로를 선택할 수 있었으나 귀로에 다시 들르겠다고 했던 고창국 왕과의 약속을 지키기 위해 현장은 험한 여정의 육로를 다시 선택했다. 하지만 현장이 고창국에 도착했을 때는 고창국은 당 태종에 의해 이미 멸망했고 국왕 국문태 역시 이 세상 사람이

고창고성(박의서 촬영)

아니었다.[229]

645년 현장은 17년 만에 다시 당의 수도 장안으로 돌아왔다. 떠날 때 불법으로 국경을 넘었던 현장은 귀국 후 죽음을 각오했지만, 뜻밖에도 당 태종은 그를 열렬히 환영했다. 당 태종 입장에서는 현장이 17년간 보고 들은 중국 서쪽 나라들의 정보가 더할 수 없이 소중한 것이었기 때문이다. 낯선 나라들에 대한 현장의 이야기에 큰 매력을 느낀 황제는, 현장을 벌하기보다는 환속하여 나라를 위해 일해 달라고 간곡하게 부탁했다. 하지만 현장은 이를 뿌리치고 역경(譯經)에만 전념한다. 그가 번역한 불교 경전은 그 양이 방대할 뿐만 아니라 내용도 다양해 당시의 학자들과 승려들에게는 물론 지금도 매우 소중한 자료로 평가받고 있다. 이런 연유로 현장이 입적했을 때 당 태종은 3일 동안 국사를 중지하는 것으로 현장의 큰 업적을 기렸다.

현장은 우리에게 삼장(三藏)법사로도 널리 알려져 있는 인물이다. 삼장은 본래 바구니 3개를 뜻하는데, 기원전 1세기경 인도에서 경전을 바구니에 담아 보관한 데서 붙여진 이름이라고 한다. 그러나 실제로는 석가모니 설법을 모은 경장(經藏), 교단이 지켜야 할 계율을 모은 율장(律藏), 교리에 관해 제자들의 논문을 모은 논장(論藏) 즉 '경(經), 율(律), 논(論)'을 합해서 삼장이라고 한다. 따라서 현장에게 붙여진 삼장법사란 현장이 경장, 율장, 논장에 두루 통달했음을 의미한다.

삼장법사라는 이름이 우리에게도 친근한 것은 소설 『서유기(西遊記)』 덕분이다. 『서유기』에 등장하는 삼장법사는 현장을 풍자와 해학으로 빗대어 표현한 인물이며 기상천외한 기행(奇行)의 주역이기도 하다.[230] 현장에 관한 흥미로운 이야기는 오랫동안 많은 사람에게 회자되어 왔다. 그 내용은 희곡으로 각색되어 공연되었고, 원대부터는 본격적으로 책으로도 출간되기 시작했다.

현장이 천축으로 불경을 구하러 가면서 손오공, 사오정, 저팔계를 차례로 만나 겪게 되는 무용담은 전 세계로 소개되어 큰 인기를 끌었다. 하지만 그 내용은 어디까지나 픽션으로 구성된 소설일 뿐이다.

지금 우리가 읽는 『서유기』는 명나라 말인 1570년경 오승은(吳承恩)이 『대당서역기』를 토대로 하여 엮은 구어체 장편소설이다. 그러나 애석하게도 『서유기』의 원본은 남아 있지 않다. 그러나 지금은 사라진 원대의 『서유기』에 담긴 이야기 장면이 흥미롭게도 한국의 경천사 십층 석탑과(1348, 국보 86호), 원각사 십층 석탑(1467, 국보 2호)에 새겨져 있다. 경천사 십층 석탑은 대리석으로 만든 석탑으로 친원 세력이 발원하여 원나라 장인이 제작한 것이다. 경천사 십층 석탑이 만들어지고 120여 년 후인 1467년 지금의 탑골공원에 역시 대리석으로 원각사 십층 석탑이 건립됐다. 두 기의 탑에는 각종 조각이 있는데, 바로 기단부에 『서유기』가 새겨져 있다. 이곳에 조각된 『서유기』는 명대 『서유기』가 간행되기 이전, 원대 『서유기』의 장면을 새긴 것이다. 현재 원대 『서유기』의 원본이 없이 단편적인 자료로만 확인되는 상황에서 이 두 탑에 새겨진 『서유기』의 장면은 매우 소중한 자료로 평가되고 있다.[231]

『대당서역기』에는 현장이 취경 여행길에 거쳤던 나라들의 역사, 지리, 풍토, 기후, 산물, 정치, 경제, 문화, 종교, 풍속, 전설과 인도 내 각 불교 교파의 변천과 분포 상황이 담겨 있다. 불교 사찰과 승려 수, 불탑(佛塔)과 성적(聖蹟)의 유래, 역사적 인물과 사건도 수록되어 있는 것은 물론이다.[232] 이 밖에도 인도, 네팔, 파키스탄, 방글라데시 등 인도권역과 중앙아시아 지역의 역사, 지리, 종교, 문화도 함께 소개하고 있다. 『대당서역기』는 7세기 전반 중앙아시아와 인도의 기후, 풍토, 민족, 습관, 언어, 물산, 종교, 미술, 전설 등이 상세하게 담겨 있어 이 시기와 지역의 유일한 사료로 평가받고 있기도 하다.

『대당서역기』는 바미얀 대불에 관한 최초 문헌 기록이기도 하다. 중국을 떠난 지 3년 만에 아프가니스탄에 도착한 현장은 바미얀 국왕 왕궁에서 공양을 받으며, 바미얀 불교 사원지 이곳저곳을 방문했다. 15일 동안 머물면서 금빛 찬란한 높이 38m와 55m의 대불에 대해 기록을 남겼다. 55m 높이라면 요즘의 20층 아파트 높이에 해당하는 어마어마한 규모다.

현장은 귀국길에 들른 중앙아시아 호탄에 관해서도 상세한 기록을 남겼다. 그 기록이 얼마나 믿을 만한지는 이곳에서 발견된 유물들이 잘 입증해 주고 있다. 특히 호탄의 한 사원지 벽면에 그려진 〈용녀전설도(龍女傳說圖)〉는 『대당서역기』 기록과 정확히 일치하고 있다.

“성 동남쪽에 큰 강의 강물이 갑자기 끊겼는데, 왕이 알아보니 물속에 사는 용녀 소행이었다. 남편을 잃고 홀로된 용녀가 새로이 지아비를 얻고 싶어 심통을 부린 것이었다. 이때

한 대신이 자청하여 말을 타고 강물로 들어가 용녀의 남편이 되어 물길을 되살렸다"라는 것이 현장의 기록이다.

『대당서역기』에는 고대 비단 전설에 관한 그림인 〈잠종전설도(蠶種傳說圖)〉에 관련된 기록도 있다. "호탄 사람들은 뽕과 누에를 원했으나 구할 수가 없었다. 호탄 왕은 중국에 혼인을 청했고 신부에게 뽕과 누에를 가져와 옷을 스스로 만들어 입으라고 했다. 그 말을 들은 신부는 남몰래 뽕과 누에 종자를 구하여 자신의 왕관에 숨겨 호탄에 가져왔다"라는 것이 그것이다. 20세기 초 영국 탐험가 번스타인(Bernstein)은 호탄에서 북동쪽으로 100㎞ 떨어진 타클라마칸사막에 있는 단단 윌릭에서 이 스토리를 배경으로 나무 위에 그린 그림을 발견했다. 현재 영국박물관에 소장된 이 그림에는 호탄 사람이 뽕과 누에 종자가 숨겨져 있는 신부의 왕관을 가리키는 장면이 나온다.[233]

혜초 이전 해동 고승들의 서역 여정 기록

『남해기귀내법전(南海寄歸內法傳)』은 당나라 의정(義淨)이 쓴 구법순례기(求法巡禮記)다. 671년 당대를 풍미했던 유행을 따라 의정이 구법을 위해 바닷길을 이용해 천축(天竺)으로 갔다가

바닷길로 귀국하는 길에 현재의 인도네시아 수마트라 팔렘방 일대인 불서국에서 저술하였다.[234]

당시 수마트라섬의 팔렘방에는 스리비자야(Sriwijaya: 室利佛逝國)라는 강력한 해상왕국이 번영을 구가하고 있었다. 중국과 인도 그리고 아라비아를 오가는 무역선들은 필요한 물건을 보급받기 위해 이곳에 기착하였다. 당시 천축으로 가는 항로는 팔렘방을 경유하여 수마트라섬과 말레이반도 사이의 말라카해협을 빠져나가 인도양으로 나가 니코바르군도를 거치든지 아니면 뱅갈만으로 나가는 둘 중의 한 코스를 택할 수밖에 없었다. 그만큼 당시 해로에서 팔렘방의 역할은 절대적이었고 이에 따라 스리비자야의 해상력도 매우 막강하였다. 이렇게 의정은 당시 일반적인 관례처럼, 수마트라섬을 중간 기착지로 활용하면서 범어와 기타 토착어 그리고 천축국 불교 의식과 생활 습관을 익히며 기후 적응도 함께하였다.

의정은 37세 때인 671년 중국 광주(廣州)를 출발해 스리비자야 팔렘방에 도착하여 다음 해 다시 인도로 들어가 10년을 순례한 후 688년 귀로에 팔렘방에서 2년을 머문다. 이후 중국행 배에 올랐다가 다시 팔렘방으로 돌아와 4년을 머무르다가 중국으로 돌아갔다. 이를 보면 의정은 수마트라섬에서 거의 8년 정도의 세월을 보낸 셈이다.

의정은 671년 광주(廣州)를 출발하여 현 수마트라 팔렘방(Palembang) 일대인 불서국(佛逝國), 현 수마트라 잠비(Jambi) 지방인 말라유(末羅瑜), 현 말레이반도 서안의 케다(Kedah)주인 갈다국(羯茶國), 현 인도의 니코바르(Nicobar)와 안다만(Andaman)제도인 나인국(裸人國), 인도의 동천축(東天竺)과 중천축(中天竺)까지 여행했다. 685년 귀로에 갈다국을 거쳐 불서국에서 『대당서역구법고승전』과 『남해기귀내법전』을 저술했다. 689년 잠시 광주로 돌아갔다가 불서(佛逝)로 되돌아온 후 695년 여름 10년간 체류하던 불서국을 떠나 25년 만에 낙양(洛陽)으로 돌아와 정착했다.

이렇게 의정은 육로로 왕복한 현장(玄奘)과는 달리 해로로 왕복함으로써 여정이나 그 과정에서의 행적은 비교적 단순하지만, 전체 구법 여행 기간은 671년부터 695년까지 25년간으로 현장의 17년보다 훨씬 더 길다.

『대당서역구법고승전(大唐西域求法高僧傳)』과 함께 의정의 대표 저술의 하나인 『남해기귀내법전』에는 인도와 동남아시아의 불교·역사·지리·풍습·의학 등이 생생하게 기술되어 있다.[235] 특히 의정이 25년 동안 인도와 남해(南海)의 해양 실크로드를 순례하면서 직접 보고 들은 그곳의 불교 교단, 계율, 승려 생활, 의식, 예법 등을 상세히 기록하고 있다.[236]

의정의 또 다른 명저인 『대당서역구법고승전』은 당대의 태종·고종·측천무후(則天武后)의 3대 40여 년에 걸쳐 현장(玄奘)으로부터 의정 자신 대에 이르기까지 60여 명에 이르는 인도로 구법 여행을 떠났던 승려들 행로와 주변 정황들을 승려들의 출신지를 강조하여 순서대로 편집하고 있다. 『대당서역구법고승전』은 의정이 직접 만난 사람들과 들어서 알게 된 구법 여행 승려들을 전기 형식으로 소개하고 있을 뿐만 아니라 당시 인도와 동남아시아의 불교 사정과 동남해(東南海) 해로에 관한 귀중한 자료들도 수록되어 있다. 특히 『대당서역구법고승전』에는 혜초보다 한 세기 앞서 인도를 드나든 혜륜(慧輪), 태주(太州), 현조법사 등 해동의 구법승들도 포함되어 있으며 일연의 『삼국유사』도 같은 내용을 기록하고 있다. 이 밖에도 현재의 베트남, 아프카니스탄, 러시아 지역에 해당하는 승려들도 들어 있어 당시 아시아 불교문화권의 구법 여행이 광범위하게 전개되었음을 알 수 있다.[237]

토번과 당나라 사이의 긴장이 높아지자 7세기 후반부터는 대개의 인도 순례승, 구법승들이 해양로를 택할 수밖에 없었다. 이들은 대개 중국 대륙 최남단 광주에서 계절풍을 이용하여 천축과 아라비아를 왕래하는 무역선에 편승하여 출발하였다.

결국, 장수(長壽) 3년(694) 5월 의정은 정고(貞固), 도굉(道宏) 등 4인의 중국 승려들과 더불어 수마트라를 떠나 1개월간 항해 후 광주에 도착하여 그해를 그곳에서 머물렀다. 다음 해 5월 엄청난 양의 불경을 휴대한 의정은 상동문(上東門) 밖까지 친히 마중 나온 측천무후의 마중을 받으며 낙양으로 돌아왔다고 한다. 그때 의정의 나이 61세로 무려 25년 만의 금의환향이었다. 서안 교외 대안탑과 쌍벽을 이루는 옛 천복사(薦福寺) 경내 소안탑(小雁塔)이 바로, 의정이 뱃길로 천축에서 가져온 경전을 번역, 보관하기 위해 조성한 탑이다.

동서양이 모두 꿈꾼 유토피아

「귀거래사(歸去來辭)」는 중국 동진(東晋)의 도연명이 나이 마흔하나에 그의 마지막 관직인 현령 자리를 박차고 고향인 시곡로 돌아오는 심경을 읊은 시로서, 세속과의 결별을 선언한 글이기도 하다. 도연명은, 상관(上官) 순시 때 의관속대(衣冠束帶)하고 영접해야 되는 것에 대해, 쌀 다섯 말밖에 안 되는 적은 봉급을 위해 향리 소인에게 허리를 굽힐 수 없다며 그날로 사직했다. 「귀거래사」는 도연명의 이 같은 기개를 나타내는 일화와 함께 그의 생애 절정을 장식한 시이기도 하다. 도연명은 또 「도화원기(桃花源記)」라는 산문을 통해 인간이 찾을 수 없는 이상향인 도원경(桃源境) 또는 무릉도원(武陵桃源)이라는 말을 남긴 것으로도 유명하다. 이를테면 도원경은 서양의 유토피아 같은 곳이다. 그리고 그 내용은 이렇다.

> 어느 날 한 어부가 고기잡이를 위해 강을 거슬러 올라갔다. 한참을 가다 보니 복숭아 꽃잎이 떠내려오는데 향기롭기 그지없었다. 향기에 취해 꽃잎을 따라가다 보니 커다란 산이 앞을 가로막는데 산 양쪽으로는 복숭아꽃이 만발했다. 어부가 복숭아꽃이 춤추며 나는 가운데를 자세히 보니 계곡 밑으로 작은 동굴이 뚫려 있었다. 그 동굴은 사람 한 명이 겨우 들어갈 정도의 크기였는데 안으로 들어갈수록 조금씩 넓어지더니 별안간 확 트인 밝은 세상이 나타났다. 끝없이 너른 땅의 기름진 논밭과 뽕나무와 대나무로 둘러싸인 풍요로운 마을은 세상 어느 곳에서도 찾아볼 수 없는 아름다운 풍경이었다.
>
> 황홀해하고 있는 어부에게 그곳 사람들이 다가왔다. 사람들은 이 세상 사람들과는 다른 옷을 입고 있었으며 얼굴에는 모두 환한 미소를 머금고 있었다. 이런 뜻밖의

도원행문진주도(안중식 그림)

상황에 대해 놀라워하는 어부에게 그 사람들은 자신들의 조상이 진(秦)나라 때 난리를 피해 이곳에 온 이후로 단 한 번도 밖에 나간 적이 없다고 하면서 오히려 어부에게 바깥세상에 대해 물어보았다. 어부가 그들의 궁금증을 풀어 주고 융숭한 대접을 받으며 며칠간을 더 머문 후 그곳을 떠나려 하자 그곳에 사는 사람들이 자신들 마을 이야기를 다른 사람에게 절대 말해서는 안 된다는 당부를 하였다.

그러나 어부는 너무 신기한 나머지 돌아오는 길목마다 표지를 하고는 귀향 즉시 고을 태수에게 그 사실을 고하였다. 태수는 이를 기이하게 여기고, 사람을 시켜 그곳을 찾으려 했으나 표지해 놓은 것들이 없어져 찾을 수가 없었다. 그 후 유자기라는 사람이 이 말을 듣고 그곳을 찾으려고 갖은 애를 썼으나 찾지 못하고 병들어 죽고 말았다. 이후 사람들은 그곳을 더 이상 찾으려 하지 않았고, 도원경은 이야기로만 전해지게 되었다.

또한, 장자는 도원경과 유사한 의미로 무하유지향(無何有之鄕)이라는 말을 자주 사용하였는데 그 뜻은 있는 것이란 아무것도 없는 곳이라는 말로 장자가 추구한 무위자연의 이상향을 의미한다.

중국 호남성 서북쪽의 상덕(常德)시 인근에는 도화원(桃花源)이라는 아름다운 계곡이 있고 그 이웃에 무릉(武陵)이라는 작은 도시가 있는데 이 지역에는 장가계, 원가계, 천자산, 천문산 등의 절경이 즐비하다. 또한, 같은 지역 안에 환상적인 경관의 황룡동굴이 발견되어 여행자들의 발길을 불러들이고 있다. 특히 도교 사찰이 소재한 이 도화원은 도연명이 「도화원기」에서 기술한 도원경의 실제 장소라는 주장이 있으며, 인근의 무릉 절경과 황룡동굴 역시 도원경의 배경들과 많은 부분 흡사해 이채롭다.

1차 세계대전 후유증과 경제공황에 시달리며 마음이 피

폐해 있던 서양 사람들은 오리엔탈리즘에서 심리적 안정감을 찾으려는 경향을 보여 왔다. 샹그릴라라는 이상향의 설정이 바로 그 대표적인 경우다. 제임스 힐턴의 소설, 『잃어버린 지평선』에 나오는 샹그릴라는 '푸른 달빛의 골짜기'라는 의미의 상상 속 낙원이다. 한낱 대학생이 지어낸 동양의 신비로운 이상향에 관한 이야기에 불과하지만, 오리엔탈리즘에 경도된 유럽 사람들은 여기에 흠뻑 빠져들게 된다.

영화《잃어버린 지평선》촬영으로 실제 샹그릴라처럼 알려진 중국 운남성 중전(中甸)현 대협곡은 아예 그 이름을 샹그릴라라고 바꾼 후 엄청난 여행자들을 유치하고 있다. 재주는 서양 사람이 넘고 돈은 중국 사람들이 벌고 있는 대표적인 관광 마케팅 사례다.

3. 일본 승려의 당나라 기행

엔닌의 당나라 순례 행기

엔닌(圓仁)은 일본 헤이안(平安) 시대의 승려로서 서기 838년부터 847년까지의 9년 6개월 동안 당(唐)에 머물며『입당구법순례행기(入唐求法巡禮行記)』[238]를 썼다. 일기체의 이 책은 9세기 중엽 당의 정치, 경제, 민속, 종교, 법제, 지리 등 사회상 전반을 생생하게 그리고 있다. 특히『입당구법순례행기』에는 장보고가 세운 적산법화원(赤山法華院)의 내용과 당시 재당 신라인들의 생활 모습을 잘 묘사하고 있어 당시의 우리 역사에 대해서도 높은 사료적 가치를 인정받고 있다.[239]

엔닌은 처음 입당하던 해 겨울을 장보고가 설치한 신라인 사찰, 적산법화원에서 수행하였으며 신라인들 도움으로 당나라 순례 편의를 얻기도 했다. 뿐만 아니라, 엔닌의 귀국 역시 적산법화원과 신라인 도움으로 이루어졌기 때문에 엔닌과 신라는 매우 밀접한 관계에 있다.[240]

엔닌은 일본 천태종 개조인 사이조의 법을 이은 승려다. 사이조는 45세 나이로 조공길 사신을 따라 당에 갈 때 이미 일본 천태종 고승 입장이었다. 그러나 그는 단기 유학승 신분이었기 때문에 사신을 따라 같이 귀국해야만 했다. 그러나 엔닌은 그냥 돌아갈 수 없다고 결심하고 불법체류를 결행한다.[241]

당시 당나라에서 자유롭게 활보하던 신라인과는 대조적으로 일본인은 극히 부자유스러웠다. 이런 사정으로 엔닌 일행은 신라인 행세를 할 때도 있었고, 당나라 입국과 출국 때도 신라인의 도움을 받아서 하게 된다. 불법체류자 신분인 엔닌은 순례 통행증 발급 청원서를 각급 관공서에 수도 없이 제출해야 했다. 『입당구법순례행기』에는 이런 청원 편지를 모두 수록해 두었다. 이런 방식으로 통행증을 발급받아 겨우 순례길은 떠날 수 있었지만, 법을 구하는 것은 엔닌에게 여전히 쉬운 일이 아니었다.[242] 엔닌의 『입당구법순례행기』는 장보고가 설치한 신라방 안의 사찰인 적산법화원에 대한 목격담도 수록하고 있어

신라 불교의 당시 모습을 짐작할 수 있게 하고 있다.[243]

당나라는 불교와 이슬람 문명을 수용한 코스모폴리탄 제국이었다. 이런 당나라를 핵으로 하여 당시 동아시아는 세계의 중심이었다. 그리고 한반도는 대륙과 해양을 잇는 동아시아 네트워크를 연결하는 고리의 하나였다. 그래서 최치원과 장보고 등 세계인들이 속속 등장했다. 경주를 비롯한 한반도 역시 아라비아 상인까지 드나드는 자유도시이자 세계 국가였다. 요즘 세계 방방곳곳에 생겨나고 있는 한국인 거주지 또한 왕년 신라방들의 재현에 다름 아니다.[244]

5장

한반도를 넘나든 고전 기행

혜초 이전, 6세기 전반에 중천축(中天竺)을 다녀온 백제 겸익(謙益)을 비롯해 불교 최고 전당으로 알려진 날란다(Nalanda) 사원에 한반도 승려들이 몇 명씩 거주할 정도로 우리나라 승려들의 천축 기행은 끊이질 않고 있었다. 그렇지만 이들은 여행 기록을 남기지는 않았다. 기록으로 나타난 한국 최초 국외여행기는 8세기 통일신라 출신 승려로 알려진 혜초(慧超)의 『왕오천축국전(往五天竺國傳)』이다.

우리 민족은 음주가무를 태생적으로 즐겨 온 것과 함께 여행도 즐겨 해서 적지 않은 기행 문학이 전해져 오고 있다. 논란이 많긴 하지만 신라 승려로 알려진 혜초 작품인 『왕오천축국전』은 1908년 중국 감숙성 돈황의 막고굴에서 발견되어 세상에 알려지게 되었는데 아직까지는 기록으로 전해지는 우리나라 최초 해외여행기로 평가되고 있다.

여행기를 남기진 않았지만 혜초의 천축 여행을 전후하여 상당수의 삼국 시대 승려와 사신들의 인도와 당나라 여행 기록도 전해지고 있다. 이후 고려와 조선 시대에는 중국과의 전쟁으로 발생한 포로, 유민, 공녀들에 관한 여행 아닌 여행 기록이 등장한다. 고려 후기와 조선 시대에 본격적으로 진행된 연행(燕行)과 일본 통신사들의 여행 기록은 넘쳐날 정도로 많아 일일이 거명하기 어려울 정도다.

한반도를 넘나든 여행 기록 중 『왕오천축국전』, 『고려도경』, 『하멜표류기』, 『열하일기』 등 세계적인 여행기로 평가받고 있는 걸작들은 이미 『기록 따라 떠나는 한국고전기행』에 소개하였지만, 이 책의 흐름을 위해 여기서도 다시 한번 소개하기로 한다.

1. 한반도 선조들의 국외여행

기록으로만 남은 해동의 입중구법승과 입축구법승들

한반도를 드나든 우리 선조들과 외국인들에 관한 이야기는 전설과 기록으로 상당수가 전해져 오고 있다. 먼저 전설부터 살펴보면 아랍 출신으로 추정되고 있는 처용, 삼국유사 기록상 최초의 한반도를 여행한 외국인인 허황옥, 연오랑과 세오녀 그리고 고려왕 약광 등이 있다.

기록상으로 우리나라 기행 문학의 효시는 신라 승려로 알려진 혜초가 서기 723년부터 727년까지 당나라를 통해 인도 5개국을 여행하면서 기록한 『왕오천축국전』으로 보아야 할 것이다. 그러나 의정의 『대당서역구법고승전』을 인용한 『삼국유사』의 간접 기록에 의하면 혜초 이전에 9명의 신라인이 당나라를 경유하여 인도까지 여행한 기록이 있으나 안타깝게도 이들 중 그 아무도 여행 기록을 남기지 않았다. 고대 인도 왕복 여행기인 『대당서역기』를 남겨 유명한 당나라 승려 현장의 수제자 중의 한 명인 원측(圓測) 등 수백 명의 입당구법 승려들의 기록이 전해져 오고 있다. 이후 고려 시대의 여행 기록은 박인량, 이제현 등의 사행기록과 충선왕의 티베트 유배 등, 전쟁포로와 유민 등의 기록만 보이다가 조선 시대에 연행사(燕行使)와 통신사(通信使) 사행이 정례화되면서 관련 여행 기록도 이전에 비해 상대적으로 풍부해졌다.[245]

신라가 삼국을 통일한 후 당나라와 더 가까워지면서 승려들과 유학생들의 당나라 여행이 더욱 빈번해지게 되었다. 신라 승려 각덕(覺德)이 중국 양(梁)나라로 건너갔다가 진흥왕 10년에 불사리를 가지고 돌아온 것이 입중구법(入中求法) 여행의 효시로 알려져 있다. 그 후, 명관(明觀) 등 신라가 멸망할 때까지 약 400년 동안 구법을 위해 수나라와 당나라를 여행한 신라 승려 수는 수백 명에 달하고 있다.[246] 837년인 희강 2년 당나라 국학에서 공부하고 있던 신라 유학생 수가 216명이라거나, 당 문화가 만개한 8, 9세기 중 이름이 확인된 입중구법승(入中求法僧)

의 숫자가 80여 명에 이른다는 사실로 미루어 보아 새로운 지식을 찾아 서해를 건너간 신라인들의 숫자는 상당했을 것으로 추정되고 있다.[247]

6세기에는 고구려의 의연·지황, 백제의 겸익·현광 등 다수 구법승이 남조로 여행한 기록이 있다. 7세기부터 9세기까지 수나라와 당나라 때는 명랑, 자장, 의상, 원측, 도륜, 도증, 승장, 혜각 등의 승려들이 입중구법승으로 이름을 올렸다. 이 중에서 현장을 도와 법상종을 개창한 원측, 해동 화엄종을 일으킨 의상 등은 그 뛰어난 업적으로 이름이 잘 알려진 경우다.[248]

신라 승려 아리나발마(阿離那跋摩)는 불교 원류를 따라 중국에 들어가지만 결국 천축까지 이르게 된다. 일연은 이런 사실을 의정의 『대당서역구법고승전』을 인용해 삼국유사에 기록했다. 『대당서역구법고승전』은 인도까지 구법 여행한 승려들의 전기를 실은 것인데, 아리나발마를 포함해 모두 61인이 실려 있으며 여기에 동국인(東國人) 곧 신라인이 9명[i]이나 등장한다. 고려 승려 각훈(覺訓)의 『해동고승전(海東高僧傳)』에는 의정의 『대당서역구법고승전』에 없는 현조(玄照)와 현대범(玄大梵)이란 이름이 추가로 등장하고 있다.[249] 이들 이외에 6세기 고구려

i 無漏, 地藏, 律藏, 義相, 無相, 道義, 圓測, 惠覺.

의 의연과 지황, 백제의 겸익과 현광, 죽은 뒤에 지어 주는 휘가 알려지지 않은 7세기 신라의 두 스님 그리고 고구려의 현유 등이 구법을 위해 인도를 여행한 기록이 있다.[250]

조공과 무역 그리고 유학

고구려, 신라, 백제의 삼국 시대에 당나라로 정기적으로 보낸 사신은 연례 조공사(朝貢使)와 1, 2월에 1회씩 보낸 신년 하례사(賀禮使)가 있다. 618년 당나라가 중국을 통일한 이후 삼국에서는 모두 당에 사신을 보냈는데, 고구려는 619년 2월, 신라는 621년 7월, 백제는 621년 10월에 각각 당나라에 처음으로 사신을 파견하였다. 삼국이 중국 왕조에 대해 사신을 파견한 것이 문헌상에는 일반적으로 입조(入朝)·조공(朝貢)·견사(遣使) 등으로 기록되어 있는데 이것이 제도화된 것도 남북조 시대다.[251]

조공은 속국(屬國)이 종주국에게 때맞추어 예물을 바치는 일이나 그러한 예물을 이르던 말이다. 역사적으로 우리나라를 포함하여 중국 주변 국가들이 정기적으로 중국에 사절을 파견하여 예물을 헌상하던 행위를 말한다. 예물로 바쳐진 공물에는 의례적으로 하사(下賜) ·상사(賞賜)라는 이름의 답례물이 주어져서 이 과정을 통해 이들 국가 간에 조공무역이 자연스럽게 이루어졌다.

『삼국사기』에 의하면 고구려 대무신왕 15년인 서기 32년에 후한으로 사신을 보내어 조공을 바치니 후한 광무제(光武帝)가 왕호를 회복시켜 주었다는 기록이 있다. 이러한 관계는 백제와 신라도 마찬가지였다. 그러나 삼국 초기 대중국 관계는 단순한 입조에 불과하여 증답(贈答) 형식의 문물(文物) 교환을 통해 보다 많은 선진 문물을 수용하려는 노력의 일환이었으며 이에 따라 조공사를 자주 보내어 필요한 재물을 수입하는 방편으로 활용되었다.[252]

고구려가 243년 전연(前燕)에 대하여 칭신(稱臣)하면서 전형적인 조공이 이루어진 후 고구려·백제·신라는 중국 남북조(南北朝)의 동진·송·남제·양·진·수 등과 300여 회 이상 사절 왕래와 교환이 있었다. 이후 714년과 716년에는 하정사(賀正使)로 당나라에 들어간 사신들이 당의 관직을 받기도 했다. 이 시기에 당과 문화 교류는 매우 빈번하였고 유학생 수도 상당하여, 840년에는 105명의 학생과 질자(質子)[ii]가 일시에 귀국했다

ii 볼모의 다른 표현으로 항복이나 우호 관계를 보장하기 위해 사람을 볼모로 하던 일로 유질(留質)·인질(人質)이라고도 한다.

는 기록이 있다.[253]

고려와 송나라 관계도 신라와 당나라 관계의 연장에 다름 아니다. 그러나 이러한 상황이 요(遼), 금(金), 원대(元代)에는 의례적 상호 관계에서 압제에 의한 지배성이 강한 종속적인 성격으로 변질된다.[254]

고려 시대에는 사신단(使臣團)에 의한 교역과 상인단(商人團)에 의한 교역으로 무역이 이루어졌으나, 조선 시대에는 조공과 회사(回賜)의 형식 이외에는 모든 대외무역을 허락하지 않았다.[255] 그러자 조선에서는 명나라 문물을 더 많이 얻기 위해 연삼공(年三貢)을 주장하여 정월 초하루 하정사(賀正使), 황제의 생일을 축하하는 성절사(聖節使), 황태자의 생일을 축하하는 천추사(千秋使)에 동지사(冬至使)를 추가하였고, 다시 수시로 사은사(謝恩使) ·주청사(奏請使) 등의 사신 편에 조공품을 보내고 답례품을 받아 왔다. 이때 이들이 가지고 간 조공품 이외의 물건으로 사무역(私貿易)이 행해지기도 했다.[256]

파견 목적은 의례적인 것뿐만 아니라, 진공(進貢)과 회사라는 물적 교환을 통한 무역적인 측면도 있었다. 그러나 7세기 초·중엽 당나라에 대한 사신 파견은 삼국 간 급박한 역학관계 속에서 당나라 지원을 얻어 보려는 정치적 측면이 중요하게 작용한 것으로 보인다. 고구려에서 영류왕 2년에 사신을 당에 보내 조공한 것도 고구려와 적대관계에 있던 수나라를 대신하여 새로운 통일 왕조인 당이 건국되자 대당 화해 정책을 모색하려는 고구려 정책에서 비롯된 것이라 할 수 있다.[257]

태종 무열왕(太宗武烈王) 김춘추(金春秋)의 대당 외교에서는 이러한 측면이 더욱 두드러진다. 648년 이창(伊飡)[iii] 김춘추와 그 아들 문왕(文王)을 보내 당에 입조하게 한 것과, 650년 김춘추 아들 법민(法敏)을 보내 당나라 군주 위업을 찬양한 오언시 태평송(太平頌)을 당 고종에게 바치게 한 것은 신라의 자구책 성격이 강한 것이었다. 또한, 혜공왕 대는 신라 사신이 빈번히 당에 파견되었는데 이는 혜공왕파가 그들의 정권 회복을 위해 당을 정치적으로 이용하고자 했기 때문이다. 태종 무열왕은 660년에 백제를 치기 위해 사신 김인문(金仁問)을 당에 파견하기도 했다.[258] 따라서 당나라에 대한 신라 사신 파견은 경제·문화적 측면은 물론 정치적 측면까지 포괄적으로 살펴보아야 하며[259] 여행사(旅行史)적으로는, 이를 통해 많은 사람들이 당나라를 드나들게 되었다는 것이 중요한 측면이다.

iii 신라 시대의 관등. 17관등 중의 두 번째로 이척손(伊尺飡) 혹은 이간(伊干)·일척간(一尺干)·이찬(夷粲)이라고도 한다.

『삼국유사』에는 연오랑(延烏郞)과 세오녀(細烏女)에 관한 설화가 실려 있다. 본래 박인량(朴寅亮)이 지었다고 알려진 「수이전(殊異傳)」에 실려 있던 이야기인데 고려 때 『삼국유사』에 채록되었다.[260] 이 설화는 단순한 연오랑과 세오녀 부부에 관한 설화가 아니고 고대 태양 신화의 한 원형으로 여겨지고 있으며 다음은 설화의 줄거리다.[261]

신라 8대 아달라왕(阿達羅王) 재임 시절 동해 바닷가에 연오랑과 세오녀 부부가 살고 있었다. 어느 날 연오랑이 바다에 나가 해조(海藻)를 따고 있는데, 갑자기 바위 하나가 나타나더니 연오랑을 싣고 일본으로 가 버렸다. 일본 사람들은 범상한 일이 아니라며 연오랑을 세워 왕으로 삼았다. 세오녀는 남편이 돌아오지 않자 이상히 여겨 바닷가에 나가 찾아 헤매다가 남편이 벗어 놓은 신발을 바위에서 발견했다. 세오녀가 그 바위 위에 올라갔더니, 바위는 세오녀도 싣고 일본으로 갔다. 일본 사람들은 이 사실을 왕에게 알렸고 왕이 된 연오랑은 세오녀를 귀비(貴妃)로 삼았다.

이 일이 있고 나서 신라에서는 해와 달이 광채를 잃었

다. 일관(日官)[iv]은 왕에게 아뢰기를 "해와 달의 정기(精氣)가 우리나라에 있었는데, 이제 일본으로 가서 이런 괴변이 생겼다"고 했다. 왕이 사자(使者)를 보내서 두 사람을 찾으니 연오랑은 "내가 이 나라에 온 것은 하늘이 시킨 일인데 어찌 돌아갈 수가 있겠소. 그러나 나의 비(妃)가 짠 고운 비단이 있으니 이것으로 하늘에 제사를 드리면 해결될 것"이라며 사자에게 비단을 주니 사자가 돌아와서 사실대로 고했다. 그의 말대로 하늘에 제사를 드렸더니 해와 달의 정기가 전과 같이 되돌아 왔다. 이에 그 비단을 어고(御庫)에 간수하고 국보로 삼았다. 이후 그 창고를 귀비고(貴妃庫)라 하고, 하늘에 제사 지낸 곳을 영일현(迎日縣) 또는 도기야(都祈野)라 했다. 일월신의 도일(渡日) 설화로 연대와 작자 미상의 이 이야기는 박인량의 『수이전』 속에 실려 있던 것이다. 그러나 오늘날 『수이전』은 전하지 않고, 대신 일연의 『삼국유사』와 서거정(徐居正)의 『필원잡기(筆苑雜記)』에 옮겨 실려 전해 온다.

포항에서 직선으로 동해를 건너면 일본 시마네현에서 40여㎞ 떨어진 오키섬에 닿는다. 오키섬에서는 해마다 8월 15일이면 색동으로 치장한 배를 바다에 띄우는 정령주 축제가 열린

iv 천문관측과 점성을 통해 길흉을 점친 삼국 시대 관리.

다. 정령주는 조상의 혼령을 모시어 고향으로 보내는 배다. 아득한 옛날 바다를 건너온 조상들의 넋을 다시 고향으로 돌려보내는 의식이다. 또한 오키섬의 이웃인 시마네현에서는 바다를 건너와 왕국을 건설했다는 가무스사노오노 미코토와 그의 부인 이나타히메노 미코토에 관한 신화와 함께 가무스사노오노 미코토와 그의 아들을 모시는 가라쿠니신사[韓國神社]가 있다. 일부 학자들은 이 신사와 연오랑·세오녀와의 연관성을 강하게 주장하고 있어 연오랑과 세오녀가 일본에서 신격화되고 있음을 뒷받침하고 있기도 하다.[262]

고구려 보장왕 아들 약광과 1799명의 고구려인들은 716년 사이타마현 남부에 고려향(高麗鄕)을 건설한다. 약광이 일본에 도착한 것은 666년이다. 고구려 권력 투쟁에서 밀린 약광은 일본으로 건너왔다가 고구려가 나당 연합군에 패해 멸망하자 일본에 정착한다. 약광은 일본에서 고구려 도시를 건설한 후 748년에 생을 마감한다. 일본 위성족적 연구가 나카노 후지오 박사는 일본에 머물던 기존 고구려 유민들과 약광의 이동 경로를 추적해 이들이 가나가와현 오이소 해변에 도착했다는 것을 밝혀냈다. 이들은 이후 고려군(高麗郡)을 건설하고 지금도 도쿄에서 50km 떨어진 사이타마현 작은 도시 고려향의 존재로 남아 있다. 이곳에는 고구려역, 고구려 택시, 고구려 신사도 있다.[263]

그러나 한국 측 사서에는 이런 사실(史實)이 전혀 전해지지 않고 『일본서기』와 『속일본기』 등에만 전해지고 있다. 약광의 이름이 처음 등장하는 것은 『일본서기』 천지 5년(666)으로, 보장왕이 왜에 파견한 사신단의 부사 자격으로 일본을 방문했다는 기록이다. 668년 고구려가 나·당 연합군의 공격으로 패망하면서 그는 귀국할 기회를 잃었다. 일본 조정은 그에게 종5(위하)의 관위를 내렸으며, 대보 3년(703)에는 문무천황(文武天皇)으로부터 고려 왕(高麗王) 카바네[姓]를 받았다고 『속일본기』는 적고 있다. 『일본서기』 기록은 666년에 고구려에서 태대형 '현무' 약광이 야마토 정권에 사신으로 왔다는 내용이고, 『속일본기』 기록은 일본에서 약광에게 고려 왕씨를 하사했다는 것이다. 다만 현무약광과 고려약광이 동일인물인지는 확실하지가 않다. 다만 이를 끝으로 일본 역사에서 '약광' 내지는 '고마노코키시'라는 카바네를 칭하는 인물은 전혀 등장하지 않고 있으며, 『일본서기』 '현무약광'과 『속일본기』 '고려약광'이 동일인물인지 여부도 아직 증명되지 않고 있다.

그러나 약광과 함께 정착했다는 고구려 유민들의 숫자가 1799명이나 되었다는 기록과, 고구려 멸망 후 일본에 흩어져 살던 1799명의 유민들을 규합하여 고려군을 형성했다는 역사적 기록만으로도 해당 지역에서 그에 대한 인식이 어땠는지를 증명해 주며, 이는 그가 고구려 왕족이었다는 사실을 충분히 뒷받침하고 있다고 볼 수 있다.

연행 일기들

혜초 이후 한반도 선조들의 국외여행 기록은 조선 시대 때 사신으로 중국을 다녀온 사람들의 연행록이 다수 전해지고 있다. 조선 시대 국외여행은 극소수 선택받은 사람들만을 위한 것이어서 조천이나 연행, 그리고 통신사행이 외부 세계와 이어지는 통로였다.

연행(燕行)이란 청나라가 심양에서 수도를 북경으로 옮긴 후 북경의 옛 이름인 연경으로 가는 사행(使行)을 일컫는 말이다. 조선 전기에는 명나라에 보내는 사신을 조천사(朝天使)라 했으나, 조선 후기에는 청나라의 도읍인 연경에 간 사신이란 의미로 연행사라 했다. 조선이 청에 파견한 사신은 청의 도읍이 심양(瀋陽)일 때는 동지사(冬至使)·정조사(正朝使)·성절사(聖節使)·연공사(年貢使)로 매년 4회씩 보냈다. 그 뒤 도읍을 연경으로 옮긴 후부터는 동지사로 통합되어 연 1회 정기 사행이 시행되었다. 임시 사행은 사행 목적에 따라 사은사(謝恩使)·주청사

(奏請使)·진하사(進賀使) 등이 부정기적으로 파견되었다.[264]

모든 사행은 조공품(朝貢品)이 수반되었기 때문에 조공과 이에 대한 답례인 회사 형태의 연행무역(燕行貿易)이 이루어졌다. 사신단의 사행 때는 공무역, 사무역과 함께 밀무역도 활발하게 이루어졌다. 여진과도 북평관(北平館)을 세워 사신을 맞아들이면서 교역도 함께 진행되었다. 사행 인원은 사행 종류에 따라 달랐으나, 대부분 삼사(三使) 즉 정사, 부사와 서장관 각 1인, 역관 19명, 의원, 사자관(寫字官),[v] 화원(畫員), 군관, 우어별차(偶語別差),[vi] 만상군관(灣上軍官)[vii] 그리고 마두(馬頭)와 하인 등 정관 30인을 포함해 통상 200~300명 선이었다.[265]

사신에 포함된 역관들은 연행에 합법적으로 휴대할 수 있었던 인삼을 이용해 출세와 함께 엄청난 부를 축적할 수 있었다. 군관으로는 정사가 네 명, 부사가 세 명, 서장관은 한 명의 전·현직 무관을 각각 데려갈 수 있었는데 자제군관이라 하

v 조선 때, 승문원(承文院)과 규장각에서 문서를 정서(正書)하는 일을 맡아 보던 벼슬.

vi 어학연수와 통역실무를 익히기 위하여 북경으로 가는 정기 사행이나 특별 사행이 있을 때마다 중국어·만주어·몽고어 전공별로 돌아가면서 1인씩 압물관(押物官)의 일원으로 차출되어 동행하였는데, 이들을 우어별차(偶語別差)라고 불렀다(한국고전용어사전, 2001).

vii 연행길에 삼사가 머무르는 곳을 정돈하고 식량을 관리하는 일을 맡았으며 의주 사람 중에 뽑았다(고미숙, 2016).

여 친인척을 데려가는 경우가 많았다.[266]

명대 사행로는 해로와 육로가 있었으나, 청대는 육로만을 이용했으며 행로는 명대와 큰 차이가 없었다. 여정은 한양을 출발하여 평양·의주·압록강·봉황성(鳳凰城)·연산관(連山關)·요동(遼東)·심양(瀋陽)·광영(廣寧)·사하(沙河)·산해관(山海關)·통주(通州)·북경까지 약 3100리였다. 기간은 40일 내지 60일이었으며, 북경 체류 기일까지 합치면 대략 5개월 걸렸다. 북경에 체류하는 기간은 명대는 40일로 제한되어 있었으나 청대는 60일까지 체류할 수 있었다. 따라서 이 기간 동안 사행원들은 공적인 활동 이외에 사적으로 중국 학자들과 접촉해 문화교류를 했고, 서점, 명소, 고적 등을 방문하기도 했다.[267]

당시 사행은 조선과 청나라 간 책봉과 조공 질서를 유지하기 위한 정례적 외교 행사였으며 조선으로서는 나라를 유지하기 위한 중요한 방편의 하나이기도 하였다.[268] 따라서 사행은 이를 수행하는 사신들에게는 막중한 업무였으나 사신들을 비공식적으로 수행하는 사람들에게는 별다른 소임이 없었다. 이들은 대개 친인척이 삼사신(三使臣)으로 갈 때 자제군관이란 이름으로 사행에 참가했다. 약간의 중국어 실력이나 필담을 나눌 만큼의 필력만 갖추고 있으면 그 자격이 충분했고 주어진 소임이 없었기 때문에 여행 자체를 즐길 수 있었다.[269] 연행 후 많은 사람들이 기록을 남겼지만 이런 연유로 인해 자제군관 출신인 홍대용, 김창업, 박지원의 연행록이 가장 뛰어난 사행 기록으로 평가되고 있다.

청나라를 다녀온 여행기인 연행록(燕行錄)에는 대체로 두 가지 유형이 있다. 첫째는 일기 형식을 취해 여행 체험을 날짜순으로 기록한 유형으로서, 김창업(金昌業)의 『연행일기(燕行日記)』를 비롯한 대부분의 연행록들이 여기에 속한다. 둘째는 비교적 드물지만, 인물·사건·명승고적 등 견문의 내용을 주제별로 나누어 기록한 유형으로서 홍대용(洪大容)의 『연기(燕記)』가 대표적이다.[270]

조선과 명나라는 조선 건국 초기부터 왕래가 잦았다.

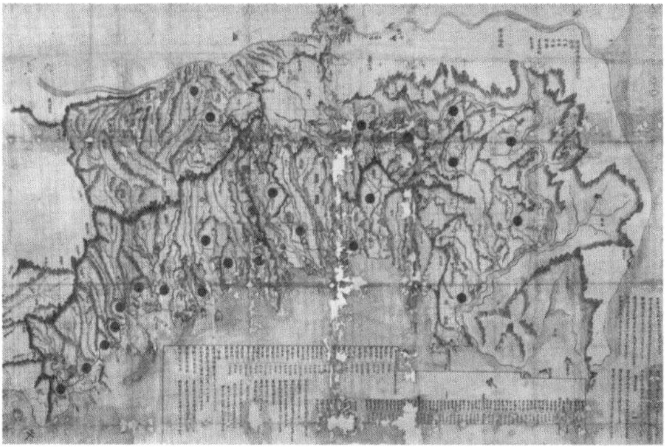

《함경도전도》(문화재청 소장)

건국 초기에는 매년 사신을 일곱 번 보내다가 점차 그 횟수가 줄어들긴 했지만, 병자호란 때까지 242년 동안 186회의 사신을 명나라에 파견했고 명나라 역시 이에 준하는 사신단을 보내왔다.[271] 조선 시대를 통털어 명나라와 청나라에 모두 870여 차례에 걸쳐 공식 사절을 보냈고 이를 기록한 연행록은 수백 편이 전해지고 있다. 이들 연행록은 대부분 한문으로 기록되었으나 홍대용의 「을병연행록」 등 다섯 편은 여성과 일반인을 대상으로 하여 한글로 쓰여졌다.[272]

조천록

허봉(許篈)의 「조천기(朝天記)」는 명나라를 대상으로 하여 이루어진 조천 사행 기록이기 때문에 엄격히 얘기하면 연행록에 포함될 수 없다. 「조천기」는 1574년 허봉이 성절사(聖節使) 박희립(朴希立)의 서장관으로서 질정관(質正官) 조헌(趙憲)과 함께 명나라 신종(神宗)의 생일을 축하하기 위해 여행하면서 기록한 것이지만 사행 이후 허봉이 귀환길에서 병을 얻어 객사하자 1605년에 동생 허균(許筠)이 편찬한 것이다. 「조천기」와 「과강록(過江錄)」으로 나누어 일기 형식으로 기록하였으며 노정과 함께 중국의 기상, 경제구조, 지리 등을 자세히 적고 있다.

1624년, 주청사(奏請使) 서장관으로 명나라에 다녀온 후

『조천록(朝天錄)』을 썼다고 알려진 이민성(李民宬)은 산동성 등주(登州)의 모습을 다음과 같이 묘사하고 있다.

> "우람한 성곽 안에는 인가가 꽉 차 있다. 빼곡하게 들어선 가게에는 물건이 산더미처럼 쌓여 있고 온 저자에 술 냄새와 차(茶) 내음이 코를 찌른다. 앞뒤에 치솟은 대갓집과 정문(旌門), 홍살문들, 그 번화함을 북경 지방과 비교하면 영평(永平)부와 맞먹는다. 등주 시장의 열기 속에서 조선 사람도 예외는 아니었다. 사무역(私貿易)용의 화물을 휴대한 통역과 군관들은 공무는 아랑곳없이 온종일 시장만 쏘다닌다."

『죽천행록(竹泉行錄)』은 죽천(竹泉) 이덕형(李德泂)이 1624년, 명나라에 다녀온 과정을 담은 한글 필사본 사행록이다. 당시 이덕형의 명나라 방문은 반정으로 왕위에 오른 인조의 즉위를 명나라로부터 승인받기 위한 것이었다. 『죽천행록』은 한글 연행록으로 잘 알려진 홍대용의 『을병연행록』보다 무려 120년이나 앞선 최초의 한글 사행록으로 알려져 있다. 다만, 이 사행록은 이덕형이 직접 기록한 것이 아니고 사행에 수행한 한 군관의 기록을 이덕형의 집안에 드나들던 허목(許穆)이란 사람이 정리한 것으로 알려져 있다. 이 한글 사행록에는 한문으로 쓰인 공식 보고서에서는 찾기 어려운 조선 사신들의 굴욕적인 모습들이 생생하게 담겨 있어 탁월한 문학성도 함께 평가받고 있다.[273] 『죽천행록』이 한글로 기록된 사행록인 데 반해 같은 사행 기록을 홍익한(洪翼漢)은 『조천항해록(朝天航海錄)』이라는 제목의 한문 기록으로도 남겼다. 이 두 사행록은 당시 이덕형이 중국으로 오간 길의 풍속과 문물을 상세히 보여 주고 있다. 다만 『조천항해록』은 조선에서 배로 중국으로 가는 항해와 중국에서의 활동 내용이 모두 기록되어 있는 데 반해, 『죽천행록』은 앞부분이 소실되어 중국 체류 내용만을 보여 주고 있다.

이덕형, 홍익한 사행은 1624년 9월 12일 등주를 떠나 북경으로 향했다. 산동성 성도 제남(濟南)까지의 길은 예로부터 중국과 신라, 고려, 발해, 일본 등 동북아시아 국가와의 중요 국제교통로이자 신라 승려들의 구도의 길이기도 했다. 실크로드이자 수트라 로드(불경의 길)인 셈이다. 연도 사찰에는 신라 스님을 접대하기 위해 신라원(新羅院)이 세워졌다. 당나라 때인 839년 신라 승려 양현(涼賢)은 이 길을 이용해 불교 성지 오대산까지 걸었고 다음 해 일본 승려 엔닌도 같은 길을 걸어 오대산에 갔다.

『죽천행록』에서는 당시 조선 사신들이 연경에서 겪은

《항해조천도》(국립중앙박물관 소장)

조선 중기 기록화 《연행도폭》은 1624년 조선 인조의 왕권을 승인받기 위해 바다 건너 명나라에 파견된 이덕형, 홍익한 일행의 행적을 담은 국내 유일의 바닷길 연행 화첩으로 평북 곽산군의 선사포항을 떠나 북경에 이르는 사절단의 모습을 생생하게 보여 주고 있다.

수모를 적나라하게 보여 주고 있다. 이덕형이 길바닥에 엎드려 출근하는 중국 관리들에게 글을 올리는 장면이나 중국 관리들이 황제 은혜를 아느냐며 사신들을 희롱하자 이덕형이 황제 은택이 팔황구주에 사무친다며 충성을 맹세하는 광경은 약소국 외교의 설움을 여과 없이 보여 주고 있다. 애원과 뇌물 공세를 통해 명나라로부터 인조 즉위 승인을 의미하는 면류관과 곤룡포를 겨우 건네받을 때까지 이어지고 있는 명나라 관리들의 횡포는 읽는 이의 가슴까지 미어지게 하고 있다.[274] 군사, 외교, 무역에서 미국과 중국 사이에서 줄다리기해 가며 일본에까지 치이고 있는 작금의 한반도 상황과도 너무나 흡사한 모습이어서 암울하기 짝이 없다.

연행록

조선 지식인들이 청나라를 다녀온 후 남긴 기록은 오늘날까지 수백 권이 전해질 만큼 그 숫자가 많다.[275] 이 중 박지원의 『열하일기』가 백미로 평가되고 있지만, 홍대용의 『을병연행록』과 노가재 김창업의 『노가재연행록』도 연행록의 걸작으로 평가되고 있다. 1832년 청나라를 다녀온 후 「연원직지(燕轅直指)」를 남긴 김경선(金景善)은 홍대용의 『을병연행록』 즉 『담헌연기(湛軒燕記)』, 김창업의 『노가재연행록』, 박지원의 『열하일기』를 연행록 삼가(燕行錄 三家)로 꼽았을 정도다.[276]

『노가재연행록』은 조선 후기 숙종 때 김창업(金昌業)이 지은 기행문으로 일명 『연행일기(燕行日記)』 또는 『연행훈지록(燕行壎篪錄)』이라고도 한다. 저자의 호를 따 이름 붙여진 『노가재연행록』은 저자가 그의 형 김창집이 동지(冬至) 겸 사은정사(謝恩正使)로 연행하게 되자 자벽군관(自辟軍官)[viii] 자격으로 청나라에 다녀온 숙종 38년 11월부터 이듬해 3월까지 5개월 동안의

viii 자제군관과 같은 말이다. 박지원, 홍대용 등이 바로 자제군관 신분으로 행동이 자유로워 탁월한 연행록을 남길 수 있었다. 김창업은 자신의 연행 목적이 오로지 중국의 풍물을 구경하기 위한 것이라고 스스로 밝히고 있을 정도다.

일기를 기록한 것이다.

김창업 일행은 1712년 11월 3일 서울을 출발하여 11월 30일 통원보(通遠堡), 12월 15일 영원위(寧遠衛), 12월 29일 연경에 각각 도착하여 이듬해 2월 14일까지 머물렀다. 소임을 마친 사행 일행은 2월 15일 연경을 출발하여 귀로에 올라 2월 21일 영평부(永平府)와 2월 29일 십삼산(十三山)을 경유하여 3월 30일 서울에 도착했는데 모두 146일에 걸친 왕복 6028리의 여정이다.[277]

이 사행 목적은 조선과 청나라 간의 네 가지 사은[ix]과 동지사를 겸한 것이었다. 인조 22년인 1644년 이후부터 1년에 네 차례 보내던 정기 사행을 단일화해 삼절(三節) 겸 연공사(年貢使)라 하여 동지에 보내도록 했는데, 바로 이 사행부터가 그 효시다. 평소 청나라 문화를 접하고 싶어 했던 김창업은 55세의 적지 않은 나이에 주위 사람 만류도 뿌리친 채 사행에 동행했다. 일기에는 기왕의 연행록들을 인용하거나 다른 점들을 소개한 것은 물론 자신의 여행에서 보고 느낀 것들을 함께 기록했다. 김창업이 사행 중 맡은 임무는 사신 행차의 모든 기구를 감수하는 타각(打角)이었으나 자벽군관의 자격으로 수행한 것이었

ix 네 가지 사은이란 1712년 국경을 확정한 백두산정계비의 건립, 예단을 줄여 방물로 바꾸도록 한 일, 금 세공(歲貢)을 없애고 표피(豹皮)를 줄인 일, 국경을 넘어 청에 들어간 조선인에 대한 조사를 면제한 일 등을 말한다.

기 때문에 자유로이 여행하며 폭넓은 기록을 할 수가 있었다.

『노가재연행록』은 숭명배청(崇明背青)에서 북학(北學)으로 이어지는 시기를 대표하는 저술로서 당시 강희(康熙)의 치세로 융성하던 중국 사회나 사상의 변화를 잘 그려 낸 작품으로 평가되고 있다. 이 사행의 다른 기록으로는 최덕중(崔德中)의 『연행록』이 있다.[278]

『을병연행록(乙丙燕行錄)』은 조선 후기 북학파의 선구적 학자 홍대용(洪大容)이 영조 시대인 1765년 겨울부터 1776년 봄까지, 그의 작은아버지 홍억(洪檍)이 청나라 사신으로 갈 때 자제군관의 자격으로 수행하면서 쓴 연행록이다.

『을병연행록』은 한글로 쓰인 연행록으로는 다섯 손가락에 꼽힐 정도로 흔치 않은 사례다. 지금까지 확인된 한글 연행록은 이덕형의 『죽천행록』(1624), 홍대용의 『을병연행록』(1765), 이계호의 『연행록』(1793), 서유문의 『무오연행록』(1798) 등에 불과하다.[279]

『을병연행록』은 한문 버전 내용과 큰 차이가 없지만 건조하고 간략하게 쓰인 기왕의 한문 연행록들과는 달리 견문의 세밀한 묘사와 생동감 있는 서술을 통해 한글 기행문의 진수를 보여 주고 있다.[280] 한문 여행기인 『담헌연기(湛軒燕記)』가 사실 전달에 주력한 데 반해 이 작품은 신변의 일이나 개인적 감회를 한글로 정감 있게 서술하고 있기 때문이다. 결과적으로 『을병연행록』은 기왕의 연행록이 가졌던 격식과 용도를 넘어서서 독자 영역을 확대하는 데 크게 기여한 작품이라고 할 수 있다.

홍대용의 『담헌연기』 중 연경 체류기인 「건정필담(乾淨筆談)」 혹은 「회우록(會友錄)」은 홍대용이 연경(燕京) 건정가(乾淨街)에서 청나라 명사들과 필담으로 교제한 기록이다. 『열하일기』의 박지원은 「회우록」을 읽고 나서 홍대용의 벗을 사귀는 도리에 감탄하면서 자신도 이제야 벗을 사귀는 도리를 알게 되었다고 고백하고 있다. 홍대용을 통해 벗을 삼는 바도 보았고 벗이 되는 바도 보았으며 자신이 벗하는 바를 그는 벗하지 않음도 보았다고 했다. 박지원은 "우리나라가 너무 좁은 데다가 그나마 의논과 파벌이 갈려 서로 벗하지 않는다"고 하면서, "벗하지 못하면서 어찌 함께 도를 말할 수 있겠는가"라고 개탄하고 있다. 홍대용의 「회우록」은 박지원의 『열하일기』뿐만 아니라 박제가의 『북학의』, 서유문의 『무오연행록』과 이덕무(李德懋) 등에 영향을 주어 실학자들이 보다 넓은 세계를 지향할 수 있도록 도와주기도 했다.[281]

연행사들의 주요 임무 중 하나는 중국에서 출간된 최신 서적을 구해 오는 일이었다. 이들이 입수한 서적들은 당시 조선에서 널리 유통되고 있었다. 중국을 오가는 여행길은 홍대용 등의 북학파 학자들에게는 실용적 학문으로 나아가는 공간이기도 하였다. 연경 여행을 통한 수학, 천문학 같은 당시 접하기 어려웠던 서양 학문과 지식에 대한 탐구는 북학파 학자들의 사고를 발전시키는 데 크게 도움이 되었기 때문이다. 특히 홍대용의 연경 방문은 당시 북학파 학자들 중에서도 처음이어서 서양 문물과 실학을 도입한 업적이 매우 크다고 할 수 있다.[282]

특히 홍대용의 『을병연행록』은 반청 사상과 그 논리적 기반인 화이론(華夷論)을 정면에서 문제 삼고 이를 혁파하려고 한 점에서 크게 주목받고 있는 작품이다.[283] 역사는 돌고 도는 것이라고 하였던가. 오늘날에 와서도 중국과 미국 사이에서 화이론이 다시금 조명을 받고 있다. 당시 명나라에 대한 사대와 청나라와의 실리 사이에서 좌표를 잡지 못한 우리 조상들과 마찬가지로 군사와 교역을 두고 혼선을 빚고 있는 작금의 상황이 너무나도 흡사하기 때문이다. 이런 의미에서 연행록들에 대한 재조명과 이에 대한 새로운 독법이 절실한 시점이라고 할 수 있겠다.[284]

『북학의(北學議)』는 박제가(朴齊家)가 관직에 등용되기 선인 1778년에 3개월의 청나라 여행과 1개월여의 연경 방문을 통해 직접 보고 경험한 청나라의 풍속과 제도를 기록한 견문록이자 사상서다. 책 내용에 유주(幽州)와 연주(燕州)라는 지명이 언급된 것으로 미루어 보아 이 주변 지역을 중심으로 여행하였다는 것을 짐작할 수 있다. 이 시기 연행록에 나타나는 사신의 경로는 대부분 의주를 거쳐 압록강을 건너 심양, 산해관, 통주강을 통해 연경으로 입성하고 있는 것과는 대조를 이루고 있는 대목이다.[285]

박제가는 평생 네 차례에 걸쳐 청나라를 여행했다. 29세 때인 정조 2년(1778)에 절친한 친구인 이덕무와 함께 연경에 가서 청나라 문화를 직접 견문한 것이 첫 번째 여행이다. 이 여행에서 돌아와 『북학의』를 일차 완성하고 「자서(自序)」를 썼다. 이후 수년간 내용을 보완하여 내편(內篇)과 외편(外篇)의 체계를 갖춘 『북학의』를 완성하였으며 이때 박지원과 서호수(徐浩修)[x]에게 부탁하여 「서문(序文)」을 받았다.

박제가는 젊은 시절부터 박지원을 비롯한 학문적 동지들과 조선의 부국강병 방안을 모색하였다. 27세 때 쓴 자전적 성격의 글인 『소전(小傳)』에서 "어려서 문장가의 글을 배웠는데 성장해서는 나라를 경영하고 백성을 제도할 학문을 좋아하였다"고 밝힌 것처럼 국가를 경영하고 백성을 잘살게 하기 위한

x 조선 후기의 천문학자이자 실학자로 정조의 신임을 받아 임종할 때까지 왕의 측근으로 활약하였고 규장각 설립에도 관여하였다.

학문 정진에 평생을 바쳤다.

『북학의』는 낙후된 조선 현실을 직시하고 이런 현실을 타개하기 위한 구체적 방안을 제시하는 내용으로 구성되어 있다. 다른 학자들과 달리 눈에 보이는 현실을 있는 그대로 인정하고 그에 대한 대안을 강구하려고 노력한 것이 박제가의 자세였다. 그는 누구보다도 솔직하게 조선은 천하에서 가장 가난한 나라라는 진단을 내렸다. 「서문」에서는 백성들의 곤궁과 궁핍한 재정을 지적하고 있고 「병오년 정월에 올린 소회」에서는 당시 국가의 폐단은 한마디로 가난이라고 진단하고 있다. 그는 조선의 가난한 현실을 직시하고자 하였으며 현실을 철저하게 객관적으로 분석하고, 그 결과를 이웃 나라들과 비교함으로써 시대를 앞서 조선의 운명을 예견하기도 하였다. 즉 박제가는 당시의 한반도 주변 정세에 대해 천하는 동쪽 일본으로부터, 서쪽으로 서장(西藏) 티베트, 남쪽으로 과왜(瓜哇) 자바섬, 북쪽으로 할하(喀爾喀) 몽골 도시에 이르기까지 전쟁의 먼지가 일지 않는 시기의 200년이나 된다고 진단했다. 이런 천재일우의 기회에 온 힘을 다하여 부국강병에 힘쓰지 않는다면 다른 나라에 변고가 발생할 때 더불어 국가 위기가 발생할 수 있음을 경고하였다. 그리고 이 경고는 수십 년도 채 지나지 않아 현실로 다가왔음을 후세 역사는 증명하고 있다.[286]

『무오연행록』은 정조 22년인 1798년 10월 삼절연공(三節年貢) 겸 사은사(謝恩使)의 서장관으로 연행(燕行)하였던 서유문(徐有聞)이 다음 해 4월 복명(復命)하기까지 왕복 160여 일을 기록한 기행문이다. 책의 전반부는 무오년 8월 9일부터 서장관에 임명된 뒤의 준비 과정과 10월 19일 중국 황제의 표문(表文)을 받고 길을 떠나 12월 6일 쌍양점(雙陽店)에 이르기까지 약 3개월간의 일기이다. 책의 후반부는 12월 7일 쌍양점에 머무르고 8일 길을 떠나 19일 연경에 들고 22일까지 연경에 머무른 일기, 12월 23일부터 기미년 2월 6일까지 연경에 머무른 일기, 2월 7일 돌아올 길을 준비하여 2월 8일 연경을 떠나고 국경에 이른 3월 20일까지의 일기 등으로 구성되어 있다.[287]

이 책은 연경 체재 일기가 대부분을 차지하고 있는데, 홍대용이나 박지원의 연행록보다 그 관찰의 폭이 제한되어 있는 느낌을 주고 있다. 그것은 서유문이 다른 군관들처럼 자유스러운 신분이 아니라 서장관이었기 때문이었을 것이다. 다른 한편으로는 당시가 건륭제(乾隆帝) 상중(喪中)이었던 만큼 나들이가 자유롭지 못했던 때문일 수도 있다.[288]

조선 정조 때 박지원의 『열하일기』는 한문으로 기록된 기행문으로 전문 연구자들에 의해 세계 최고 여행기의 하나로 평가받고 있다. 따라서 『열하일기』는 이 책 뒷부분에서 따로 다루기로 한다.

유민과 전쟁포로들의 기록

우리 선조들의 국외여행을 다루면서 가장 서글픈 역사는 공녀(貢女)들에 관한 것이다. 전쟁에 지거나 속국 입장에서 우리 선조들이 노예로 승전국이나 종주국에 바쳐져서 사고팔린 치욕과 울분의 역사가 공녀들이기 때문이다. 왕과 나라가 백성을 지켜 주지 못하면 왕과 나라 존재 자체가 무의미하다는 것을 처절하게 보여 주고 있기도 하다. 그럼에도 불구하고 동기나 목적을 불문한 여행사(旅行史)를 다루어 보자는 게 이 책의 저술 목적이기 때문에 처참하고 참혹한 여행 역사라도 비껴가지 않기로 한다.

전쟁포로로 외국으로 끌려간 역사는 삼국 시대부터 있어 왔다.[280] 고구려가 망한 뒤 당나라는 고구려 왕족과 장군 등을 포함하여 20만여 명을 당나라로 끌고 갔으며 고구려 유민들을 당나라 곳곳에 강제 이주시켰다.

원나라와 조선 시대에는 여성들의 국외 경험도 적지 않았다. 그러나 여성의 국외여행은 주로 전쟁포로나 정략상 교환 등의 형태로 이루어졌다. 공녀가 그 대표적인 사례다. 공녀란 고려와 조선 시대에 원나라나 청나라의 요구로 여자를 바치던 일이나 그 여자를 의미한다. 다시 말하면 공녀는 조공무역의 일환으로 공물로 취급되었던 것이다.[290]

『고려사』에 따르면 원나라 간섭기 80년 동안 처녀공사신이 50여 차례나 고려에 와서 매번 150여 명의 고려 여인들을 징발해 갔다고 한다. 또한, 수시로 뽑아 간 여인들 역시 그 수를 셀 수 없었다고 했다.

원나라 처녀공사신이 오면 사람들은 딸을 숨기거나 머리를 깎아 중이 되게 하였다. 혹은 딸의 나이가 매우 어림에도 불구하고 재빨리 혼인을 시키는 방법으로 공녀 사냥으로부터 벗어나려 했다. 선발된 공녀들은 서울을 출발하여 개성을 지나 평양, 안주를 거쳐 의주에 이르는 두 달 이상의 긴 여행길에 올라야 했다.

원나라에 끌려간 공녀들은 황궁의 궁인이나 시녀가 되었으며 이역만리 타국 궁궐에서 산송장처럼 살다 생을 마감하거나 성 노리개로 전락하기 일쑤였다. 원나라 말기에는 궁중의 급사나 시녀는 모두 고려 여인으로 채워졌으며 지방 관리들까지도 고려 여인을 처첩으로 거느릴 정도였다. 이즈음 기황후(奇皇后)를 비롯한 고려의 공녀들 덕택에 원나라에는 이른바 고려풍(高麗風) 또는 고려양(高麗樣)이라고 불리는 고려의 음식과 복식이 유행하게 되었다. 그러나 기황후 사례는 조족지혈(鳥足之血)에 불과한 경우다.

한편, 명의 주원장이 원의 수도인 대도를 접수하자 대도에 거주하는 고려인 가운데서 피신하여 귀국하는 이가 많았다. 이성계의 심복이 되어 명과의 외교에 공을 세운 조반(趙胖)도 이때 고려로 돌아온 경우다.

원나라와 고려 간 인적 교류는 혼인을 통해서도 이루어졌다. 원나라는 그 세력이 확대되면서 고려와 통혼을 요구했는데 원나라 세조인 쿠빌라이 딸을 비롯해 일곱 명의 황실 딸들을 고려 왕 왕후로 삼게 하였다.[291]

조선인들은 임진왜란과 병자호란을 통해 일본과 청나라로 끌려가 모진 삶을 영위해야만 했다.[292] 광해군 대, 조선의 요동 정책과 조선군 포로에 관한 연구[293]와 청나라에 잡혀간 조선 백성의 수난사[294] 등에 전쟁포로들의 고난사가 정리되어 있다. 『책중일록(柵中日錄)』[295]에서는 심하 출병의 배경과 준비, 압록강을 건너 심하까지의 배고픈 행군, 첫 접전에서의 승리, 부차에서의 패전과 강화 교섭, 조선인 포로의 압송과 학살, 혁도아랍에서의 수용소 생활과 외교 교섭, 자편성의 수용소 생활과 지지부진한 강화 교섭, 외교의 진전과 귀환 등의 기록을 통해 조선인 포로들의 실상을 보여 주고 있다.

도자기 전쟁이라고도 일컬어지는 임진왜란을 계기로 일본에 끌려간 아리타[有田] 지역의 이삼평(李參平)가와 사쓰마[薩摩] 지역의 심수관(沈壽官)가 등 조선 도공 가문에 의해 아리타유키[有田窯]와 사쓰마유키[薩摩窯] 같은 일본 백자가 만들어졌고 이들 백자는 자포니즘(Japonism)의 돌풍을 일으키며 한때 유럽 도자기 시장을 석권하기도 했다.[296]

우리나라 사람들이 가장 많이 전쟁포로로 끌려간 것은 17세기 정묘호란과 병자호란을 겪으면서 청나라로 공출되어 간 사람들이다. 병자호란 때만 최소 60만 명 이상이 청나라로 끌려가 노예로 팔려 나갔다고 한다.[297] 병자호란은 청 태종이 명나라를 치기 위한 인력을 확보하기 위한 전쟁이기도 했던 것이다. 실제로 청나라로 팔려간 조선 백성들은 청과 명나라 간의 전투나 농사와 토목사업에 투입되었다.[298]

청나라로 끌려간 조선 포로들은 군인 소유가 확실한 포로는 자기 집으로 데려갔고 국가 소유 포로는 노예시장에 넘겨졌다. 이미 노예가 된 조선 포로들은 매매나 속환[xi] 대상이

xi 1627년의 정묘호란과 1636년의 병자호란 때 후금 또는 청나라에 잡혀간 조선인 포로의 송환에 따른 대가를 말한다. 속환은 국가에서 몸값을 치러 주는 공속(公贖)과 가족들이 개별적으로 치르는 사속(私贖)이 있었다. 왕족이나 참전

었다.[299]

노예 시장에 오면 노예를 사려는 사람들은 노예의 성별을 불문하고 건강 상태부터 보았다. 옷을 모두 벗게 한 후 앞뒤와 피부를 살폈다. 벌거벗긴 채로 앉아 일어서기를 반복시키고 발바닥과 치아도 살펴보았다. 마치 지금의 우시장에서 소를 살 때의 모습과 서양 사람들이 아프리카 노예를 매매하던 모습을 연상시키는 장면들이다. 여자 포로를 사서 노비로 삼으려는 사람은 여자의 가슴, 성기, 체모를 살폈다.

포로 속환은 대부분 처량하기 그지없었다. 그러나 전화위복이 된 사례도 있었다. 포로로 잡혀 온 이말간(李乯間)과 그의 딸은 황제의 눈에 띄어 시녀가 되었다. 황제의 보답으로 이말간에게는 조선으로 돌아오는 말과 식량이 하사되었고 조선으로 돌아온 이말간은 하루 아침에 조선의 귀빈이 되었다.

그러나 조선 조정은 속환으로 돌아온 환향녀들을 가족

고인들은 공속으로 하였고, 일반인들은 사속으로 속환하였다. 정묘호란 후에는 개시(開市)가 열리던 의주나 중강(中江)에서 행하였고, 병자호란 후에는 청의 수도 심양(瀋陽)에서 행하였는데, 조선 정부에서는 이를 위해 '속환사(贖還使)'라는 특별 사신을 보내기도 하였다. 심양 교외에 속환인들의 주인과 가족이 모여 속환시(贖還市)를 열고 몸값을 흥정하였으나, 그 값이 지나치게 상승하여 성사되기가 쉽지 않았다. 병자호란 후 3차에 걸쳐 이루어진 대규모 속환에서 실제로 성사되어 돌아온 사람은 2000명도 되지 않았다(한국민족문화대백과사전, 1991).

으로 복귀시킬지의 여부를 놓고 격렬한 논쟁을 벌였다. 지도층에서는 대체로 유교 이념에 입각한 논리가 우세하긴 했지만 조정에서 대책을 내놓지 못하자 백성들의 혼란은 가중되고 있었다. 결국 늘어나고 있는 환향녀들에 대한 조정의 대책은 미신적이고 심리적인 처방으로 대체되었다.

조선으로 돌아오는 입구의 개울에서 목욕을 하면 모든 부정이 씻어진다고 한 것이 그것이다. 널리 구제한다는 의미의 넓을 홍(弘)자와 건널 제(濟)자를 합하여 이곳을 홍제원(弘濟院) 개울이라고 했는데 이것이 현재의 홍제동이 된 유래다.

유민들은 외국에서도 한반도로 많이 흘러들어 왔다. 『조선왕조실록』에 의하면 북방 유목민족의 후예인 백정이 고려 때부터 한반도로 흘러들어와 조선 초기 인구의 삼분의 일 내지 사분의 일을 차지할 정도였다고 한다. 이들뿐만 아니라 몽골의 후예인 달단도 고려와 원나라 간 강화 이후 상당수가 한반도에서 정착했다.[300] 이 밖에 명나라와 청나라 교체기의 중국인 유민들의 한반도 유입, 위만 일행의 조선 진입, 여진족 즉 만주족들의 고려 편입, 왜인들의 한반도 남부 정착, 신라와 조선에 걸친 회회인(回回人) 즉 무슬림들의 한반도 정착 등 외국인들의 한반도 편입도 시대를 불문하고 끊임없이 이루어졌다.

삼국 시대 때 백제는 일본과 활발히 교류해 왔고 고려 시대에도 양국 간에 어느 정도 무역을 해 왔다. 조선 시대에는 도요토미 히데요시가 일본을 통일하고 조선을 침략한 것을 계기로 조선통신사 왕래가 시작되었다.

일본 요청으로 조선 왕실이 일본에 파견한 외교 사절 조선 통신사는 모두 열세 차례 이루어졌다. 통신사행은 짧게는 5개월 길게는 10개월까지 걸리는 여정으로 사신(使臣)에서 하급 선원에 이르기까지 매번 300명에서 500명의 인원이 참여했다. 정사, 부사, 종사관이 일본에 보내는 국서를 받들고 사행을 이끌었으며, 제술관과 세 명의 서기가 일본 문사들과 직접 만나 시와 필담을 주고받는 등의 문화 교류를 담당하기도 하였다. 이 외에도 화원, 악공, 선장 등 다양한 계층의 인물들이 사행에 참여했다.

열세 차례의 통신사 왕래 중 최초 세 차례 통신사들의 임무는 일본의 동향 파악과 함께 왜란 중 일본으로 끌려간 조선의 포로와 유민의 송환을 요구하기 위한 것이었다. 그래서 조선통신사의 정식 명칭도 회답 겸 쇄환사(回答兼刷還使)였다. 조선이 통신사(通信使)라는 이름의 사신을 이미 일본에 파견하고 있긴 하였지만 이때까지는 그야말로 소식을 전한다는 이상의 의미는 없었다. 신의를 전하려면 두 나라 사이에 우호적인 분위기가 조성되어 몇 차례의 준비 사절이 오고갔어야 하는데, 이 시기에는 서로 믿을 수 있는 분위기가 형성되어 있지 않았기 때문이다.

에도막부는 그 대표성을 국내외로부터 공인받기 위해 막대한 비용을 들여 통신사를 접대하였다. 중국과 외교가 단절되면서 대륙 문화를 공식적으로 받아들일 기회가 줄어들자 조선 정부에 각 분야의 전문가를 보내 달라고 요청하기도 했다.

통신사 숙소에 일본 전문가들이 찾아와 질문하고 조선 전문가가 답변한 내용이 바로 필담집(筆談集)인데, 선진문화를 읽어 보고 싶은 일본 독자, 자신의 이름을 널리 알리고 싶은 일본 문사, 책을 판매하여 이윤을 추구하려는 출판업자의 욕구가 모두 맞아떨어지면서 200여 종의 필담집이 곧바로 간행되었다.[301]

통신사로 일본을 향하는 사람들의 마음은 편치가 않았다. 육로가 아닌 넓디넓은 바다를 건너야 하는 사행이었기 때문에 안전을 보장받을 수 없었기 때문이다. 따라서 살아서 돌아오지 못할 것이라는 두려움도 있었다. 그러나 낯설지만 새로운 문물을 만나는 것에 대해 기대를 가지고 출발하는 사람들도

많이 있었다.[302]

조선에서 통신사 파견이 결정되면 일본은 조선통신사를 영접하기 위한 준비에 들어갔다. 통행하는 연도를 정비하고 이들이 묵을 만한 장소를 물색하거나 장소가 마땅치 않을 경우는 새로운 숙소를 지었다. 일본은 또한 조선의 사신들을 위해 술을 포함해 다양한 종류의 음식을 차려 주었다.

통신사행 당시 조선은 일본에 대해 문화적 우월감이 넘쳐 있었다. 그러나 문화적 자신감으로 충만한 상태로 일본에 갔던 통신사들 가운데는 일본 문화를 접하고 난 후 큰 충격을 받고 돌아오는 이들도 있었다. 특히 18세기 일본의 번성한 출판 문화는 그들에게 커다란 놀라움이었다. 중국 책과 조선 책을 취급하는 일본 서점의 규모는 엄청난 큰 규모였기 때문이다. 사행 기간 동안 통신사행들이 써 준 글이 돌아오는 길에 이미 출판, 유통되는 빠른 출판 속도는 조선에서는 있을 수 없던 일이었다.

일본 도시들의 화려한 문화도 충격을 안겨 주었다. 거리를 메운 남녀노소의 사치스러운 복색과 치장은 화려했고 휘황찬란한 야경과 건축물들은 조선에서는 볼 수 없었던 풍경이었다. 이러한 모든 정경은 조선의 문화적 우월감을 누르는 압력으로 느껴지기도 했다. 이들의 여정은 정치, 경제, 사회, 문화 등 여러 분야에서 일본의 사정을 알려 주었고, 통신사행을 다녀와 남긴 많은 기록들은 당시 조선과 일본 간의 외교 관계를 알려 주고 있다.

통신사들의 일본 사행은 대체로 부산을 출발하여 쓰시마에 머문 후 아이노시마와 아카마가세키(시모노세키)를 지나 일본 내해인 세토나이카이로 들어가 가미노세키, 가마가리, 도모노우라, 우시마도, 무로쓰, 효고 등에 기착한 후 육로의 관문인 오사카에 도착한다. 오사카에 정박하면 배에 전체 사행단의 절반 정도가 남게 되고 나머지 인원은 에도(도쿄)까지 가게 된다. 오사카강을 거슬러 올라가서 교토, 나고야, 오카자키, 스루가, 에지리, 요시와라, 미시마, 하코네, 시나가와 등을 거쳐 에도로 들어가는 것까지가 나머지 여정이다. 돌아오는 길은 이와 반대의 여정으로 해로와 육로를 모두 합해 4600리(1800㎞)였다.

세종 시기에는 매년 일본 배가 200여 척 들어오고 이에 따라 5500여 명이나 되는 일본인의 왕래도 있었다.[303] 이에 따라 조선은 현재의 웅천인 내이포(乃伊浦), 현재의 동래인 부산포(釜山浦), 현재의 울산인 염포(鹽浦)를 개항하고 일본인들 거주를 허용하기도 했었다.

중국, 왜, 몽골, 여진 등의 말에 능통했던 신숙주(申叔舟)는 자신의 외교적 치적과 노하우를 후대에 전하기 위해 기록을 남겼는데 그게 바로 성종 때인 1471년에 집필한 『해동제국기(海東諸國記)』다. '해동제국'이란 일본 본국과 일기(一岐), 구주(九州), 대마(對馬)와 현재의 오키나와인 유구국(琉球國)을 함께 지칭한 말이다.[304]

조선 전기 정치가이자 외교관이었던 신숙주는 세종부터 성종까지 여섯 군주를 보좌했으며 외교, 국방, 문화 각 분야에서 탁월한 업적을 남겼다. 명나라 명문장가로 1451년에 조선에 사신으로 왔던 예겸은 신숙주의 글재주를 본 후 조선의 '굴원(屈原)'이라며 높이 치켜세우기도 했다. 신숙주는 세종의 명으로 훈민정음 창제 작업에 참여하면서 명나라 한림학사 황찬의 도움을 얻기 위해 열세 차례나 요동을 다녀왔으며 1443년에는 서장관으로 일본을 다녀왔다. 이러한 경험은 신숙주로 하여금 동아시아 외교에 대한 탁월한 감각을 갖추게 해 주었다.[305]

15세기 조선은 명에 대한 사대 정책을 펼치면서 여진, 왜, 유구 등과는 교린 관계를 유지하고 있었다. 신숙주는 『해동제국기』에서 풍속이 다른 나라 사람들을 편안하게 접대하기 위해서는 반드시 그 실정을 알아야만 예절을 다할 수 있고, 예절을 다해야만 그 마음을 다할 수 있다고 하는 교린 원칙을 제시하고 있다.

『해동제국기』는 성종 때 처음 나온 이후로 조선 후기까지 일본으로 가는 사신들이 반드시 참고해야 하는 외교지침서 역할을 했다. 신숙주는 1475년에 59세를 일기로 세상을 떠날 때도 성종에게 일본에 대한 경계를 게을리하지 말 것과 일본과의 화평을 해치지 말 것을 주청했다. 세조부터 성종까지의 왕들은 외교에 관한 신숙주의 충언을 받아들였다. 그러나 일본에 대한 경계를 차츰 게을리함으로써 결국 임진왜란을 겪고, 경술국치를 당하고 말았으니 이는 신숙주 외교 철학을 후대 군주들이 받아들이지 않은 탓이다.[306]

이예(李藝)는 고려 말과 조선 초에 창궐하던 왜구를 제압하기 위해 일본을 드나들던 외교관이다. 그는 이 과정에서 조선인 포로 667명을 구출해 낼 정도로 그 능력이 탁월했던 외교관이었다. 1373년생인 이예는 43년 동안 40여 차례에 걸쳐 일본 사신행에 참여하여 조선과 대마도 사이의 사절 역할을 수행했다. 40여 회의 이예 사신행 중 30여 회의 목적지는 대마도였다. 그는 대마도주 종정무(宗貞茂)에게 조선 조정을 대신하여 관직을 하사하면서 왜구들을 통제했다. 반면, 대마도는 조선으로부터 식량 원조와 문화적 지원을 대가로 받았다.

울산에서 태어난 이예는 여섯 살 때 어머니가 왜구에게 납치된 후 결국 찾지 못했다. 이예가 스물넷이던 1396년 12월에 왜구 3000명이 운산군수 이은을 납치했다. 당시 이예는 아전으로 있었는데 다른 아전들은 모두 도망갔으나 이예만은 관아의 은잔을 들고 이은을 좇았다.

바다 한가운데에서 이예는 상관을 모시고 싶다며 같이 있게 해 달라고 왜구에게 간원하여 허락받은 후 이은을 극진히 모신 일로 왜구들을 감동시켰다. 또한 가져간 은잔을 왜구 우두머리에게 주어 마음을 사니 왜구는 이은과 이예를 모두 죽이지 않았다. 결국, 이예 일행은 다시 조선으로 돌아왔다.

이후 이예는 조정으로부터 충절과 기지를 인정받아 아전 신분에서 벗어나 벼슬을 하게 되었다. 벼슬에 나간 이예는 1400년부터 1443년까지 거의 매년 한 차례씩 현해탄을 건너가 667명의 포로를 송환해 왔다. 당시 항해 기술로는 일본에 다녀오는 것이 6개월이 넘는 긴 일정이었으니 그의 일생의 반 이상을 일본과 바다 위에서 보낸 것이다.

세종도 이런 이예를 총애하였다. 그가 억울한 누명을 썼을 때는 그를 끝까지 믿어 주었고 그의 사사로운 실수는 눈감아 주었다. 이런 세종의 총애에 보답하여 이예는 목숨도 아끼지 않고 71세의 노구를 이끌고 현해탄을 건너는 것을 주저하지 않았다.[307]

『해유록(海遊錄)』은 숙종 때인 1719년 신유한(申維翰)이 도쿠가와 요시무네의 쇼군 즉위를 축하하기 위한 통신사행의 제술관(製述官)으로서 보고 느낀 것을 귀국하여 쓴 사행록이다. 1720년에 쓰인 원본 『해유록』은 신유한의 문집 『해양동유록(海槎東遊錄)』을 통칭하는 것으로서 일기처럼 쓴 세 권의 『일록(日錄)』과 부록 「견문잡록(聞見雜錄)」이 포함되어 있다.[308]

신유한은 뛰어난 재주에도 불구하고 서얼이라는 신분으로 높은 관직엔 오르지 못하였다. 그가 통신사행에 참여하게 된 것도 같은 이유가 크게 작용했다. 통신사는 목숨을 걸고 바다를 건너야 하기 때문에 사대부들이 기피함에 따라 서얼 문사들이 참여하는 경우가 많았다. 그러나 일본에 다녀온 경험을 기록한 『해유록』으로 인해 신유한은 오히려 명성을 얻게 된다.[309]

신유한 이전의 사행록은 일본을 약소국 또는 조선보다

〈조선통신사 행렬도〉(국사편찬위 소장)

열등한 나라로 치부하여 그 문화를 배척하고 업신여기며 낮춰서 적거나 아예 적지 않았던 사례가 많았다. 그렇지만 『해유록』은 일본 문화와 관습에 대한 통찰과 이에 대한 치밀한 묘사와 역사와 지리에 대한 구체적인 정보 등이 다른 사행록에 비해 뛰어나 당대는 물론 후대에도 널리 읽혔다. 신유한 이후의 후배 통신사절들은 물론 일반인들에게도 『해유록』은 당시 일본에 대한 견문을 넓히는 데에 크게 도움을 주는 책이었다.

특히 통신사행으로 일본에 간 사람들에게 『해유록』은 필독서였으며 이로 인해 통신사 일기나 견문록에 자주 인용되었다. 1763년부터 1764년까지 일본을 다녀온 성대중(成大中)이 『일본록(日本錄)』이라는 책에 『해유록』을 인용한 초록을 실었던 게 그 예다. 김태준(金台俊)은 『해유록』을 박지원의 『열하일기(熱河日記)』와 더불어 기행문의 쌍벽이라며 그 문학성을 높이 평가하고 있다.[310]

교통과 통신이 발달한 오늘날 지구촌 시대를 살아가면서 꼭 필요한 타국 문화 수용의 중요성을 이미 300년 전 조선시대의 신유한이 생각했고 그것을 글로써 여러 사람들에게 전파했다는 것은 여행사적으로도 큰 의미가 있다고 하겠다.

『간양록(看羊錄)』은 형조좌랑(刑曹佐郎) 등을 역임한 강항이 선조 30년인 1597년 9월에서 1600년 5월까지 일본에서의 포로 생활을 기록한 것으로 일본의 내정, 국토의 특징, 정세 등을 상세하게 적고 있다. 강항은 원래 이 책의 제목을 죄인이 타는 수레란 뜻의 『건거록(巾車錄)』이라 하였으나 권필(權韠)이 강항의 절개를 칭송한 시구(詩句)인 "절위간양락(節爲看羊落)"을 후학인 윤순거(尹舜擧)가 차용하여 『간양록』이라고 개명한 것이다.

『간양록』은 비록 포로의 신분이기는 하지만 일본에서 2년 8개월간을 체류하면서 기밀에 속하는 많은 자료를 염탐하고 수집하여 쓴 것이기에 군사와 지리적으로 그 가치가 매우 높다. 이 중 「적중문견록(賊中聞見錄)」은 제목에서 알 수 있듯이 일본에서 보고 들은 것을 기록한 것이다. 「고부인격(告俘人檄)」은 포로들에게 당부하는 글로 일본을 비판하는 한편 임금의 은혜에 대해 강조하고 있다. 「예승정원계사(詣承政院啓辭)」는 승정원의 요구에 따라 쓴 것으로 일본의 사정에 대해 적고 있다. 가장 문학성이 높은 작품으로 평가되고 있는 「섭난사적(涉亂事迹)」은 포로 생활의 체험을 일기체로 기술한 글로 피란 상황과 함께 강항의 개인적인 심정을 기록하고 있다. 특히 「적중봉소」와 「적중문견록」에는 임진왜란과 정유재란에 참가한 왜장의 목록, 도요토미 히데요시의 사망과 이후 일본의 정세 변화 등이 상세하게 정리되어 있으며 왜군 장수들에 관해서는 장수들 간의 대립 관계까지도 구체적으로 기록하고 있다. 또한 조선의 군사제도, 성읍, 연해 지역 방비 등을 일본의 그것들과 상호 비교하여 문제점을 지적하고 그 대안까지도 제시하고 있다. 일본의 정세를 비롯하여 군사 조직까지도 정리한 것은 조선이 일본과 전쟁을 다시 하게 될 경우를 대비하기 위한 것이었다.

임진왜란 와중에 일본으로 끌려간 조선인 포로들 중에는 전문적인 기능을 갖춘 장인이나 일반 백성들과 함께 양반들도 많았다. 그렇지만 양반을 제외한 나머지 사람들은 그들의 체험을 남길 수 있는 방법이 없었기 때문에 『간양록』은 강항 개인 체험기일 뿐만 아니라 조선 포로들의 생활상을 대변하고 있는 공동 체험기이기도 하다.

비록 포로의 신분으로 일본을 다녀온 강항이었지만 이는 당시의 사대부에게는 흔치 않은 해외 체험이었다. 임란 이전에도 통신사들이 일본을 다녀와 기록을 남기긴 하였지만 통신사들의 기록은 제한적 관찰을 바탕으로 한 것이어서 의례적일 수밖에 없었다. 이에 비해 강항의 일본 체험은 일본의 현실을 있는 그대로 바라본 것은 물론 주자학이 일본에 뿌리내릴 수 있도록 도와줌으로써 조선 문명의 우월성을 과시했다는 측면이 있다.

『간양록』은 당시의 일본 견문록들 중에서는 비교적 상세하고 체계적으로 그 내용이 서술되어 있어 조선 후기 지식인들이 이를 많이 인용하고 있다. 『간양록』은 일본에서 번역되기도 했는데 1719년에 조선통신사로 일본에 간 신유한은 『간양록』이 오사카에서 발간된 것을 두고 적에게 기밀이 제공된 것이라며 안타까워했었다.[311]

이수광의 『지봉유설』 등에 수록된 「조완벽전(趙完璧傳)」은 정유재란 시 포로로 잡혀갔던 조완벽의 이야기로 지금의 베트남인 안남까지의 여행과 일본에서의 포로 생활을 적고 있다. 조완벽은 1597년 포로로 잡혀가 1607년 조선으로 돌아올 때까지 10여 년간의 포로 생활 중 일본 상선의 통역으로 안남까지 여행하게 된다. 이를 기록한 「조완벽전」은 17세기 초반 조선과 안남, 안남과 일본의 교류사와 함께 안남의 사회상을 알려 주고 있는 귀중한 자료로 평가되고 있다.[312]

1597년 정유재란 때 생원시에 합격하고 문과 급제를 꿈꾸던 스무 살의 조완벽은 경남 진주에서 왜군에 잡혀 일본으로 끌려갔다. 그는 다른 조선인 포로들처럼 일본에서 노예 생활을 했으나 한문에 능통하다는 것이 알려지면서 교토의 무역 상인에게 팔려갔다. 유구(오키나와), 여송(필리핀), 안남(베트남) 등지를 돌며 해상무역을 하던 일본 상인이 현지인과의 필담을 위해 한학이 뛰어난 조완벽의 능력을 필요로 했기 때문이었다. 이로 인해 조완벽은 세 차례에 걸쳐 베트남 등 동남아를 돌며 특이

한 경험을 하게 된다.[313]

조완벽이 베트남에 도착하자 그곳의 고관과 유생들은 조완벽을 집에 초대하여 좋은 음식으로 대접했다. 고관과 유생들은 이때 조선 선비 이수광의 시를 보여 주며 베트남 유생들이 이를 공부하고 있다고 알려 주었다. 그 덕분에 좋은 대접을 받게 되었던 조완벽은 조선에 돌아와 친구 김윤안에게 이런 사실을 전했는데 이 얘기가 마침내 이수광의 귀에까지 들어가게 되었다.

이수광은 1597년 사신으로 연경에 갔을 때, 안남 사신 풍극관(馮克寬)과 같은 숙소에서 50여 일간 머물며 필담으로 시를 주고받은 적이 있었다. 이때 써 준 시가 멀리 베트남에까지 소개되어 유행하고 있었던 것이다.[314] 이를테면 지금의 한류가 당시의 베트남에서도 풍미하고 있었던 셈이다.

「금계일기(錦溪日記)」는 1597년 남원 전투에서 의병으로 참가한 노인(魯認)이 일본에 포로로 끌려가 중국 사람과 함께 탈출에 성공해 명나라를 거쳐 귀국하기까지의 기록이다. 호가 금계(錦溪)인 노인이 죽은 지 약 200년 뒤에 후손들이 그의 일기와 시문(詩文)을 모아서 『금계집(錦溪集)』을 간행하였는데 「금계일기」도 같이 수록하였다.

노인은 고향인 나주(羅州)에서 임진왜란을 만나자 권율

(權慄)의 막하에서 의병으로 활약하던 중 1597년(선조 30) 8월 남원 전투에서 왜군에 잡혀 일본으로 끌려갔다. 그곳에서 중국인들과 함께 배편으로 탈출하였다. 중국에 도착한 그는 일본에 대한 복수책을 명나라 조정에 내고 마침내 본국으로 호송되었다.

「금계일기」는 1599년(선조 32) 2월 22일부터 같은 해 6월 27일까지의 일기이나 앞과 뒤가 없어져서 완전하게 전해지지는 않고 있다. 그러나 일본에서의 포로 생활과 탈출 경위, 중국에 머물러 있는 동안 그곳 학자들과의 조선에 대한 질문과 답변 내용 등을 상세히 기술하고 있다. 이 외에도 중국에 표류하여 살아 돌아온 기록으로는 최부의 『표해록』이 있고, 일본에 포로로 끌려갔다가 살아 돌아온 기록으로는 정희득(鄭希得)의 『월봉해상록(月峯海上錄)』도 있다.

『월봉해상록』은 임진왜란 당시 포로가 되었던 정희득이 지은 포로 실기다. 원래 『만사록(萬死錄)』이라 하였던 것인데, 증손 정덕휴(鄭德休)가 『해상록(海上錄)』으로 개칭한 것이다.[315] 『월봉해상록』에는 피난을 떠나는 날부터 고향에 돌아오기까지의 전 과정이 담겨 있어 일본 체험과 관련한 모든 노정을 볼 수 있다.

전라남도 함평 사람이던 정희득은 1597년 일본의 침략

때 가족과 친척이 함께 뱃길로 피난을 떠났다가 1597년 9월 27일에 일본군에게 잡혔다. 잡힐 때, 어머니와 형수, 아내와 누이동생이 바다에 빠져 자결하였는데 정희득 형제 등은 왜군에게 먼저 제압당해 묶여 있는 상태라 아무것도 할 수가 없었다. 함께 잡혔던 아버지와 두 아이는 왜군이 놓아 보내 주고, 정희득은 형 정경득(鄭慶得), 친척 정호인(鄭好仁) 등과 함께 일본 도쿠시마성[德島城]으로 납치되었다.

이후 1598년 11월 도쿠시마성을 출발하여 귀국길에 올라 대마도에 도착한다. 그러나 대마도주가 상륙을 허락하지 않아 6개월가량 억류 끝에 1599년 6월 대마도를 출발하여 부산을 거쳐 고향인 함평에는 7월에 도착했다.

『월봉해상록』에는 「소(疏)」, 「풍토기(風土記)」, 「일록(日錄)」, 「시(詩)」가 실려 있다. 그중 「소」는 부산에 도착한 후 조정에 올린 상소문으로 작자가 납치되었을 때부터 고국으로 돌아오기까지의 상황과 일본의 정세 등을 서술한 것이다. 「풍토기」는 일본의 지리, 역사, 풍속 등에 관해 서술되어 있다.

일기 형식으로 기록된 실기인 『해상일록(海上日錄)』은 피난을 떠나던 날인 1597년 8월 12일부터 고향에 돌아와 장모와 아이를 만나던 날인 1599년 7월 28일까지 기록되어 있다. 이는 정희득과 함께 임진왜란 때 일본에 포로로 잡혀갔다 돌아온 정호인의 포로 실기다. 그는 1597년 9월 27일 정경득, 정희득과 함께 18세의 나이로 일본에 피랍되었다가 1599년 6월 29일 귀국했다. 「정유피란기(丁酉避亂記)」는 포로가 되기 전인 1597년 8월 12일부터 귀국 후인 1599년 7월 23일까지의 일들을 일기(日記)로 적고 있다. 「왜국풍물기(倭國風物記)」, 「왜국팔도(倭國八道)」 등이 부기(附記)되어 있다.[316]

한국인 최초 서방 여행자 안토니오 코레아

우리 조상들의 서방 여행 기록은 매우 일천하다. 신라 이후 당나라 등 중국과 인도 중심으로 이루어져 오던 국외여행은 벨기에 화가 루벤스가 그린 〈한복을 입은 남자〉가 등장함으로써 새로운 전기를 맞게 된다. 루벤스 그림 속 인물은 겉에는 철릭(天翼)[xii]을 걸치고 있고 속에는 창옷을 입고 있는 모습이다. 이 밖에, 관모를 쓰고 있는 작은 얼굴 모습 등이 전체적으로 조선 사람 이미지를 보여 주고 있다.[317]

xii 몽골로부터 고려로 전래된 관복(官服)의 하나로, 고려 중기부터 조선 말까지 전쟁 등 비상 때나 사냥·사신으로 나갈 때 왕 이하 하배(下輩)들까지 입었던 옷이다.

바로크 미술 거장 루벤스 초상화 〈한복을 입은 남자〉는 1617년에 그려졌으며 서양인이 그린 최초 '한국인 그림'으로 평가되고 있다. 이 그림은 1983년 영국 크리스티 경매에서 소묘 낙찰가로서는 최고가인 32만 4000파운드 즉 당시 환율로 우리 돈 약 3억 8000만 원에 낙찰되어 미술계와 역사학계의 큰 주목을 받았다. 현재 이 작품은 미국 로스앤젤레스의 폴 게티 미술관에 소장되어 있다.

엄청난 금액의 경매로 알려지기 시작한 이 그림은 이후 국내외에서 작품 속의 인물이 누구인지, 어떻게 유럽까지 가게 되었는지 등에 관한 다양한 추측이 제기되어 왔다. 서양에 한반도를 처음 소개한 사람들은 13세기에 원나라를 방문했던 가톨릭 수도사 카르피니와 루브룩이었고, 조선을 유럽에 처음 알린 계기는 1668년에 암스테르담에서 출간된 『하멜표류기』였다. 그러나 루벤스 소묘 초상화 〈한복을 입은 남자〉는 1617년의 작품이니 『하멜표류기』보다 50여 년 앞서 조선의 존재를 유럽에 알린 셈이다.

루벤스 초상화 주인공은 이탈리아 상인 프란체스코 카를레티(Francesco Carletti)가 쓴 여행기인 『나의 세계 일주(My Voyage Around the World)』[xiii]에 등장하는 안토니오 코레아(Antonio Corea)일 가능성이 매우 높다는 추측이 가장 유력하다.[318] 안토니오 코레아는 임진왜란 당시 일본에 포로로 잡혀갔다가 카를레티에게 노예로 팔려가 네덜란드를 통해 로마까지 가게 된 최초 조선인으로 기록되고 있다. 바티칸은 안토니오 코레아를 만주를 통해 한반도로 입국시켜 가톨릭을 선교하려 했으나 좌절되었다고 한다.[319] 루벤스가 로마에 머물던 1606년부터 1608년 사이에 그곳에 있었던 조선인 안토니오 코레아를 직접 만나 초상화에 담았을 것이라는 게 역사학계 중론이다. 그러나 루벤스 그림 모델은 안토니오 코레아가 아니며 심지어는 중국인이나 몽골인일 것이라는 주장도 일부 학자들에 의해 제기되고 있는 실정이다.[320]

이탈리아 남부 알비(Albi)에는 지금도 코레아라는 성을 가진 이탈리아 사람들 집성촌이 있어 이채롭다. 이탈리아에서

xiii 이탈리아 피렌체 출신의 상인 프란체스코 카를레티(Francesco Carletti)는 1594년 스페인의 세비야를 출발해 8년에 걸쳐 남미의 멕시코, 페루와 일본, 마카오, 말레시아의 말라카(Malacca) 그리고 인도의 고아(Goa) 등을 돌아본 후 『나의 세계 일주』를 저술하였다. 그는 단기간의 노예무역을 위해 항해를 시작하였지만 결과적으로 8년간의 긴 여행을 하게 되었으며 당시로서는 최초의 민간인 세계 일주 여행자로 평가받고 있다. 카를레티는 유능한 상인이었지만 여행 작가로서는 크게 인정받지 못했다. 그러나 그의 여행기 『나의 세계 일주』에는 저자가 일본 여행 중 사들인 임진왜란 당시의 조선인 포로 안토니오 코레아에 관한 기록이 수록되어 있어 우리에게는 그 의미가 매우 크다. 카를레티의 『나의 세계 일주』는 아직까지 국내에 번역 출판되어 있지 않다(Herbert Weinstock).

〈한복을 입은 남자〉(게티미술관 소장)

4년을 근무한 적이 있는 필자도 이들을 만날 기회가 여러 차례 있어서 코레아 성과 안토니오 코레아와의 관련성에 대해 질문한 적이 있었는데 이들의 대답은 한결같이 '아니다'라는 것이었다. 이들은 코레아라는 성이 아드리아해를 건너 그리스로부터 전래된 것이라는 주장을 펴고 있었다. 코레아 성씨가 그리스에도 있는지 여부는 확인하지 못했는데 이들의 주장을 그대로 인정한다고 해도 코레아라는 성은 이탈리아의 토속 성이 아닌 것만은 분명해 보인다. 만약 그리스에 코레아라는 성이 존재하지 않는다면 코레아의 한반도 전래설을 어느 정도 뒷받침하고 있다고 보아도 되지 않을까?

2. 한반도를 넘나든 외국인들

한편 한반도 여행 후 남겨진 외국인들의 기록은 서긍의 『고려도경』, 하멜의 『하멜표류기』 등 소수에 불과하다. 그러나 사실 한반도는 대륙 세력과 해양 세력이 교차하는 지정학적 위치 때문에 오래전부터 다양한 무리가 끊임없이 유입되어 왔었다.[321] 그리고 19세기 이후 개방의 물결이 거세지면서 서방 선교사들을 중심으로 한반도에 관한 여행기들이 급속히 늘어나게 된다.

적멸보궁은 석가모니 진신사리를 모신 전각을 말하는데 우리나라에는 신라 승려 자장(慈藏)이 당나라에서 돌아올 때 가져온 부처의 사리와 정골(頂骨)을 나누어 봉안한 5대 적멸보궁이 대표적이다. 양산 통도사(通度寺), 강원도 오대산 중대의 월정사(月精寺), 설악산 봉정암(鳳頂庵), 태백산 정암사(淨巖寺), 사자산 법흥사(法興寺) 적멸보궁이 그것들이다. 그런데 제주도 한라산 중턱 영실(靈室)에는 존자암(尊者庵)이라는 작은 암자가 복원되었는데 이 암자가 우리나라 최초 적멸보궁이라는 사실은 그동안 많은 사람들에게 알려지지 않고 있었다.

1937년 조선일보사 전국산악순례사업 일환으로 한라산을 등반한 시인 이은상은 그의 저서 『탐라기행 한라산』에서 영실은 한라산 만물상으로 그 구도와 모양이 금강산 만물상과 다름이 없어 오백장군이라는 별호로 불리어지고 있는 한편, 석가모니 여섯째 제자인 발타라 존자 상주처(常住處)라 하여 석라한(石羅漢)이라는 명칭으로도 불려지고 있다고 기술하고 있다. 이 영실의 기암, 동부(洞府)는 수행동(修行洞)이라는 이름으로도 불려 오고 있고, 존자암 뒤편 봉우리는 불래(佛來)오름이라는 지명을 가지고 있어 이 지역이 불교와 밀접하게 관련되어 있음을 말해 주고 있다.

한라산 역시 나한들이 살았던 산이라 하여 나한산(羅漢山)으로 불려 오다가 조선 시대 억불숭유 정책으로 한라산으로 바뀌게 되었다는 주장도 설득력 있게 들린다.

법주기에 의하면 석가모니 제자들인 16존자들은 석가모니 사후 불교 전교를 위해 아시아 전역으로 흩어지게 되는데, 그중 6번째 제자인 발타라 존자는 500나한을 이끌고 탐몰라주에 상주한다는 기록이 있다. 법주기에 기록된 탐몰라주는 제주의 다른 이름인 탐라(耽羅)와 합치되고 있어 영실 동부 기암들이 석라한이라고 불리고 있는 것을 뒷받침하고 있다. 이런 점들로 미루어 한라산은 한국 불교의 대륙 전래 이전에 남방 해양을 통한 전래와 깊은 인연이 있는 것으로 짐작된다.

한라산에서 발타라 존자가 생존한 연대는 석가세존이 열반한 연대가 기원전 486년이고 석가모니 제자들은 석가모니 사후에 흩어졌을 것이므로 적어도 2470여 년 전의 일일 것이다. 그런데 우리나라에 불교가 전해진 기록은 고구려 소수림왕 2년(372)에 전진(前秦)에서 들어온 것으로 되어 있고, 백제에는 침류왕 1년(384)에 진(晋)에서 들어왔다는 기록이 있으므로 탐라국은 고구려나 백제의 경우보다 850여 년 전에 이미 불교국이었다는 말이 된다.

김해 앞바다인 진해시 용원동에 망산도(望山島)라는 섬이 있다. 거북 등을 닮은 바위만 애처로운 모습으로 남아 옛 모습을 잃어버린 이 섬이 가야국 시조 김수로왕 부부 전설을 품고 있는 역사의 현장으로 수로왕의 왕비 허황옥(許黃玉)이 이 땅에 첫발을 내디딘 곳으로 알려진 곳이다. 우리나라에 불교가 처음 전래된 것은 고구려 소수림왕 2년인 372년인데 이보다 앞서 김수로왕이 불교 국가인 중 인도 아유타국에서 배를 타고 온 공주 허황옥과 혼인했다는 설화를 전하고 있는 것은 『삼국유사』 「가락국기」다.[322]

결혼 후 140년을 해로한 수로왕과 허황옥 왕비 사이에는 아들 열 명과 딸 둘이 있었는데 둘째 아들과 셋째 아들은 왕비와 같은 성인 허씨를 따르게 하여 이들이 바로 김해 허씨 시조가 된 것이다.

허황옥의 국적에 관해서는 인도 갠지스강 중류의 불교 국가인 아요디아에서 왔다는 설, 아요디아에서 중국 사천성(四川城) 보주(普州)를 거쳐 양자강 하구에서 서해를 건너온 일족이라는 설, 태국 북부 도시인 아유타와 관련이 있다는 설, 일본 규슈에서 왔다는 설 등 다양하나 인도인이라는 설이 지배적이다. 허황옥이 어디에서 왔든 그녀는 기록상으로 바다 건너 한반도로 여행한 최초의 외국인이라고 볼 수 있다.

물론 야사이기는 하지만 허황옥은 불교 국가 출신이기 때문에 한반도에 불교를 최초로 전해 준 여인이기도 하다. 이뿐만 아니라 200년경에는 허황옥 딸 묘견(妙見)공주를 통해 불교가 일본 규슈까지 전래되었는데 이는 일본이 백제로부터 불교를 공식적으로 받아들인 사실(史實)보다 250년이나 앞선 것이다. 묘견공주는 불교와 함께 차 씨앗과 부채도 일본에 전해 주었다고 한다.[323]

바닷속 무덤 신라 문무왕 비문에는 투후(秺侯) 김일제(金日磾)가 신라 김씨 왕족 조상으로 기록되어 있다. 중국 역사서

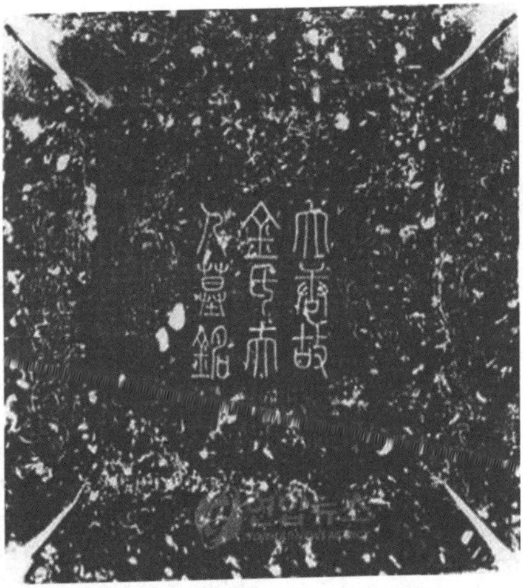

대당고김씨부인묘명(大唐故金氏夫人墓銘) 탁본

에 따르면 김일제는 흉노족이다. 흉노족 김일제는 문무왕비와 중국 서안의 당나라 시대 신라인 묘비에 모두 김씨 왕족 시조로 기록되어 있다. 중국 서안 비림(碑林)박물관 수장고(收藏庫)에는 대당고김씨부인묘명(大唐故金氏夫人墓銘)이 소장되어 있다고 하는데 그 실물은 공개된 적이 없다. 다만 그 복사본만이 확인되고 있을 뿐이다. 중국 서안 비림은 중국의 유명한 비석들을 모아 놓은 곳이다.[324]

안장도 하지 않은 말을 타고 초원을 질주하는 흉노족은 농민이 주축이었던 한나라 사람들에게는 공포의 대상이었다. 한 무제는 이러한 흉노족을 퇴치하기 위해 장건을 파견하였지만 장건은 오히려 흉노족에게 잡혀 뜻을 이루지 못했다. 그렇지만 10여 년 포로 생활 끝에 돌아온 장건의 정보를 토대로 한 무제는 마침내 흉노의 휴저왕을 살해하고 그의 아들 김일제는 노예로 전락하게 되었다. 하지만 남다른 능력의 김일제는 한 무제에게 발탁되어 한나라를 위해 일생을 헌신하게 되고 한 무제는 그 공로를 인정하여 김일제에게 투후라는 작위를 내려 그의 공을 기렸다.[325]

신라 초기부터 박, 석, 김이 돌아가며 차지하던 왕권은 17대 내물왕 때부터 김씨가 독점하게 된다. 이들 신라 김씨 왕족 시조는 김알지다. 숲 한가운데서 닭 우는 소리가 들려 찾아

보니 나무 위에 금으로 만든 상자가 걸려 있었고 그 속에서 김알지가 나왔다는 것이 김알지 탄생 설화다. 내물왕은 그 이전에 사용하던 연장자라는 의미의 이사금(尼師今)을 폐하고 왕이라는 의미의 북방 용어인 마립간(麻立干)을 사용했다. 여기서 나무, 금, 간(干) 모두 북방민족과 관련된 용어다. 내물왕은 382년 사신 위두를, 고구려에 불교를 전해 준 전진(前秦)에 파견하기도 했다. 중국 사서 『태평어람(太平御覽)』에 사신 위두는, 신라가 명호개역(名號改易)하였음을 분명히 하고 있는데 이는 새로운 권력인 내물왕에 의해 신라의 모든 체제가 바뀌었음을 시사하고 있다

초원을 개척하고 그 초원을 삶의 터전으로 삼아 온 흉노를 비롯한 유목민들 덕택에 중앙아시아 지역의 실크로드가 생성될 수 있었다. 실크로드와 유목민들은 고대와 중세에서 중국, 인도의 동양 문명과 페르시아, 유럽의 서양 문명을 연결하는 가교 역할을 수행해 왔다. 실크로드와 이를 이용한 유목민들의 이동은 신라에서 로마 시대의 유리 제품이 발견되고 문무왕 수중릉에서 흉노족 왕사 이름이 발견되는 이유이기도 한 것이다.

신라에서 3개 성씨가 번갈아 왕을 했다는 것도 이를 방증한다. 특히 3대 시조 중 하나인 석탈해 설화는 이런 과정을

비교적 소상히 드러내고 있다.

"석탈해는 왜국 동북쪽 1000리 떨어진 다파나국에서 태어났다. 다파나국 왕의 부인이 큰 알을 낳았다. … 여자는 비단으로 알을 싸서 보물과 함께 궤짝 속에 넣어 바다에 띄웠다. … 처음에 금관가야 바닷가에 이르렀으나 사람들이 괴이하게 여겨 거두지 않았다. 다시 아진포(지금의 영일만) 어귀에 다다랐을 때 바닷가에 있던 할멈이 궤짝을 열어 보니 어린아이가 있어 거두어 길렀다"(『삼국사기』「신라본기」).

한편 신라 왕조 성씨 중 하나인 석탈해가 한반도 외부에서 왔다는 것은 '왜국의 동북쪽 1000리'라는 점에서 확실하다. 학계에선 러시아 오호츠크해 연안 캄차카반도를 꼽고 있다. 물리적 거리도 거리지만 이 지역에서 석탈해와 관련 깊은 까치아이 설화가 전해져 내려오기 때문이다. 까마귀 남자와 결혼한 여인이 까치 알을 낳자, 이 알에서 태어난 아이들을 바다 멀리 보내 버렸다는 내용이다. 『삼국사기』 석탈해 설화에서 이어지는 내용이다.

"궤짝이 도착했을 때 까치 한 마리가 날아와 울면서 따랐다고 하여 까치 작(鵲)에서 새 조(鳥)를 빼고 석(昔)을 성(姓)으로 삼고, 궤짝을 열고 나왔으므로 이름은 탈해(脫解)라고 했다."[326]

일연의 『삼국유사』에 따르면 신라 49대 헌강왕 때는 초가집 한 채 없는 부(富)와 길가에는 음악과 노래가 끊이지 않았고 비와 바람마저 농사를 도와 풍요를 구가하는 태평성대였다. 헌강왕은 어느 날 현재 울주에 소재한 개운포(開雲浦)에 놀러 나갔다가 그만 구름과 안개로 길을 잃게 되었다. 왕은 동해의 용이 부린 조화이므로 좋은 일을 행해 풀어야 한다는 주위의 권고에 따라 근처에 절을 세우도록 명하니 구름과 안개가 걷혔다. 그래서 이곳을 구름이 걷힌 포구라는 의미의 개운포라고 명명하게 되었다.

동해의 용도 이를 기뻐하여 아들 일곱을 데리고 왕 앞에 나타나 덕을 찬양하고 춤추며 노래 불렀다. 아들 가운데 한 명은 왕을 따라 서라벌에 와서 정사를 돕게 되었는데, 그 이름을 처용이라 하였다. 왕은 처용에게 미모의 아내를 붙여 주고 급신이란 관직까지 주었다. 그러나 아내의 미모를 흠모하던 역신이 사람으로 변하여 아내와 몰래 동침하자 처용이 그 현장을 보고 노래 부르고 춤추며 물러 나왔고, 역신이 처용의 이러한 너그러움에 감복하여 본래의 형체를 드러내 무릎 꿇고 사죄하면서 앞으로는 처용 형상만 봐도 그 집 문안에 들어가지 않겠다고 맹세한다.

이처럼 처용 설화의 내용은 민담, 신화, 전설 등 여러 가지 주제를 가공하고 윤색한 복합 설화다. 그러나 그 모든 주장을 잉태한 설화의 원초적 모태는 정사인 『삼국사기』에 명문으로 기록되어 있음을 간과해서는 안 된다. 기록에 의하면, 신라 49대 헌강왕 5년(879) 3월에 왕이 동쪽 지방의 주와 군들을 두루 돌아다니는데, 어디서 왔는지 알 수 없는 네 사람이 어전에 나타나 노래하고 춤을 춘다. 그들은 '형용가해 의건궤이(形容可駭 衣巾詭異)', 즉 모양이 괴이하고 의관도 이상야릇해 당시 사람들은 그들을 가리켜 산이나 바다에 사는 '산해정령(山海精靈)'이라 하였다고 한다. 이렇게 『삼국유사』보다 약 140년 앞서 지어진 『삼국사기』에는 설화가 아니라, 자연인의 출현에 의한 하나의 역사적 사실로 기록되어 있다.[327]

『삼국유사』와 『삼국사기』 두 문헌 내용을 비교해 보면 '사기'의 내용이 어떻게 설화로 가공되고 윤색되었는지 짐작할 수 있다. 뿐만 아니라 그 주인공인 처용이 생면부지라서 '영물'로 오해된 것일 뿐 사실은 자연인이자 외국인이라는 것을 알 수 있다. 이러한 문헌 기록과 더불어 처용의 외국인상을 말해주는 증거의 다른 하나는 그가 지었다고 하는 처용가 내용이 이색적이라는 점이다. 고전 연구가들에 따르면 신라 향가는 일반적으로 그 표현 방법이 굴절되고, 내면적이며 형상성이 강한 것이 특징이라고 한다. 그런데 처용가는 이와는 달리 감정 표현이 솔직하고 대담하며 직설적이다.

처용이 용과 같은 영물이나 내국인이 아니라, 동해로부터 울산에 상륙한 처음 보는 외래인이라면 그는 어디에서 온 사람일까? 그 답을 구하기 위해서는 처용이 출현한 개운포가 어떤 곳이며, 그러한 곳에 나타날 수 있는 외국인들은 과연 어떤 사람들이었는가를 밝혀내야 한다. 여러 가지 문헌 기록과 유물에 따르면, 울산은 수도 경주를 배후에 두고 약 40㎞ 정도 떨어져 있다. 산업철 생산 등과 상업도 발달하였으며, 경상도 66개 고을 중 유일하게 장사를 좋아하는 고을로 기록의 중심지였다. 게다가 천혜의 양항으로서 서라벌까지의 연결 조건까지 두루 갖춘, 명실상부한 국제무역항이었다.

그렇다면 이 국제무역항을 통해 선보인 외국인들은 과연 누구였을까? 그들은 아랍의 무슬림들을 비롯한 서역인들이었을 것이다. 당시 남해를 통한 동서교역의 주역을 맡은 아랍의 무슬림들이 신라에 내왕하고 정착했다는 중세 아랍 문헌 기록과 신라 고지(故址)에서 서역인 모습의 무인석이나 토용 같은 유물이 발견되고 있는 사실은 이를 증명한다. 이러한 사실들이 제대로 규명되지 않은 것이 처용의 자연인, 외국인상을 의심하

〈경현당석연도〉에서 묘사된 오방처용무(『기사계첩』)

거나 부정하게 했던 주요 요인이었다.[328]

최근 처용 설화 내용과 유사한 이란 중세 서사시 『쿠쉬나메』[xiv]의 주요 내용이 재조명되면서 처용의 아랍 전래설을 강력하게 뒷받침하고 있다.

xiv 7세기 중엽 사산조 페르시아는 이슬람제국 침공으로 멸망한다. 그리고 페르시아 마지막 왕자 아비틴은 중국 당나라로 망명해 저항 세력을 이끌게 된다. 하지만 얼마 후 당나라마저 극심한 정치적 혼란에 빠지자 아비틴은 고민에 빠진다. 이때 한 서역 지역 왕이 "바실라 즉 신라는 파라다이스처럼 아름다운 곳이며, 침략으로부터도 안전하다"라는 추천 편지와 함께 신라로 가는 뱃길을 알려 준다. 천신만고 끝에 신라를 찾아간 아비틴 일행은 신라 왕 타르후르로부터 큰 환대를 받는다. 아비틴은 신라 왕자 가람과 둘도 없는 친구가 됐고, 신라 공주 프라랑과 결혼해 아들 파리둔도 얻게 된다. 이란에 전해져 내려온 중세 서사시 『쿠쉬나메』의 주요 내용이다(유성운, 2018).

『쿠쉬나메』는 수백 년 동안 현실성 없는 '판타지' 취급을 받다가, 20세기 후반부터 재조명을 받게 된다. 이 서사시의 비밀을 벗길 동방의 한 설화가 알려졌기 때문이다. 바로 『삼국유사』「기이」 편이다. 『삼국유사』에 의하면 처용은 헌강왕 때 뱃길을 따라 울산항에 들어온 외국인이다. 지금까지 전해져 오는 처용무(處容舞)와 역사 기록을 보면 처용은 얼굴이 검고 눈이 깊으며 코는 매부리코로 오래전부터 서역인이라는 가설이 제기

서역인 얼굴 모습의 경주 괘릉 무인석상

되어 왔다.[329]

특이한 것은 처용이 신라에 나타난 시기(879)와 당나라 황소의 난(875~884)이 겹친다는 것이다. 특히 879년에는 황소가 이끄는 반란군이 무역 도시 광저우를 점령해 많은 외국인을 학살했는데, 이때 아랍과 페르시아계 무슬림이 대거 희생됐다고 한다. 바로 『쿠쉬나메』에서 페르시아 왕자 아비틴 일행이 신라로 피신하게 된 사건이다.

이렇게 페르시아와 신라의 두 설화를 결합해 보면 처용은 페르시아의 마지막 왕자를 따라 중국에 정착했다가 황소의 난 때문에 신라로 건너간 난민 집단에 속했던 인물의 하나라는 추정이 가능하다.[330]

또한 『삼국유사』에서 왕은 처용에게 예쁜 여성을 아내로 삼게 하고, 급간(級干) 관직도 주었다고 하는데 급간은 신라에서 성골·진골 다음으로 높은 계급인 6두품만이 받을 수 있는 관직이다. 이는 처용이 페르시아의 지도층이었을 가능성이 매우 높다는 것을 시사한다. 처용은 훗날 서라벌에 전염병을 퍼뜨린 '역신'을 처치한 것으로도 유명한데, 이는 당대 최고 수준이었던 중앙아시아의 의학지식 때문이었을 것으로 보인다.[331]

신라의 모체가 된 진한(辰韓)에 관한 기록을 통해서도 한반도 유이민의 역사를 엿볼 수 있다. 4세기에 진수가 지은 『삼국지』의 「한전(韓專)」에는 진한 노인들이 대대로 전하며 말하기를 "우리는 망명인으로 진나라의 고역(苦役)을 피하여 한국으로 왔다. 그리고 마한이 그들 동쪽 지역을 분할해 우리에게 주었다"라고 기록되어 있다. 혹독했던 만리장성 건축 공사에서 도망친 진나라 사람들이 흘러 흘러 지금의 경상도 지역인 진한까지 흘러왔을 것으로 추정되는 대목이다. 또한 우리 기록인 『삼국유사』에도 "중국인 중 진나라 난리를 견디지 못하고 동쪽으로 온 자가 많았는데, 이들 대부분은 마한 동쪽에 살면서 진한과 섞여 살았다"라는 내용이 담겨 있어 이를 뒷받침하고 있기도 하다.[332]

무슬림과도 교류했던 벽란도

벽란도(碧瀾渡)는 고려 수도 개경으로부터 30리 정도 떨어진 예성강 하구에 있었다. 벽란도는 개경과 각 지방을 연결하는 교통 중심이자 외국과의 교역에도 핵심적인 역할을 하였다. 고려 대외무역에서 가장 큰 비중은 역시 송나라였다. 그러나 국제무역항 벽란도에는 송나라 사람들은 물론 베트남, 태국 그리고 아리비아 상인들까지 다양한 나라에서 온 사람들이 일

고려 벽란도 모형-국립해양문화재연구소(권오영 교수 촬영)

년 내내 붐비고 있었던 것으로 추측되고 있다. 특히 아라비아 상인들은 코끼리 상아, 양탄자. 후추 같은 물건을 가져와서 고려청자, 인삼 등과 교역하였다.

이렇듯 고려의 교류는 송나라를 넘어 동남아시아와 대식(아라비아)까지 뻗어 있었다. 『고려사』 등의 기록에 의하면 동남아시아, 인도, 대식까지 내왕한 기록이 있다. 11세기 전반에는 열라자(悅羅慈), 하선(夏詵), 보나합(保那盒) 등 무슬림 상인들이 집단으로 개경에 와 몰약(沒藥) 등 방물을 바치고 비단을 하사받았다고 한다. 25대 충렬왕 때는 인도 코로만델(Coromandel) 해안 마팔국(馬八國) 왕자 패합리(孛哈里)가 침향(沈香) 등 공물을 보내왔다. 충렬왕이 대신 채인규(蔡仁揆) 딸을 원나라 승상 상가

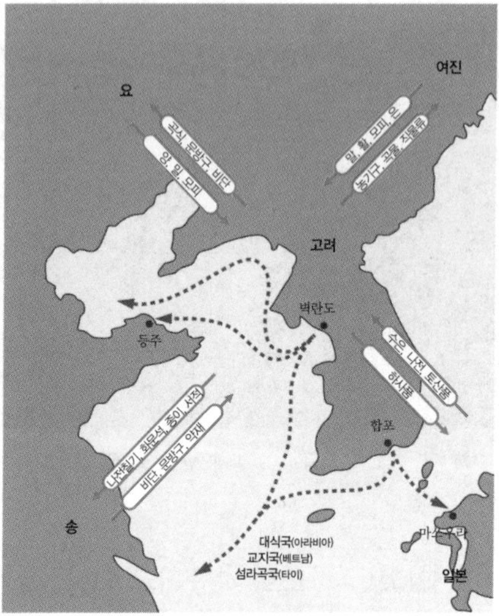

고려 무역로

(桑哥)에게 공녀로 시집보냈는데 상가가 죽자 이 공녀가 마팔국 왕자에게 재가하게 되면서 공물을 보내온 것이다.

『고려사』와 『고려사절요』를 보면 회회(回回)나 회회인(回回人) 그리고 대식이 등장한다. 회회와 대식은 다름 아닌 이슬람을 의미하는데 통일신라 시기부터 이슬람과의 교역이 이루어졌다는 유물들이 발견되고 있고, 고려 시대는 벽란도를 통해 이슬람들과 교역했다는 기록이 있으며, 원나라를 통해서도 이슬람과의 교류가 이루어졌다.

이슬람 흔적은 고려에서 끝난 게 아니라 조선 왕조에까지 이어졌다. 『조선왕조실록』에는 조선 초기에 회회인들의 정착과 사회 활동에 관한 기록이 있다. 1407년, 태종은 가족과 함께 조선에 들어온 회회사문(回回沙文)[xv]인 도로(都老)에게 집을 주어 정착하게 하고 여러 가지 특전도 베풀었다고 했다. 세종실록 역시 회회노인과 회회교도가 고유의 이색적인 복식으로 근정전에서 거행된 신년 하례식과 동지 망궐례(望闕禮)와 같은 궁궐 행사와 의식[xvi]에 참석하였다고 기록하고 있다.

창덕궁 인정전 기와 색깔은 아라비아에서 인도를 거쳐 들어온 회회청이다. 현재 대통령 집무실과 저택 역시 푸른 기와를 쓰고 있어 청와대라고 명명되었는데 청와대 기와가 회회청인지는 확인하지 못했다.

845년, 이슬람 지리학자 이븐 쿠르다지바(Ibn Khurdadhibah, 820~912)가 지은 지리서 『도로와 왕국총람』과 알 마스오디(al Masaudi, ?~965)가 지은 『황금초원과 보석광(寶石鑛)』에는 신라에

xv 태종과 세종 때 조선에 와 있던 무슬림 성직자.

xvi 정월 초하루와 동지, 왕의 생일에 문무백관이 대궐에 모여 임금에게 하례하는 의식을 대조회(大朝會) 또는 대조하(大朝賀)라고도 한다. 중국 황제, 황후의 생일에 임금이 문무백관과 함께 궐패(闕牌)를 모시고 절하는 의식으로 망궐례(望闕禮) 또는 망궐하(望闕賀)가 있었다.

관한 기록이 포함되어 있다. 그들은 인도와 중국을 여행한 후 여행 견문록을 남겼는데 아랍인들은 일단 신라에 들어오면 자원이 풍부하고 보석도 일품이기 때문에 극히 일부를 제외하고는 대부분이 정착해 살았다고 기술하고 있다.[333]

3. 세계 속에 빛나는 한반도 관련 여행기

논란 속 『왕오천축국전』의 세계 4대 여행기 주장은 무리

혜초 이전, 6세기 전반에 중천축(中天竺)을 다녀온 백제 겸익(謙益)을 비롯해 불교 최고 전당으로 알려진 날란다(Nalanda) 사원[xvii]에 한반도 승려들이 몇 명씩 거주할 정도로 우리나라 승

xvii 날란다 사원은 현재의 인도 비하르(Vihar)주에 위치하고 있었으나 폐허가 되어 그 유적만 남아 있을 뿐, 날란다대학과 함께 번성했던 옛 모습은 찾아볼 수 없다. 다만 현장의 『대당서역기』와 의정의 『대당서역구법고승전』 등에서 당시의 모습을 전하고 있는데 그 기록에 따르면, '날란다'라는 이름은 용의 이름에서 유래한 것으로서 이 사원이 있는 부근에 나가난다(Naganand)라는 용이 있어서 붙여진 이름이라고 한다. 현장은 많은 시간을 이곳에 체류하면서 산스크

려들의 천축 기행은 끊이질 않고 있었다. 그렇지만 이들은 여행 기록을 남기지는 않았다. 기록으로 나타난 한국 최초 국외여행기는 8세기 통일신라 출신 승려로 알려진 혜초(慧超)의 『왕오천축국전(往五天竺國傳)』이다. 『왕오천축국전』은 723년부터 727년까지 햇수로 5년에 걸친 대장정 기록으로 현재까지는 한국인 최초 해외여행기로 간주되고 있다. 그러나 혜초가 신라인이라고 밝힌 기록은 아직 발견된 게 없다. 다만 『왕오천축국전』에 실린 아래 오언시(五言詩)를 통해 그가 신라인일 것이라고 유추하고 있을 뿐이다.

달 밝은 밤에 고향길 바라보니
月夜瞻鄉路
뜬구름 바람 따라 흘러가네
浮雲颯颯歸
그편에 편지 한 장 부쳐 보지만
緘書忝去便
바람 거세 회답이 들리지 않는구나
風急不聽廻

리트어, 불교 철학, 인도 사상 등을 공부했다.

내 나라는 하늘가 북쪽에 있고
我國天岸北
남의 나라는 서쪽 땅끝에 있네
他邦地角西
남방에는 소식 전해 줄 기러기마저 없으니
日南無有鴈
그 누가 소식 전하러 계림으로 날아갈까
誰爲向林飛

이 시에 등장하는 '(계)림(林)'은 신라가 국호를 변경하기 전의 다른 이름이다.[334] 바로 이 부분, 즉 그의 고향 계림으로 날아가고 싶다는 간절한 그리움을 담은 구절만이 그가 신라인임을 입증하는 유일한 단서다.[335] 또한, 정수일 교수는 신라 시대는 림(林), 즉 숲을 신성시했고 계림을 국호로 삼았다는 점을 감안할 때 혜초가 『왕오천축국전』의 오언시에서 향수에 잠겨 고향을 그리면서 읊은 림은 고국의 계림 즉 신라를 지칭한다고 봐도 무리가 없다고 주장하고 있다.[336]

혜초가 정확히 언제 태어났고 언제 중국으로 유학을 떠났는지는 전혀 알려진 게 없다. 혜초 생애에 관해서는 미궁에 빠져 있고 심지어는 그가 신라인이 아닐 것이라는 주장도 제기되고 있다.[337] 현재까지 알려진 기록대로라면 혜초는 16세 어린 나이에 배편으로 중국으로 건너간 이후 중국에 겨우 4년 정도를 머문 게 된다. 이후 천축행을 결행한 게 되어 그보다 앞서 천축을 여행한 법현 64세, 현장 26세. 의정 37세 등에 비해 이해하기 어려울 정도의 젊은 시절에 여행을 시작한 게 된다. 혜초가 인도 여행을 끝낸 후 신라로 돌아오지 않고 당나라에서 활동하다가 오대산에서 숨을 거두었다는 사실도 그가 신라 사람이 아닐 수도 있다는 것을 뒷받침하고 있는지도 모른다. 더욱이, 중국 유학승에 대해 자세히 기록하고 있는 『삼국사기』에도 신라 승려 혜초에 관한 기록은 전혀 없다.

온옥성 같은 중국 학자들은 혜초가 당나라 사람이라고 주장하고 있기도 하다.[338] 이에 더해 혜초를 아예 중국인으로 간주한 중국은 중국과 아프가니스탄 접경지대에 〈대당화상혜초경행처(大唐和尚慧超徑行處)〉라는 비석을 법현 그리고 현장 비석과 함께 나란히 세워 놓고 있다.[339]

『왕오천축국전』은 1908년 프랑스 동양학자 폴 펠리오(Paul Pelliot)가 중국 감숙성 돈황의 막고굴(莫高屈) 장경동(藏洞經)에서 발견한 후 현재 파리 국립도서관에 보관되어 있다. 발견 당시 펠리오는 혜림(慧琳)의 『일체경음의(一切經音義)』[xvii]를 통해 『왕오천축국전』 존재를 이미 알고 있었다. 돈황에서 발견된 이후 이 여행기는 1909년 중국학자 나진옥(羅振玉)에 의해 『왕오천축국전』임이 확인되었다. 그 후 1914년 일본의 다카쿠스 준지로[高楠順次郎]는 당나라 밀교의 문헌을 통해 혜초가 신라인임을 처음으로 밝혀냈다. 이후 1938년 독일인 푹스(W. Fucks)에 의해 현대어로 번역되어 서양에 처음 소개되고 1941년 일본의 하네다 도루[羽田亨]가 일본어 번역본을 발간한 후 1943년 최남선(崔南善)이 원문과 해제를 붙임으로써 국내외에 널리 알려지게 되었다.

천축은 불교가 중국에 유입된 후, 인도에 관한 관심이 높아지면서 3세기와 5세기 사이에 중국인들이 고대 인도에 붙인 이름이다. 그런데 천축을 동서남북과 중앙으로 구분해 오천축으로 부른 기록은 혜초 여행기가 최초다.[340]

기행문 내용에는 혜초에 앞서 이미 천축을 여행했던 입축구법승들 여행 기록인 법현의 『불국기』, 현장의 『대당서역기』와 많은 부분이 중복되어 있을 뿐만 아니라 표현과 문법도 상당 부분 미숙해 기행문 전반에 관한 문학적 평가에 있어서도 이론이 많다. 이런 이유 때문에 이 기행문의 발견자이자 프랑

xviii 『일체경음의』는 여러 불전에 나오는 난해한 단어들의 음과 뜻을 풀이한 불교 용어 사전이다. 당나라 때 혜림이 편찬하였으며 특히 이 책 속에는 혜초의 『왕오천축국전』에 대한 용어 해설도 포함되어 있어 귀중한 자료로 평가받고 있다.

스인 중국 문학자이기도 한 펠리오는 『왕오천축국전』에 대해 다음과 같은 혹독한 평가를 내리고 있다.

“새로 발견된 이 여행기는 법현의 『불국기』와 같은 문학적 가치도 없고, 현장의 『대당서역기』와 같은 정밀한 서술도 없다. 그의 문체는 평면적이다. 몇 수의 시가 들어 있긴 하지만 아예 수록하지 않은 것만 못하다. 그의 서술은 절망적이고 단조롭다. 그러나 이것은 이 여행기가 동시대의 기술이라는 것을 보여 주고 있기도 하다.”

그러나 정수일 교수는 『왕오천축국전』의 내용이 독특한 것도 적지 않은 데다가 원본을 간추린 절략(節略) 과정에서 오탈자가 많은 필사본임을 감안할 때 이를 가지고 전체 여행기를 폄하하는 것은 무리라고 주장하고 있다. 오히려 잔간(殘簡)에만 오언시가 다섯 편이나 실려 있어 평면적인 기술에만 머문 『불국기』나 『대당서역기』에 비해 서정적 기행문으로 평가될 수 있다고 했다.[341]

발견된 여행기 앞부분이 떨어져 나갔기 때문에 혜초의 서역 기행은 당시 당나라 배들이 다니던 남해 항로를 따라 중국 광주에서 바닷길을 이용해 동천축에 도달했을 것으로 추측할 뿐 이 부분에 관한 기록도 남겨진 게 없다. 실제로 7~8세기 많은 구법승들은 주로 이 해로를 이용해서 인도로 여행했었다.

혜초의 입당 경로는 알려져 있지 않으나, 입당 후 중국 광주에서 천축 밀교 승려인 금강지를 만나 사사하게 된다. 금강지는 남천축 출신으로 현재 스리랑카인 사자주(師子州)와 수마트라를 거쳐 719년에 중국에 도착하여 밀교를 전도한 승려다. 중국 광주에서 처음 금강지를 만난 혜초는 스승 금강지 권유로 723년 스승이 동진한 바닷길을 따라서 인도로 향했다. 뱃길로 인도에 도착한 뒤 육로로 페르시아, 중앙아시아를 지나 당의 수도인 장안 즉 지금의 서안(西安)까지 2만 ㎞를 여행한 것으로 추정된다.

펠리오에 의해 발견된 『왕오천축국전』은 하나의 두루마리로서 본래 세 권이었던 것으로 보이는 원본을 간추린 절략본(節略本)의 필사본이다. 그나마 앞과 뒤가 잘려 나가 책명과 저자명이 없는 총 227행의 잔간(殘簡)으로 총 길이가 358㎝, 폭 42㎝에 글자 수가 5893자에 불과한 짤막한 여행 기록이다.

여행 기록은 폐사리국(吠舍釐國)에서 시작한다. 지금으로 치면 인도 바이샬리에 해당하는 곳이다. 바닷길을 통해 동천축에 도착한 것으로 추측되는 혜초는 중천축으로 직행해서 석가모니 열반처로 불교 4대 성지의 하나인 구시나국을 먼저 순례한다. 이후 남쪽으로 마게타국에 이르러 녹야원, 구시나, 왕사성, 마하보리의 4대 불탑을 순례한 후 갠지스강을 거슬러 올라가 중천축 수도 갈나급자에 가서 이곳 기후와 풍속에 관해 기록하고 있다.

그리고 중천축 4대 탑을 둘러본 후 남쪽으로 석 달을 걸어서 남천축에 도착한다. 이후 남천축을 돌아본 후 다시 석 달을 걸어서 서천축을 거쳐 북천축 수도 사란달라에 도착한다. 다시 서쪽으로 방향을 잡은 후 신두고라국, 가섭미라국, 건타라국, 오장국, 구위국, 계빈국, 사율국, 범인국을 거쳐 토화라에 도착한다. 여기서 서쪽으로 파사, 다시 북쪽으로 여정 서단인 대식에 도착한다. 이후 토화라, 호밀국을 거쳐 파미르고원을 넘은 후 소륵에 이른 후 727년 11월에 당시 당의 안서도호부가 설치되어 있던 구자 즉 현재 쿠차에 도착했다. 혜초는 이후 언기를 거쳐 장안으로 돌아왔는데 언기와 장안까지의 여정 역시 결락되어 자세한 여정은 알려져 있지 않다.

안서도호부는 고구려 유민 후예로서 당나라 현종의 명을 받아 서역 정벌을 네 차례나 수행한 고선지 장군이 병마절도사로 주둔하고 있던 곳이다. 서울대 국문과 교수이자 소설가인 김탁환 교수는 그의 소설 『혜초』에서 혜초와 고선지가 구법 여행과 서역 정벌 중 그 여정이 중복된 것으로 묘사하고 있기도 하다. 이는 소설로서는 흥미 있는 설정이나 실제로 혜초는 727년경에 대식에 다녀왔고 고구려 출신 당나라 장군 고선지가 탈라스 전투에서 이슬람 대군과 격전을 벌인 것은 751년이기 때문에 혜초 여정은 고선지의 전투보다 약 25년이나 앞선 일이다.

『왕오천축국전』은 8세기 초 인도는 물론 중앙아시아와 서아시아의 역사·지리·경제·민속 등에 관한 자료들이 담겨 있어 사료적 가치가 높다고 평가되고 있다. 놀라운 점은 법현이나 현장과는 달리 천축이라 불린 인도뿐만 아니라, 지금으로 말하자면 파키스탄, 아프가니스탄, 이란, 터키에 관한 기록을 남기고 있는 여행기라는 점이다. 더욱이 혜초가 사라센제국의 이슬람 문화와 나아가서 기독교 문화권인 비잔틴제국도 살펴본 것으로 되어 있으나 여정과 여행 기간으로 볼 때 실제로 방문했다기보다는 전해 들은 것을 기록한 것이라는 해석이 지배적이다.

기록이 떨어져 나가 있어 추측일 뿐이지만 혜초는 천축 왕복을 육로로만 여행했던 현장이나 해로로만 왕복했던 의정과는 달리 갈 때는 해로를, 돌아올 때는 육로를 이용한 최초 여행자다. 또한, 의정과 현장은 기껏해야 현재의 아프카니스탄인 토화라까지만 여행한 데 비해, 기록대로라면 혜초는 당시 대식[xix]

xix 대식은 아라비아의 부족 중 타직(Tajik)의 음사다(정종숙, 2008).

이라고 불리던 페르시아 니샤푸르까지 여행한 것이 된다.[342] 혜초는 불교를 탐구하기 위한 여행을 출발했지만, 결과적으로는 불교라는 창을 통해 이슬람 국가들인 중앙아시아와 페르시아까지 둘러보게 되었다.

그러나 『왕오천축국전』은 앞뒤가 결락된 채 발견되어 그 내용에 관해서도 많은 논란이 제기되고 있다. 여행기 내용이나 여정에서 모호하거나 혼동되는 곳이 여러 곳 등장하고 있기 때문이다. 특히 혜초가 서역 어디까지 다녀왔는가에 대해서는 적지 않은 이론(異論)이 제기되어 아직까지도 정설이 없는 실정이다. 그 이유는 혜초가 직접 답사한 곳과 전해 들은 곳을 쉽사리 가려낼 수 없는 탓이다.[343]

혜초의 천축 여행이 구법 순례(求法巡禮) 목적이었기 때문에 동천축 여행에서의 주된 관심은 불교 성지 모습을 비롯한 불교에 관련된 것들이었다. 그러나 여행지를 옮겨 가면서 그의 관심 역시 불교 외에 정치, 경제, 사회를 비롯하여 의식주, 언어, 지리와 기후 등으로 옮겨 갔다. 그리하여 그의 여행기에서는 인간의 삶과 관련된 정치, 경제, 사회, 지리, 문화, 군사, 종교 등의 단면을 모두 기술하고 있다.

혜초는 한국인으로서는 최초로 현재 아랍 영토인 대식을 다녀왔으며 한(漢) 문명권에 속하는 사람으로는 처음으로 대식에 관한 견문을 남겼다. 인도는 물론 페르시아, 아랍 그리고 중앙아시아에 관한 귀중한 지식을 소개한 것은 물론이다.

『왕오천축국전』은 8세기 무렵 인도, 중앙아시아, 페르시아, 아랍에 관해 생동적이고도 정확한 기록을 남김으로써 중세 세계사 연구의 귀중한 사료원 역할도 하고 있다. 이런 연유로 『왕오천축국전』은 동서양 학계에서 공히 8세기 인도와 중앙아시아 지역에 관한 기록으로서는 으뜸가는 명저로 꼽히고 있다.

통일신라 시대부터 한반도와 아랍-이슬람제국 간에는 접촉이 많이 있었으나 우리나라 문헌에는 이에 관한 기록이 아직 발견되지 않고 있다. 따라서 대식 즉 아랍에 관한 기록이 우리나라 문헌에 처음 등장한 것은 혜초의 『왕오천축국전』이 처음이다.[344]

혜초 이전 천축 여행 기록인 법현의 『불국기』, 현장의 『대당서역기』와 혜초의 『왕오천축국전』의 귀로에 모두 등장하는 실크로드 오아시스 육로의 쿠차는 동서 문명 교류에 많은 역할을 한 것으로 알려져 있다. 특히 쿠차 악무(樂舞)는 인도, 페르시아 그리고 중국 악무의 영향을 받아 민족적 특색이 짙은 독특한 악무로 창출되었다. 고창악(高昌樂), 우기악(于闐樂)과 함께 서역 3대 음악의 하나로 불리고 있는 쿠차악은 중국을 거쳐 한반도와 일본까지 전수되었다. 최치원의 「향악잡영오수(鄕樂

雜詠五首)」는 신라 때 유행하던 다섯 가지 놀이를 소개하고 있는데 이 중 오늘날까지 전승되고 있는 산예(狻猊), 즉 사자춤 역시 쿠차에서 전래된 것이다.[345]

『왕오천축국전』은 서기 1908년 그 존재가 알려진 후 이에 관한 많은 연구가 이루어져 왔다. 그러나 그동안 『왕오천축국전』에 관한 세계 고전 기행 문학사적 위상에 관한 연구가 제대로 이루어진 적이 없었기 때문에 이 기행문의 세계 고전 기행 문학사적 평가를 놓고는 막연한 주장들이 이어져 오고 있다.[346]

혜초의 여행 기간은 햇수로 5년이다. 혜초에 앞서서 천축을 방문한 중국 승려 법현은 399년부터 410년까지 12년, 현장은 627년부터 643년까지 17년 그리고 의정은 671년부터 689년까지 18년 동안이나 천축에 머물면서 성지 순례는 물론 불법을 연구한 것과 비교하면 혜초 여정은 매우 짧다.

일본 승려 엔닌의 『입당구법순례행기』도 9년 6개월이라는 긴 세월을 당나라에 체류한 기록을 남기고 있다. 여행기 서술에 있어서도 혜초의 『왕오천축국전』은 간단하고 단조로운 형태의 서술인 것에 비해 『입당구법순례행기』는 그림을 보는 듯한 묘사의 일기로 구성되어 있어 여러모로 『왕오천축국전』과는 비교 대상이 아니다.

그럼에도 불구하고 정수일 교수는 그의 역서 『오도릭

의 동방기행』 서문에서 마르코 폴로의 『동방견문록』, 오도릭의 『동방기행』, 이븐 바투타의 『이븐 바투타 여행기』와 함께 『왕오천축국전』을 세계 4대 여행기의 하나로 꼽고 있다.[347] 뿐만 아니라 다수 국내 언론 역시 정수일 교수 주장을 그대로 따르고 있는 실정이다. 한편 임영애 교수는 『왕오천축국전』을 법현의 『불국기』, 현장의 『대당서역기』와 함께 동양 3대 여행기로 꼽힐 만큼 중요하다고 하였다.[348]

8세기 혜초의 『왕오천축국전』을 포함한 동양 고전 기행으로는 5세기 법현의 『불국기』, 7세기 현장의 『대당서역기』와 의정의 『남해기귀내법전』 이외에도 6세기 송운의 「송운행기」와 엔닌의 『입당구법순례행기』가 있다. 동양에 이와 같은 여행기가 있다면, 서양에서도 13세기와 14세기에 걸쳐 마르코 폴로의 『동방견문록』, 오도릭의 『동방기행』, 『이븐 바투타 여행기』와 같은 고전 여행기들이 쓰여졌다.

동서양의 주요 고전 기행 비교표

여행기	여행자	집필자	여행목적	여행 시기	여행기간(햇수)	주요 여정
불국기	법현	법현	불교	5세기	399/413(15년)	인도, 스리랑카
송운행기	송운과 혜생	양현지	외교	6세기	518/521(4년)	서역, 인도
대당서역기	현장	변기	불교	7세기	627/643(17년)	인도

남해기귀 내법전	의정	의정	불교	7세기	671/695(25년)	인도, 인도네시아, 말레이시아
왕오 천축국전	혜초	혜초	불교 성지 순례	8세기	723/727(5년)	인도, 중앙아시아
입당구법 순례행기	엔닌	엔닌	불교	9세기	(10년)	중국(당나라)
동방견문록	마르코폴로	루스티켈로	교역	13세기	1271/1295(17년)	중동, 아프리카, 아시아
동방기행	오도릭	윌리엄 솔라냐	선교	14세기	1318/1330(12년)	유럽, 아시아
이븐 바투타 여행기	이븐 바투타	이븐 주자이	성지 순례 동방세계 탐구	14세기	1325/1354(25년)	아시아, 아프리카, 유럽

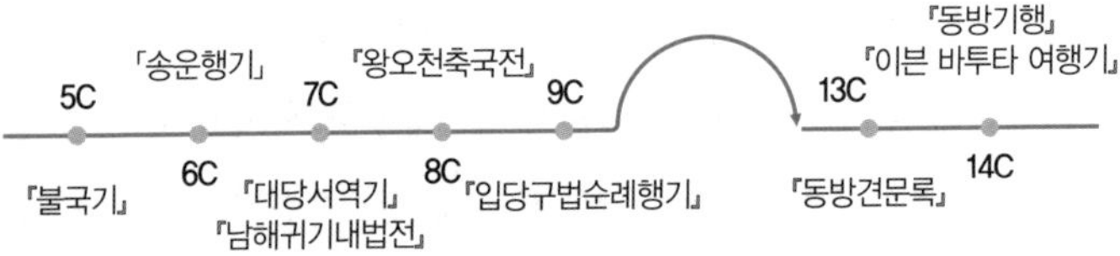

동서양의 시기별 기행 기록

저자는 『왕오천축국전』을 중심으로 하여 5세기부터 14세기 사이에 쓰여진 동서양 고전 기행문들의 여행 목적, 여행 기간, 여행 시기, 여정 등을 비교 분석함으로써 『왕오천축국전』의 세계 고전 기행 문학사의 상대적 위상을 평가해 보았다. 그 결과 『왕오천축국전』을 『불국기』, 『대당서역기』, 『동방견문록』, 『이븐 바투타 여행기』 등과 함께 세계 4대 여행기로 평가하는 것은 무리이나, 법현의 『불국기』, 현장의 『대당서역기』, 의정의 『남해귀기내법전』, 엔닌의 『입당구법순례행기』 등과 함께 동양의 5대 고전 여행기로 평가될 수는 있을 것이라는 결론을 얻었다.

서양에도 '7대 불가사의' 운운하여 행운을 상징하는 7자를 좋아하는 관습이 있긴 하지만 우리나라 사람들은 유별나게 3대니 4대니 하여 사물의 범주를 주관적으로 획정하는 것을 좋아한다. 『왕오천축국전』 역시 세계 4대 여행기라고 주장하는 것은 매우 주관적이라고 본다. 『왕오천축국전』의 여행사적, 기행 문학적 가치는 세계 4대 여행기에 포함되느냐의 여부에 달려 있는 것이 아니라 존재 그 자체로 빛을 발하고 있는 것이다.

혜초는 끝내 신라로 귀국하지 않고 중국 산서성 북동부의 오대산에 들어가 입적하였으나 만년 50여 년 동안은 중국 서안에서 머물렀다. 서안에서 60㎞ 떨어진 선유사 옥류담은 혜초가 황제의 명으로 기우제를 지낸 곳으로 유명하다. 이곳에는 혜초의 기우제를 기리는 기념비가 서 있었으나 댐 건설로 수몰된 후 유실되었다고 한다. 이후 2001년 한국 조계종 주도로 〈신라국고승혜초기념비〉와 혜초기념비 정자가 세워졌으나 관리도 허술하거니와 찾아 주는 이도 없어 쓸쓸함과 안타까움만 더하고 있다.[349]

『고려도경(高麗圖經)』은 송나라 서긍이 사신 임무를 띠고 1123년에 고려에 다녀간 후에 고려 실상을 황제에게 보고하기 위해 만든 사행 보고서다. 서긍은 한 달 남짓의 개경 체류 견문을 바탕으로 이 견문기 겸 여행기를 지었다. 책 제목에서 알 수 있듯이 본래 고려의 여러 가지 실정을 그림으로 설명한 도판과 그 설명이 함께 붙어 있던 기록이지만 현재는 설명 부분인 경(經)만 전해지고 있다. 『고려도경』의 정식명칭은 『선화봉사고려도경(宣和奉使高麗圖經)』인데 흔히 줄여서 『고려도경』이라 부르고 있다.

서긍이 고려를 방문한 것은 선화 5년 즉 1123년의 일로 당시 고려 16대 왕 예종이 죽자 예종을 조문하고 새 왕인 인종의 즉위를 축하하기 위해서였다. 고려 체류 기간은 1개월이지만 사신단은 개경 도착 3개월 전에 송의 수도인 개봉(開封)을 출발하였으니 고려 출발 후 42일 만에 다시 중국 땅을 밟은 긴 여정이었다. 서긍 일행은 명주까지는 완만한 대하를 달리는 국내선을 이용했고 명주부터는 큰 배를 갈아타고 황해로 향했다. 당시 명주에서 예성강까지 26일, 정해(定海)에서 흑산도까지 직항은 9일이 걸리는 거리였다. 서긍 사신단 일행 행로는 12세기 전반기 고려와 송의 가장 안전한 공식 해로로서 송나라는 사절단을 파견할 때마다 이 해로를 이용하고 있었다.

고려를 방문한 송나라 사절단은 그 이전에도 많이 있었으나 자세하게 견문록을 기록한 경우는 흔치 않았다. 그러나 서긍은 개경에 도착한 후 떠날 때까지 한 달 동안 고려 역사, 지리, 풍속, 민속, 종교 등을 먼저 글로 설명하고 여기에 그림을 덧붙이는 형식으로 기록하였다.[350]

『고려도경』에 수록된 도자기에 관한 기록은 고려 시대 도자기 연구에서 매우 중요한 역할을 하고 있다. 또한, 이 책의 관복을 통해 고려 시대 복식을 복원하는 데도 중요한 자료로 활용되고 있다. 배에 관련된 자료와 『고려도경』의 바닷길은 고려 선박 연구와 당시 항로와 항해술을 짐작하게 하는 중요한 자료로 평가받고 있다.[351]

고려인들은 여성의 이혼과 재혼이 자유로웠다. 여성의 결혼 경력이 재혼에 지장을 주지도 않았다. 이혼녀와 과부 중에는 국왕과 결혼한 경우도 있었다. 충렬왕 세 번째 왕비인 숙창원비(淑昌院妃)는 과부였으나 왕과 재혼하였다. 서긍은 고려인들이 쉽게 결혼하고 쉽게 헤어져 그 예법을 모른다고 했다. 여성의 재혼이 금지되고 수절을 강요당한 조선 시대와는 판이하게 다른 현상이다.[352]

개방적인 고려는 이민족의 귀화도 적극 수용했다. 여진, 거란, 중국, 몽골, 일본 등 주변 나라에서 들어온 귀화인이 매우 많았다. 거란과의 전쟁으로 고려에는 많은 거란인이 포로로 들어왔으며 투항해 오는 거란인도 많았다. 이들은 집단으로 거주하며 수도 개경에 거주하며 여러 가지 기구와 복식 제조에 종사했다.

중국을 중심으로 한 동아시아의 통상권은 당대에 형성되었지만 송대는 중국 연해 지방을 중심으로 해상 활동이 활발하게 전개되어 과거 어느 때보다 민간무역이 성행했다. 이 때문에 고려와 송과의 관계도 매우 활발했고 사적인 민간무역이 공적인 조공무역에 비해 훨씬 활발했다. 송나라 상인 내항 횟수는 고려 현종 때부터 충렬왕까지 120회에 달했고 이 기간 송나라 상인 연인원도 5000명에 달했다. 고려 시대에는 송의 국자감에 유학생을 보냈고 송의 귀화인 가운데 고려에서 관리가 된 사람들도 많이 있었다. 송나라 사람으로 고려에 와서 과거에 합격해 관직을 가진 사람도 많았다.

『고려사』에는 여진의 시조 함부가 고려인 또는 신라인이라는 기록이 있다. 송나라의 금나라 견문기인 『송막기문(松漠紀聞)』[xix]에도 여진 추장은 신라인으로 성은 완옌이며 완옌은 왕이라는 뜻이라는 기록도 있다.

표류가 외교로 전화위복된 『표해록』

최부(崔溥)의 『표해록(漂海錄)』은 폭풍우를 만나 오늘날 강소성(江蘇省)과 절강성(浙江省)인 중국 강남 지방에 표류한 뒤, 당시 조선 사람 아무도 가 보지 못한 곳을 여행하고 돌아와 쓴 표류기이자 견문록이다. 바다에서 16일 그리고 중국의 땅에서 조선으로 돌아오기까지 135일의 여정을 기록한 것으로 일본 승려 엔닌의 『입당구법순례행기』, 마르코 폴로의 『동방견문록』과 비견되는 중국 견문록으로 평가되고 있다.[353]

15세기 당시 최부의 기록과 기술은 매우 상세하고 사실적이어서 중국 대운하에 관한 기술로는 중국 내외를 막론하고 단연 으뜸으로 꼽히고 있다. 최부는 운하 건설 제원에 관해 자세히 기록한 것은 물론 당시 교통제도인 포(鋪), 참(站), 역(驛)에 관해서도 서로 간의 거리와 창고 유무까지를 상세히 기록하고 있다.

1487년 11월, 전라도 나주 출신 최부는 도망 노비를 찾아내는 관직인 추쇄경차관(推刷敬差官)으로 제주도로 파견된다.

xx 중국 남송의 사신 홍호(洪皓)의 금나라에 관한 견문록으로 홍호 사후에 장남에 의해 간행되었다. 금의 괴뢰국인 제(齊)나라에서 일할 것을 강요당하자 거부하고 북만주에서 유배 생활을 한 10년간의 기록이다.

병자호란의 굴욕으로 청나라에서 8년간의 인질 생활을 한 효종은 북벌을 추진하게 되고 북벌을 위한 징병의 수단으로 당시 17만 명으로 추산되던 행방불명 노비들을 색출하기 위해 추쇄도감(推刷都監)을 설치했다. 『표해록』은, 최부가 도망친 노예를 찾아내는 경차관 신분으로 제주에 갔다가, 고향 나주에서 아버지가 돌아가셨다는 소식을 받고 급히 배를 빌려 수행원 42명과 함께 떠나면서 시작된다. 부모가 돌아가시면 하던 일을 제쳐두고 달려가는 것은 그때나 지금이나 마찬가지였다. 더욱이, 조선 시대는 유교를 숭상하던 때라서 어버이와 자식의 도리를 엄격히 지키던 때였다. 그러니 최부는 조금이라도 빨리 돌아가신 아버지께 달려가기 위해 나쁜 날씨를 무릅쓰고 배를 띄우게 된다.[354]

하지만 제주 앞바다에서 폭풍우를 만나 표류하게 되고, 최부를 비롯한 일행 43명은 끝없이 표류하는 16일 동안 갖은 고비를 넘기며 중국에 표착한다. 표류 중에는 해적 떼에게 가진 것을 몽땅 털리고 중국 땅에 도착하여서는 당시 중국 해안에 자주 출몰하여 노략질을 일삼던 왜구로 오인되어 숱한 고초를 겪기도 하였다. 최부 일행은 도저소(桃渚所)에 머물러 심문을 받고 나서야 바다에서 받은 왜구 혐의를 벗었고 이후 항주로 이송되었다. 최부가 지나온 항주, 소주 일대는 중국에서 이른바 하늘엔 천국, 강남엔 소주와 항주라고 불리던 지역으로 당시 중국에서 경제와 문화가 가장 발달한 중심지였다.

15세기 이후 실제로 중국 강남을 둘러본 조선인은 거의 없었다. 그런 강남을 최부는 뜻하지 않은 표류로 인해 견문할 기회를 얻게 된 것이다. 최부는 당시 대운하의 전 구간을 거슬러 오르며 6개월 동안 만리 길을 편안히 여행을 즐길 수 있다는 사실에 놀라움을 금치 못하였다. 최부는 이런 귀한 경험을 하고 조선에 돌아와 성종의 명을 받아 제주에서 중국을 거쳐 서울로 돌아오기까지 135일 동안 겪고, 보고, 들은 것들을 일지 형식으로 정리해 보고했다. 최부의 이 책은 중국에 관한 기록이지만 사신들이 쓴 각종 연행록과 구별하기 위해 『표해록』이라는 이름을 붙이게 되었다.[355]

중국 강남 지방은 송나라 이래 중국 문화의 중심지였으며, 명나라 때에도 국제무역이 활발했던 곳으로 최부는 이러한 국제무역과 나라 간의 문화 교류도 흥미롭게 소개했다. 당시 조선은 명나라를 다닐 때, 요동의 뭍길로만 출입했고 바다를 통한 왕래는 아예 막아 버렸다. 역사적으로 보면 신라와 고려 때 활발하게 다닌 바닷길이 조선 시대에 와서 끊어진 꼴이다. 14세기 후반 명나라는 바닷길을 막는 정책을 실시한다. 이 때문에 동아시아 여러 나라는 서로 오가며 교류하는 데 많은 어려움을 겪게 되었는데 『표해록』은 바로 이런 시대의 국제 상황과 정세를 알 수 있는 귀중한 기록으로 인정받게 된다.[356]

이런 가치를 먼저 알아본 나라는 일본이다. 『표해록』은 1488년 조선에서 발간된 후 일본과 미국 학자들에게 먼저 주목받았다. 1796년, 에도 시대 일본에서 『당토행정기(唐土行程記)』라는 제목으로 번역 출판되면서 국내보다 해외에서 먼저 가치를 인정받고 상업적으로 출판된 것이다. 에도 시대 일본 지식인들은 최부의 『표해록』을 통해 중국에 관한 지식과 정보를 입수한 것은 물론 조선 지식인이 중국을 보는 시각을 일본의 그것과 비교할 수 있었다.[357]

세계 최고 여행기로 평가되는 걸작

『열하일기(熱河日記)』는 실학자 연암(燕巖) 박지원(朴趾源)이 1780년 연경을 거쳐 청나라 건륭제 여름 별궁인 열하까지의 여정과 다시 연경으로 되돌아오기까지 약 두 달간 보고, 듣고, 겪고, 느낀 것들을 기록한 여행기다. 박지원의 삼종형 박명원(朴明源)이 건륭제 칠순 잔치인 만수절(萬壽節)의 진하사로 북경에 가게 되자 벼슬이 없던 연암이 자제군관 자격으로 삼종

형을 수행하면서 남긴 기록이다. 『열하일기』는 당시 사회제도와 양반 사회 모순을 비판하는 내용을 사실적으로 담아냈기 때문에 당시 위정자들의 미움을 사게 되어 필사본으로만 전해져 오다가 1901년에서야 처음 간행되었다.[358]

열하(熱河)는 북경에서 동북쪽으로 약 230㎞ 떨어진 하북성(河北省) 승덕(承德)의 행궁으로 난하(灤河) 지류인 무열하(武烈河) 서쪽에 있다. 열하라는 지명은 무열하 주변에 온천들이 많아 겨울에도 강물이 얼지 않는 데에서 유래했다. 건륭제는 이곳에 피서산장(避暑山莊)이라는 거대한 별궁을 짓고 거의 매년 장기간 체류하였다. 청나라 국력이 최고조에 달했던 건륭제 치세 중에 열하는 황제를 알현하러 모여든 몽골·티베트·위구르 등의 외교 사절로 붐볐다.[359]

『열하일기』는 열하나 연경에 장기간 머물 때 얻은 잡다한 견문들을 시화(詩話)·잡록(雜錄)·필담(筆談)·초록(抄錄) 등 다양한 형식으로 정리하여 소개하고 있다. 『열하일기』는 「도강록(渡江錄)」부터 「금료소초(金蓼小抄)」까지 모두 25편으로 구성되어 있는데, 그중 시화와 잡록에 해당하는 「행재잡록(行在雜錄)」, 「피서록(避暑錄)」, 「구외이문(口外異聞)」, 「알성퇴술(謁聖退述)」, 「동란섭필(銅蘭涉筆)」 등을 통해 박지원은 당시 조선에 잘 알려지지 않은 청나라 학계와 문단 동향을 주로 소개하고 있다.

그리고 「속재필담(粟齋筆談)」, 「상루필담(商樓筆談)」, 「망양록(忘羊錄)」 등 중국인들과 나눈 필담도 많은 비중을 차지하고 있다. 그는 이러한 필담들을 『열하일기』에 원고 그대로 싣지 않고, 독자들의 흥미를 끌 수 있도록 현장감을 살린 대화록을 활용하여 소설처럼 재구성해 놓았다. 이렇듯 『열하일기』는 여행 중에 겪은 사소한 일들을 장면 중심으로 교묘하게 구성하여 흥미 있는 체험담으로 재현한 소설적 특징을 가지고 있다. 중국인과 대화는 반드시 구어체인 백화(白話)로 표현하여 육성을 방불케 하는 생기를 더하고 있기도 하다. 우리말 대화 장면에서는 조선식 한자어와 우리 고유의 속담을 같이 구사함으로써 토속어 고유의 맛을 살리면서 동시에 해학적 효과도 거두고 있다.[360]

1832년, 중국을 다녀온 김경선(金景善)은 역대 연행록 중 가장 뛰어난 저술로 김창업의 『노가재연행록』, 홍대용의 『담헌연기』와 함께 박지원의 『열하일기』를 꼽으면서, 『열하일기』는 입전체(立傳體)적 특징을 지닌 독특한 유형의 연행록이라고 평가하였다. 입전체란 사마천의 『사기(史記)』 이후 계승되어 온 기전체(紀傳體) 중 열전(列傳) 형식을 가리킨다. 김경선은 『열하일기』가 단순한 여행 기록이 아니라 여정에서 마주친 수많은 인간을 생생하게 형상화한 일종의 '열전'이라는 점을 강조하고 있는 것이다.[361]

당시 박지원을 포함한 사행단 일행은 열하를 방문한 최초 조선 외교사절이었다. 그래서 그의 연행록 제목을 다른 사행록과는 다르게 『열하일기』라고 명명했다. 『열하일기』는 그 여정을 구분해서 기록하고 있는데 책 앞부분은 여행 경로를 기록했고 나머지 부분에서는 보고 들은 것들을 한 가지씩 자세히 기록하고 있다.

「도강록」은 압록강에서 요양(遼陽)에 이르는 15일간의 기록으로, 굴뚝과 구들 등 여염집 구조와 성제(城制) 등을 자세히 서술하면서 모든 물건을 이롭게 써서 백성이 윤택해져야 한다는 이용후생의 주장을 펴고 있다. 「성경잡지(盛京雜識)」는 십리하(十里河)에서 소흑산(小黑山)에 이르기까지 5일간의 기록으로 여정에서 사사로이 만난 평민들과 나눈 대화와 그곳 산천·절·사당 등을 소개하고 있다. 「일신수필(馹迅隨筆)」은 신광령(新廣寧)에서 산해관(山海關)에 이르는 9일간 기록으로 저잣거리·여관·교량 등에 관해 자세히 기록하고 있다. 「관내정사(關內程史)」는 산해관 안에서부터 북경까지의 기록이다. 「막북행정록(漠北行程錄)」은 연경에서부터 열하(熱河)로 가기까지의 기록으로 연경에 겨우 도착한 사신 일행이 열하로 피서 가 있는 황제를 알현하기 위해 가는 동안에 겪은 숱한 고생에 관해 적고 있다. 「환연도중록(還燕道中錄)」은 열하에서 다시 연경으로 돌아오면서 급히 갈 때 보지 못했던 것들을 자세히 기록하고 있다. 「구외이문(口外異聞)」은 만리장성 밖에서 보고 들은 이야기를 서술하고 있으며, 「황도기략(黃圖記略)」은 연경에서 돌아본 문물, 제도 등을 그 내력과 전해오는 말들을 곁들여 기록한 것이다. 「알성퇴술(謁聖退述)」은 공자묘를 참배하고 건물과 학교, 학사의 연혁과 규모 등을 기록한 것이며 「기엽기(盎葉記)」는 연경 안팎에 있는 절과 궁 등의 명소를 구경한 기록이다.[362]

『열하일기』는 박지원의 문장력으로 여러 방면에 걸쳐 당시 사회문제를 정확하게 풍자한 조선 후기 문학과 사상을 대표하는 걸작이다. 그 내용은 청나라 정치·경제·사회·문화 등 다방면의 현실에 대한 풍부한 견문과, 이에 기초한 실학사상으로 이루어져 있다. 박지원은 청나라가 눈부신 번영과 정치적 안정을 이루고 있음을 보고하고, 상업을 중심으로 한 청나라 발전상을 증언하면서, 조선의 낙후된 현실을 개혁할 구체적 방안들도 제시하고 있다. 그는 궁전을 비롯한 각종 건축들이 크고 화려하며 벽돌을 사용하여 견고한 점 등을 소개할 뿐만 아니라, 우리도 청나라처럼 벽돌을 널리 활용하고 수레를 전국적으로 통용하게 하자고 주장한다.[363]

『열하일기』는 이질적인 대상들과의 접속 과정이고 언어와 사물이 살아 움직이는 발굴 현장이며 예기치 않은 담론들이 범람하는 생성의 장이다. 이국적인 풍물과 기이한 체험들을 지루하게 나열한 흔해 빠진 여행기들과는 차원이 다른 여행기인 것이다. 『열하일기』 곳곳에는 유머가 넘쳐난다. 박지원이 가는 곳에는 항상 유머가 수반된다. 연암에게 있어 삶과 여행은 분리되지 않고 있다.[364]

만주족이 지배하던 청나라 시절은 한족과 만주족 사이에 늘 팽팽한 갈등이 존재하고 있었다. 박지원은 필담을 이용하여 중국 선비들 마음을 열어 속내를 드러내게 하였기 때문에 이들은 필담한 종이를 불에 태우거나 먹어 치웠다. 이런 방법으로 박지원은 천하 형세는 물론 주자학과 불교의 관계 등의 담론을 이끌어 낼 수 있었다. 박지원은 조선과 청나라의 지배정신, 문화와 문물의 격차와 이념을 냉정한 지식인 관점으로 살폈고, 서민들과의 어울림을 얽매임 없이 자유로운 문체로 기술했다. 그럼으로써 새로운 문물에 대한 정보와 열린 학자로서의 사유, 여행의 흥미와 벅찬 감흥을 치우치지 않게 담아내고 있다.[365]

조선에 관해 서양인이 처음 쓴 글은 일본에서 선교 활동 중 임진왜란 때 왜군을 따라 남해안 웅천항에 들어와 포교를 시도했던 스페인 선교사 세스페데스(Gregorio de Cespedes)가 1601년에 펴낸 『선교사들의 이야기』란 책이다.[366] 이후 1653년 8월 대만에서 당시 일본 나가사키 네덜란드 상관 데지마로 가려던 동인도회사 선박 스페르베르호는 닷새 동안 계속된 폭풍우를 만나 바다에서 표류한 끝에 낯선 섬에서 난파된다. 혹독한 난파로 모두 예순네 명 선원 중 서른여섯 명만이 생존해 있었다. 중국의 한 섬으로 알고 며칠을 보낸 하멜 일행은 항해사의 위도 측정을 통해 이 섬이 코레(Coree)의 겔파에르츠(Quelparrets)섬 즉 제주도임을 알게 된다. 우여곡절 끝에 제주 목사에게 끌려간 이들은 이미 조선에 정착해 있던 같은 네덜란드 사람 얀 야너스 벨테브레이(Jan Janse Weltevree) 즉 우리 이름 박연을 면담한 후 서울로 호송된다.[xxi] 이들은 당시 효종의 북벌

xxi 1627년 동료 두 명과 함께 조선 연안에 표착한 얀 야너스 벨테브레이(Jan Jans Weltevree)는 박연(朴燕, 朴淵, 朴延), 박인(朴仁), 호탄만(胡呑萬) 등으로 불려지기도 했다. 조선에 표착한 이후 무과에 합격해 훈련도감에 관직을 가지고 있었을 뿐만 아니라 조선 여인과 혼인하여 조선에서 일생을 마쳤다(신동규, 2001).

계획 일환으로 추진되던 군사력 강화를 위해 박연이 소속된 훈련도감에 배속되어 엄한 통제 속에 군사훈련을 받은 후 훈련대장 호위병 역할을 수행하기도 했다. 하지만 이들은 청나라 사신이 올 때마다 가택연금이 되는 신세가 된다. 스페르베르호 서기였던 하멜 일행이 제주도 표착 시 가지고 있던 신식 무기 존재가 청나라에 알려지는 것을 두려워했던 당시 조선의 난처한 입장 때문이었다. 그러나 자나 깨나 고국으로 돌아가고 싶던 하멜 일행은 오히려 이러한 조선의 약점을 이용하여 은밀하게 그리고 계획적으로 청나라 사신들을 접촉하여 자신들의 송환을 요청하게 된다. 그러나 이들의 이 같은 탈출 시도는 오히려 청나라와의 불편한 관계를 유발시켜 그들의 존재는 조선 측에 부담으로 작용하게 된다. 따라서 하멜 일행 조선 상륙 직후 이들을 훈련도감에 배속시켜 군사력 강화에 이용하려 했던 조선의 계획은 좌절되고 청국 사신에게 본국 송환을 요구하는 사건의 재발을 방지하고자 하는 방편에 따라 서울에서 쫓겨나 전라도로 유배된다.

제주도 상륙 당시 모두 36명이던 하멜 일행은 서울 호송 시 한 명이 사망하고, 청나라 사신을 통해 탈출을 시도하던 두 명이 사망하여 서른세 명만이 생존해 있었다. 당시 가뭄으로 재정난을 겪고 있던 전라도 병영은 이들을 여수, 순천, 남원에 분산 수용하게 된다. 세 곳에 분산 수용되었음에도 불구하고, 하멜 일행은 몇 차례 탈출용 선박 구입의 좌절을 딛고 결국 유배지 전라도를 탈출하여 나가사키로 돌아가는 데 성공한다. 천신만고 끝에 배 한 척을 구해 전라좌수영을 탈출하여 일본 나가사키에 도착하여 네덜란드 관리들의 환영을 받은 하멜 일행은 13년 28일 동안의 조선에서의 체류를 슬픔과 고통의 연속인 감옥 생활로 비유했다.

나가사키 네덜란드 상관에서 일 년여를 체류하면서 13여 년의 조선 억류 기간 밀린 임금을 소급해서 지급받기 위해 동인도회사에 제출할 보고서를 쓰게 되는데 그게 오늘날 『하멜표류기』로 알려진 『하멜보고서』다. 엄밀히 말하면 『스페르베르호의 불행한 항해일지(Journael van de Ongeluckige Voyagie van't Jacht de Sperwer)』가 『하멜보고서』의 원래 제목이다. 하멜은 스페르베르호의 서기로서 밀린 임금을 받기 위해 보고서를 작성하였지만, 소원대로 밀린 임금을 제대로 보전받지 못한 대신 이 보고서는 내항해 시내 시장 사람들의 호기심을 자극해 로테르담과 암스테르담에서 네덜란드어로 출판된 데 이어 프랑스어, 독일어, 영어, 스페인어 등으로 번역되어 잇따라 출간되면서 당시 유럽에서 선풍적인 인기를 얻게 된다.

『하멜보고서』는 하멜 등 36명이 조선에 상륙하여 1666년

하멜 표류기

하멜 등 8명이 지금의 여수에 소재한 전라좌수영을 탈출해 일본 나가사키의 데지마 네덜란드 상관에 도착한 후 그곳에서 나가사키를 출발할 때까지 기록이다. 하멜은 조선을 탈출해 일본 나가사키에 도착한 후 일행의 표류 경위, 조선 체류와 귀환 과정을 일기식으로 정리한 것은 물론 당시 조선의 군사제도, 곤장과 유배 등 사법제도, 불교와 조상 숭배에 관한 신앙생활, 사랑방과 안채를 두고 살고 있는 양반 가옥 구조, 조혼과 첩실을 두는 결혼 풍습, 세습되는 노비제도, 3년 상을 치르는 장례문화, 전염병에 대한 극도의 혐오 문화, 물물교환으로 이루어지는 교역제도, 거래 시 속이기 일쑤인 장대와 저울 풍습, 많은 수가 목격된 호랑이와 새들, 한문과 언문, 계산과 부기 등에 관

해 상세히 기술하고 있다.[367]

하멜은 또한 당시 조선 사람들의 여행문화에 관해서도 기술하고 있어 이채로운데 그 내용 일부를 옮겨 보면 다음과 같다.

> "조선 사람들은 여행하다가 날이 저물면 아무 집이나 들어가 자기가 먹을 만큼 쌀을 내어놓으면 그 집 주인은 즉시 그 쌀로 밥을 지어 반찬과 함께 차려 내놓는다. 마을 주민들은 손님 대접을 교대로 하는데 아무도 그런 일에 반대하지 않는다. 한양으로 가는 큰길에는 관영 숙소인 역참과 휴게소 격인 주막이 있는데 양반이나 일반 백성을 가리지 않고 받아 준다. 나라의 명으로 여행하는 양반이 지방으로 여행할 때는 근처 가장 높은 사람 집에서 묵으며 숙식을 제공받는다."

『하멜보고서』는 일찍이 우리나라에서는 『하멜표류기』로 불려 왔으며 일본에서는 『조선유수기』로 불려 왔는데 현재까지도 이런 표현이 통용되고 있다. 이것은 1934년, 우리나라에서 이병도가 하멜 기록을 번역할 때 『하멜표류기』라고 명명했기 때문이며 일본에서는 이쿠타 시게루[生田滋]가 이 기록을

『조선유수기』라고 명명했기 때문이다.[368] 그러나 신동규 교수는 이 문서를 『하멜보고서』로 불러야 한다고 주장하고 있다. 그 이유는 하멜은 네덜란드 동인도회사의 바타비아 총독과 동인도회사 평의원들에게 보낸 공식적인 보고서로서 이 보고서가 하멜 일행에게는 조선에서 장기간 체재하고 있던 기간 중 동인도회사로부터 받지 못한 급료를 청구하기 위한 중요한 증거물이었기 때문에 가장 설득력이 있는 주장이자 표제어라고 볼 수 있다는 것이다.[369]

1666년 우리 땅을 밟은 하멜 일행이 최초 서양 사람들은 아닐지라도 하멜은 우리나라를 상세하게 기록하여 서방에 알린 최초 서양 사람으로 간주되고 있다.[xxii] 그러나 하멜 일행보다 40여 년 앞선 1627년 같은 네덜란드 사람인 얀 야너스 벨테브레이와 그 일행 두 명이 승선했던 아우버케르크(De Ouwerkerk)호가 당시 조선 근해에 표류하게 된다. 이들은 식수

xxii 하멜 표착 이전에 일본에 파견된 포르투갈 선교사 루이스 프로이스가 16세기 말에 『일본사』를 저술하면서 이미 조선에 관한 많은 분량의 내용을 유럽에 보고하여 알리고 있었다. 또한 세스페데스라는 선교사는 도요토미 히데요시의 조선 침략 시 고니시 유키나가의 휘하 병사들의 위안을 목적으로 조선에 들어와 잠시 머물다 돌아간 적도 있었다. 또한 로드리게스라는 예수회 선교사는 1620년대에 『일본교회사』를 저술하여 조선의 정치, 경제. 문화 등에 소개한 적이 있다(신동규, 2001).

나가사키항의 데지마 네덜란드 상관

를 구하기 위해 보트를 타고 조선에 상륙했다가 주민들에게 잡혀 정주한 적이 있는데, 그가 바로 박연이라는 이름으로 우리에게 알려져 있는 인물이다. 그러나 박연은 조선 여인과 결혼하여 아이까지 낳고 조선에 귀화하여 조선에서 사망했기 때문에 서방에 조선의 존재를 알릴 수는 없었다.

그러나 중요한 것은 당시 일본 사람들은 나가사키에 데시마 네덜란드 상관을 설치하여 서양 문물을 받아들이는 통로로 이용하는 개방적이고도 전향적인 정책을 채택한 데 비해 우리는 박연이 되었던 하멜 일행이 되었던 이들을 적극적으로 활용해 서양 문물을 받아들이고자 하는 노력은커녕 이들을 박해함으로써 탈출하도록 하는 우를 범했던 점이라고 본다. 역사에서 가정은 무의미한 것이라고는 하나 이때 우리도 이들을 활용하여 서양을 향해 문호를 적극적으로 개방하였더라면 적어도 일제 강점기라는 치욕의 역사를 겪지 않았을지도 모를 일이다.

하멜이 억류되어 있던 13년간 조선은 서양 세계와 기술에 대한 정보를 얻어 내고자 하는 시도조차 하지 않았다. 그러나 하멜 일행이 조선을 탈출해서 도착한 뒤 일본 관리는 쉰네 개의 질문을 통해 단 하루 만에 난파와 탈출 이유는 물론 조선의 산물, 군사와 장비, 군함, 종교, 인삼 등의 세세한 정보를 알아내고 있어 두 나라 사이의 세계관 차이를 여실하게 보여 주고 있고, 그 결과가 어떠했는지는 이후의 역사가 적나라하게 증거하고 있다.

나오며

전공과 직업 그리고 취미가 모두 '관광'과 '여행'인 필자는 인류 선조들의 여행사(旅行史)를 정리함으로써 인류의 과거, 현재 그리고 미래의 이동 궤적을 추적해 보고 싶은 꿈을 오랫동안 간직해 왔다. 그래서 먼저 내놓은 결과물이 『기록 따라 떠나는 한국고전기행』이었고, 이번에 출간하는 『극한을 극복한 글로벌 고전 기행』은 그 후속 작업이다. 그렇지만 이런 일련의 작업은 우리나라뿐만 아니라 지구촌 여행사를 정리하는 주춧돌 하나를 겨우 올려놓는 시작에 불과할 뿐이다. 앞으로, 미진하나마 필자가 깔아 놓은 초석을 토대로, 이 분야 연구자들이 많이 나와 주길 소망해 본다.

당초 '한국 고전 기행'과 함께 준비했던 '글로벌 고전 기행' 원고는 생각과 달리 세월이 꽤 흐른 후에야 그 빛을 보게 되었다. '글로벌 고전 기행' 소재 글이 출판사 기획 의도와 범위에 맞지 않아 한반도만으로 그 범위를 한정했기 때문이다. 이에 따라 '한국 고전 기행'만 먼저 출간되면서 '글로벌 고전 기행'은 보완해야 할 원고가 상대적으로 많아졌다.

원고를 보완하는 과정에서 '집짓기'와 '글짓기'를 같은 '짓기'로 규정한 건축가, 승효상의 말에 크게 공감했었다. 좋은 집을 짓기 위해서는 좋은 재목을 구해 오는 게 우선인데 강단에서 강의하던 때와 달리 '글로벌 고전 기행' 자료 수집에는 상대적으로 어려움이 컸기 때문이다. 자료 수집에 어려움을 겪으면서 지난 세월 자료 수집에 도움을 준 제자들의 고마움도 비로소 깨닫게 되었다. 애써 준 제자들에게 뒤늦게 고마움을 전하게 되어 크게 미안한 마음이다.

이 저술은 고전 기행을 주제로 다양한 작가들의 여행기를 여행사적 관점에서 정리한 옴니버스자 다이제스트다. 따라서 수많은 작가들과 함께 그 작품과 기사가 인용되었다. 여기에 인용된 작가분들께 이 지면을 빌려 마음속 깊이 감사드린다.

그러나 마음 한편으로는, 기행문과 여행가를 모티프로 하여 지구촌 여행사를 정리해 보겠다는 저자 의도가, 여기 인용된 기행문에 사족이 된 건 아닌지 저어되기도 한다. 하지만 서 말 구슬 꿰어 보배로 만들겠다는 저자의 소망이, 원작자분들께도 오롯이 전달되어 같이 공명할 수 있길 소원해 본다. 더 나아가, 이 저술을 통해 독자들이 여기 인용된 저서들로 한 걸음 더 들어가는 계기가 된다면, 저자로서도 큰 기쁨이 아닐 수 없겠다.

끝으로, 저자가 지향하는 길을 앞서간 동양여행사(東洋旅行史)의 정수일 님과 서양여행사(西洋旅行史)의 설혜심 님의 업적이 아니었다면 이 저술의 출간은 지금보다 훨씬 더 뒤로 미뤄질 수밖에 없었을 것이다. 두 분께 두 손 모아 감사드린다.

주석

1, 21, 33, 34, 35, 36, 37, 45, 46, 48, 51, 53, 55, 56, 57, 58, 60, 61, 62, 63, 74, 105, 106, 107 설혜심 지음(2013), 『그랜드 투어: 엘리트 교육의 최종 단계』, 웅진지식하우스.
2, 3 곽영직 지음(2020), 『인류 문명과 함께 보는 과학의 역사』, 세창출판사.
4, 19 남경태 옮김(2009), 로빈 핸버리 테니슨 지음, 『역사상 가장 위대한 70가지 여행』, 역사의아침.
5, 7, 25 이민수 옮김(2003), 빈프리트 뢰쉬부르크 지음, 『여행의 역사』, 효형출판.
6 박의서 지음(2015), 『남미 종단 잉카 트레킹 30일』, 여행마인드.
8, 111, 190, 197, 199, 203, 204, 205, 233, 235, 238, 247 정수일 엮음(2014), 『실크로드 사전』, 창비.
9, 10, 99, 100 정재겸 옮김(2011), 조지 케넌 지음, 『시베리아 탐험기』, 우리역사연구재단.
11, 13, 14 강대진 외 지음(2006), 『서양의 고전을 읽는다 3』, 휴머니스트.
12 천병희 옮김(1996), 호메로스 지음, 『일리아스』, 단국대학교출판부.
15 천병희 옮김(2002), 호메로스 지음, 『오뒷세이아』, 단국대학교출판부.
16, 20, 22 천병희 옮김(2009), 헤로도토스 지음, 『역사』, 숲.
17, 18, 23, 24 김영·송영심 글(2014), 윤유리 그림, 『재미있는 탐험 이야기』, 가나출판사.
26, 27, 28 박석일 옮김(2016), 율리우스 카이사르 지음, 『갈리아전기/내전기』, 동서문화사.
29 윤후남 옮김(2019), 작자 미상 글, 르네 불 그림, 『아라비안 나이트』, 현대지성.
30 원지인 옮김(2014), 마샤 윌리엄스 글/그림, 『신드바드의 모험: 전설이 된 일곱 번의 항해』, 청어람미디어.
31 김정명, "[김정명의 이슬람 문명기행] '천일야화'엔 알라딘도, 신드바드의 모험도 없었다", 한국일보(2019.05.11).

32 https://login.yahoo.com/config/login_verify2?.intl=us&.src=ym ???

38, 180, 181, 182, 206 정수일 옮김(2001), 이븐 바투타 지음, 『이븐 바투타 여행기』 1·2, 창작과비평사.

39, 40 김태권 지음(2003), 『십자군 이야기』 1, 길찾기; 김태권 지음(2005), 『십자군 이야기』 2, 길찾기.

41, 146, 147, 148, 149, 150, 151, 152, 153, 154, 156, 157, 158, 159, 160, 162, 163 김호동 옮김(2015), 플라노 드 카르피니·윌리엄 루브룩 지음, 『몽골 제국 기행: 마르코 폴로의 선구자들』, 까치.

42, 44 김해용, "[역사 속의 인물] 경교(景敎)의 시조 네스토리우스", 매일신문(2012.08.03).

43, 225, 296, 303, 323, 327, 328, 342, 349 정수일 지음(2005), 『한국 속의 세계』 상·하, 창비.

47 정봉구 옮김(1994), 앙드레 지드 지음, 『소련방문기』, 춘추사.

49, 50, 52, 54, 59, 77, 78, 81, 82 윤철규 옮김(2014), 오카다 아츠시 지음, 『이탈리아 그랜드 투어』, 이다미디어.

64 김기령, "'178년 역사, 세계 최초 여행사' 토머스 쿡 파산 … 전 세계 여행업계 충격", 세계여행신문(2019.09.26).

65, 66 주경철 강연(2020), 《유토피아와 디스토피아: 근대 세계의 희망과 불안》, 국립춘천박물관.

67 주경철 옮김(2007), 토머스 모어 지음, 『유토피아』, 을유문화사.

68 이혜수(2010), 「근대적 (반)주체로서의 걸리버: 《걸리버 여행기》의 식민주의적 맥락을 중심으로」, 『영미문학연구』 제18권, 영미문학연구회.

69, 70, 71, 72 신현철 옮김(2010), 조너선 스위프트 지음, 『걸리버 여행기』, 문학수첩.

73 Jonathan Swift(2004), *Gulliver's Travels*, Penguin Classics.

75, 80 정서웅 옮김(2009), 요한 볼프강 폰 괴테 지음, 『이탈리아 여행기』, 지만지.

76 안인희 옮김(2016), 요한 볼프강 폰 괴테 지음, 『이탈리아 여행』, 지식향연.

79, 83, 85 손관승 지음(2014), 『괴테와 함께한 이탈리아 여행』, 새녘.

84, 86 허진석, "[허진석의 책과 저자] 일상여행자", 아시아경제(2017.05.12).

87, 88, 89 김이재, "[김이재 교수의 지도 읽어 주는 여자] 로마에 반한 심리학자, 여행비 모으려 性 상담", 동아일보(2018.04.09).

90, 91, 93, 94, 123 류광철 지음(2014), 『아프리카를 말한다: 아프리카의 어제와 오늘과 내일』, 세창미디어.

92 박의서 지음(2010), 『로망 아프리카』, 여행마인드.
95 Sarah의 네이버 블로그, 낙서장, 네이버캐스트. 앙드레지드(2010.07.06), https://blog.naver.com/brightoak/70089350753.
96, 97, 98 김중현 옮김(2006), 앙드레 지드 지음, 『앙드레 지드의 콩고여행』, 한길사.
101, 102, 104 전국지리교사연합회(2011), 『살아 있는 지리 교과서』, 휴머니스트.
103 두산백과, 프톨레마이오스의 세계지도[Ptolemaeos' map of the world, 一世界地圖].
108, 114 주경철 지음(2008), 『대항해 시대: 해상 팽창과 근대 세계의 형성』, 서울대학교출판부.
109, 110, 112, 113, 116, 209, 210, 211, 212, 214, 216, 217, 218, 219, 220, 221, 222, 245, 285 이병한 지음(2016), 『반전의 시대』, 서해문집.
115 김진준 옮김(2005), 재레드 다이아몬드 지음, 『총, 균, 쇠』, 문학사상사.
117, 122, 124, 125, 126, 135 김성준 지음(2019), 『유럽의 대항해시대』, 문현.
118 박누리·김희진 옮김(2009), 마이클 우드·피터 퍼타도 지음, 『죽기 전에 꼭 알아야 할 세계 역사 1001 Days』, 마로니에북스.
119 강승철, "[SEA&기사] 지도이야기 2 / 콜럼버스의 지도: 콜럼버스의 '오해' 세계역사를 바꾸다", 부산일보(2010.02.01).
120, 121 이강혁 지음(2012), "세계의 역사를 바꾼 인물 ―크리스토퍼 콜럼버스" 『스페인역사 다이제스트 100』, 가람기획.
127, 128, 129 넥서스콘텐츠개발팀 엮음(2013), 대니얼 디포 지음, 『로빈슨 크루소』, 넥서스.
130 정재희 옮김(2006), 제이닌 스콧 글, 스파이크 와이드먼 그림, 『마추픽추 속의 하이럼 빙엄』, 삼성당.
131, 132, 133 최유나 옮김(2010), 킴 매쿼리 지음, 『잉카 최후의 날』, 옥당.
134, 136 윤경철 지음(2011), "하얀 사막이 있는 제7의 대륙 ―남극대륙", 『대단한 지구여행』, 푸른길.
137 「제임스 쿡의 인데버 호 항해일지(The Endeavour Journal of James Cook)」(유네스코 세계기록유산, 세계기록유산); 박누리·김희진 옮김(2009), 마이클 우드·피터 퍼타도 지음, 『죽기 전에 꼭 알아야 할 세계 역사 1001 DAYS』, 마로니에북스.
138 윤경철 지음(2009), "얼음으로 덮인 바닷길을 뚫어라", 『대단한 바다여행』, 푸른길.
139 안소연 옮김(2008), 마크 젠킨스 엮음, 『탐험의 시대』, 지호.

140　고정아 옮김(2010), 쥘 베른 지음, 『80일간의 세계 일주』, 열린책들.

141, 142, 143　정지현 옮김(2014), 쥘 베른 지음, 『80일간의 세계 일주』, 인디고.

144, 145　이명석, "[지구보다 큰 지도] ⑭ 떠나지 않고 모든 곳을 가본 여행자 쥘 베른", 경향신문(2008.04.18).

155　김장구, "[新 실크로드 열전] ⑥ 대몽골국의 수도 '카라코룸'을 찾은 수도사들", 조선일보(2016.01.09).

161　Jack Weatherford(2014), Jonathan Davis NRT., *Genghis Khan and the Making of the Modern World*, Audio book, Brilliance Audio.

164, 165, 166　김희상 옮김(2016), 안케 되르차프 글, 클라우디아 리브 그림, 『마르코 폴로의 아름다운 여행』, 아르볼.

167, 168, 169, 170, 171, 172, 207, 347　정수일 옮김(2012), 오도릭 지음, 『오도릭의 동방기행』, 문학동네.

173, 174, 175, 176, 177, 178　주나미 옮김(2014), 존 맨더빌 지음, 『맨더빌여행기』, 오롯.

179　Robert Friedman ed.(1998), *The Life Millennium: The 100 Most Important Events and People of the Past 1000 Years*, Bulfinch press.

183, 184, 185　김슬기, "14세기 여행가와 아랍의 오늘을 걷다", 매일경제신문(2016.01.15).

186, 187, 188, 189　이정명 옮김(2011), 데이비드 웨인스 지음, 『이븐 바투타의 오디세이』, 산처럼.

191, 201, 202　이치란, "[이치란의 종교가 산책] 실크로드기행 · 실크로드의 여행가들: 무역, 군사적 목적, 종교·문화적 교섭 위해 생명 담보하며 다닌 먼길," 매일종교신문(2016.06.27).

192, 193, 194, 195, 196　정재서 강연(2020), 《동양의 유토피아: 선향》, 국립춘천박물관.

198　이치란·한정섭 지음(2012), 『중앙아시아불교』, 불교정신문화원.

200　정수일, "[문명교류기행] (26) 처용이 서역인인 이유는", 한겨레 문화생활(2004.12.07).

208　조행복 옮김(2004), 개빈 멘지스 지음, 『1421 중국, 세계를 발견하다』, 사계절.

213, 215, 223, 224, 226, 227, 228, 222　김규현 역주(2013), 『송운행기』, 글로벌콘텐츠.

229　권덕녀 엮어 옮김(2006), 현장 지음, 『대당서역기』, 서해문집.

230, 232, 234, 335, 343, 348 임영애, "[新 실크로드 열전] ③ 현장의 서역기행 … 걸어서 110개국", 조선비즈(2015.11.20).

231 정동현 옮김(2003), 리처드 번스타인 지음, 『(뉴욕타임스 기자의) 대당서역기』, 꿈꾸는돌.

236, 237 불교정신문화원 편집부(2013), 『죽음의 설원을 넘어선 인도여행기』, 불교정신문화원.

239, 240, 242 신복룡 옮김(2007), 엔닌 지음, 『입당구법순례행기』, 선인.

241, 244 김호성, "김호성의 책이야기—《입당구법 순례기》엔닌 지음", 법보신문(2004.08.10).

243 김문경 옮김(2001), 엔닌 지음, 『엔닌의 입당구법순례행기』, 중심.

246 박의서 엮음(2017), 『기록 따라 떠나는 한국고전기행』, 세창미디어.

248 정철훈, "837년 한 해 唐서 공부하는 신라 유학생만 216명", 중앙SUNDAY 제317호(2013.04.07).

249 정수일, "[정수일의 실크로드 재발견 〈4〉 선현의 체취가 배어있는 시안] 원측…혜초…명성 화려해도 유적에 쓸쓸함만", 한겨레신문(2005.10.31).

250, 258 권덕영(1987), 「三國時代 新羅 求法僧의 活動과 役割」, 『淸溪史學』 4, 한국정신문화연구원 청계사학회.

251, 252 권덕영(1995), 『新羅遣唐使 硏究』, 韓國精神文化硏究院韓國學大學院 博士學位.

253, 254, 255, 266 윤용구(2004), 「17세기 조공체제가 동아시아 근대화에 미친 영향에 관한 연구」.

256, 257 박성주(2004), 「고려 말 여·명간 조공책봉관계의 전개와 그 성격」, 『경주사학』 23, 경주사학회.

259, 322, 331 김원중 옮김(2003), 일연 지음, 『삼국유사』, 을유문화사.

260 전덕재(2013), 「新羅의 對中·日 交通路와 그 變遷」, 『학술지역사와담론』 제65집, 호서사학회.

261, 262 이대형 엮어 옮김(2013), 『수이전』, 소명출판.

263, 264, 307, 324, 325 KBS역사스페셜 제작팀 지음(2011), 『우리 역사, 세계와 通하다』, 가디언.

265, 269 하정식(1995), 「燕行情報와 朝鮮王朝의 太平天國 認識의 政治的 背景」, 歷史學報 第145輯, 歷史學會.

267, 362, 364 고미숙 외 옮김(2013), 박지원 지음, 『세계 최고의 여행기 열하일기』

상·하, 북드라망.
268, 270, 283 김현미 지음(2007), 『18세기 연행록의 전개와 특성』, 혜안.
271, 359, 360, 361, 363 김명호 외 지음(2006), 『한국의 고전을 읽는다』 1, 휴머니스트.
272, 273 김병철, "다섯 번째 한글본 '연행록' 발견", 서울신문(2007.11.22).
274 조규익(2014), 「조선 지식인의 중국 체험과 중세 보편주의의 위기」, 『온지논총』 제40권, 온지학회
275, 288 조규익 옮김(2002), 서유문 지음, 『무오연행록』, 박이정.
276 한정주 지음(2015), 『호, 조선 선비의 자존심』, 다산초당.
277, 281, 284, 277 정훈식 옮김(2012), 홍대용 지음, 『을병연행록』 1·2, 경진.
278 한국사전연구사 편집부(1994), 『국어국문학자료사전』 상·하, 한국사전연구사.
279 한국정신문화연구원 편집부(1996), 『한국민족문화대백과사전』, 한국정신문화연구원.
280 김영번(2007), "조선 시대 청사절단 행적 기록한 연행록", 문화일보(2017.11.27).
282 김태준·박성순 옮김(2001), 홍대용 지음, 『산해관 잠긴 문을 한 손으로 밀치도다』, 돌베개.
286 안대회 옮김(2013), 박제가 지음, 『북학의: 완역 정본』 돌베개.
287 안대회 외 지음(2013), 『초정 박제가 연구』, 사람의무늬.
289 엄태웅(2009), 「연행 체험에 나타난 기억의 변모 양상 ―〈무오연행록〉과 〈연행가〉를 중심으로」, 『한문학보』 21, 우리한문학회.
290, 291 김위현(1994), 「여원간(麗元間)의 인적 교류고」, 『관동사학』 제5, 6합집, 관동대학교 사학회.
292 이한수 지음(2006), 『고려에 시집온 칭기즈칸의 딸들』, 김영사.
293 정구선 지음(2002), 『공녀: 중국으로 끌려간 우리 여인들의 역사』, 국학자료원.
294 고윤수(2004), 「광해군대 조선의 요동정책과 주서구 표로」, 『東方學志』 125, 연세대 국학연구원.
295, 297, 298, 299 주돈식 지음(2007), 『조선인 60만 노예가 되다』, 학고재.
300, 333 이희근 지음(2008), 『우리 안의 그들 역사의 이방인들: 섞임과 넘나듦 그 공존의 민족사』, 너머북스.
301 허경진(2016), 「수신사에 대한 조선과 일본의 태도 차이」, 『열상고전연구』 53집, 열상고전연구회.
302 이규수 옮김(2005), 강재언 지음, 『조선통신사의 일본견문록』, 한길사.

304, 305, 306 우종철, “동아시아 변화를 읽어낸 신숙주처럼…”, 일요서울(2015.07.13).
308, 309, 310 이효원 옮김(2011), 신유한 지음, 『조선 문인의 일본견문록 해유록』, 돌베개.
311 이채연(1992), 「간양록의 실기문학적 특징」, 한국문학논총 13, 한국문학회.
312 최중기, “아시아 한류의 원조 이수광”, 서울신문(2017.04.23).
313 문병채, “400년 전 베트남 호이안을 세 차례나 다녀온 ‘조선 선비’ 조완벽”, 광주매일신문(2015.03.12).
314 이호철, “[fn논단] 성리학에 갇힌 조선, 닫힌 바닷길”, 파이낸셜뉴스(2016.02.17).
315, 316 김세은, “전라도 백성들의 수난사 —포로가 된 강환과 정희득 일가들”, 무등일보(2014.04.01).
317 심경호 지음(2011), 『여행과 동아시아 고전문학』, 고려대학교출판부.
318 곽차섭 지음(2006), 『조선 청년 안토니오 코레아 루벤스를 만나다』, 푸른역사.
319 김시덕 지음(2014), 『그림이 된 임진왜란: 근세 일본 고문헌의 삽화로 보는 7년 전쟁』, 학고재
320 이재훈, “루벤스 그림속 ‘조선옷 남자’ 안토니오 코레아 아니다”, 뉴시스(2015.10.18).
321, 326, 329, 330, 332 유성운, “[유성운의 역사정치㉑] 검은 얼굴에 매부리코 처용 … 첫 이민은 페르시아 무슬림?”, 중앙일보(2018.06.24).
334, 337 박현규(2010), 「왕오천축국전 저자는 과연 신라인일까」, 『한국고대사탐구』 4, 한국고대사탐구학회.
336, 340, 341, 344, 345, 353 정수일 옮김(2004), 혜초 지음, 『혜초의 왕오천축국전』, 학고재.
338 고태규(2016), 「삼국사기를 중심으로 한 삼국 시대 여행사 연구」, 『관광연구저널』 31, 한국관광연구학회.
339 고태규 지음(2019), 『여행과 문명』, 법문사.
346 박의서(2016), 「혜초 ‘왕오천축국전’의 세계 고전 기행 문학사의 위상과 그 함의」, 『관광연구저널』 제30권 제6호, 한국관광연구학회.
350, 351 조동원 외 옮김(2005), 서긍 지음, 『고려도경』, 황소자리.
352 이윤섭 지음(2004), 『역동적 고려사』, 필맥.
354 주성지(2002), 「표해록을 통한 한중항로 분석」, 동국사학 37, 동국사학회.
355 서인범(2003), 「최부 표해록 연구 —최부가 묘사한 중국의 강북과 요동」, 『국사관논총』 102, 국사편찬위원회.

356 서인석(2006), 「최부의 《표해록》과 사림파 관료의 중국 체험」, 한국문화연구 10, 이화여자대학교 한국문화연구원.
357 김상현 옮김(2010), 풍계현정 지음, 『일본표해록』, 동국대학교출판부.
358 이보근 지음(2014), 『압록강에서 열하까지 연행노정 답사기』 상·하, 어드북스.
365 최윤필 지음(2016), 『가만한 당신』, 마음산책.
366 민덕기(2005), "임진왜란 중 납치된 조선인 문제", 『임진왜란과 한일 관계』, 경인문화사.
367 김태진 옮김(2003), 헨드릭 하멜 지음, 『하멜표류기』, 서해문집.
368, 369 신동규(2001), 「네덜란드인의 日本行 '도주사건'과 德川幕府의 대응」, 『한일관계사연구』 제14집, 한일관계사학회.